PCCP管水力过渡过程与调节保证分析

王　辉　张晓雷　杜卫兵　刘书瑜　著

黄河水利出版社
·郑州·

图书在版编目(CIP)数据

PCCP管水力过渡过程与调节保证分析 / 王辉等著.
郑州:黄河水利出版社, 2025. 1. -- ISBN 978-7-5509-4100-7

Ⅰ. U173.9

中国国家版本馆CIP数据核字第2025VM3392号

组稿编辑:王志宽　电话:0371-66024331　E-mail:278773941@qq.com

责任编辑　周　倩　　　　责任校对　兰文峡
封面设计　李思璇　　　　责任监制　常红昕
出版发行　黄河水利出版社
　　　　　地址:河南省郑州市顺河路49号　邮政编码:450003
　　　　　网址:www.yrcp.com　E-mail:hhslcbs@126.com
　　　　　发行部电话:0371-66020550
承印单位　河南新华印刷集团有限公司
开　　本　787 mm×1 092 mm　1/16
印　　张　12.5
字　　数　300千字
版次印次　2025年1月第1版　　　　2025年1月第1次印刷

定　　价　88.00元

前　言

引江济淮工程作为国家重要的跨流域调水项目之一，旨在通过科学合理的水资源调配，缓解北方地区尤其是河南省的水资源短缺问题。该工程对于改善区域水资源分布、促进经济社会可持续发展具有重要意义。但同时也面临着诸多技术挑战。其中，如何保证长距离有压输水管线的安全稳定运行是整个工程的关键环节之一。

本书聚焦于引江济淮（河南段）科研服务项目三标段中关于 PCCP（预应力钢筒混凝土管）管线的研究，该研究由华北水利水电大学与河南水谷创新科技研究院有限公司联合完成，研究过程中得到了河南省引江济淮工程有限公司的大力支持。本书基于最新的理论研究成果和技术手段，结合工程实际情况，深入探讨了 PCCP 管线在不同工况下的水力特性以及为确保系统安全所采取的各种调保措施。

随着我国城镇化进程的加快以及工业化水平的提高，对清洁水资源的需求日益增长，尤其是在水资源相对匮乏的北方地区。引江济淮工程正是在此背景下启动的一个标志性项目，它不仅涉及复杂的地质条件处理、大规模水利工程建造，还需要应对长距离输水过程中可能出现的各种流体力学难题。特别是在泵站启停、阀门操作等瞬态条件下，管道内会产生显著的压力波动，即所谓的“水锤”现象。如果不能妥善处理这些问题，则可能会对管道结构造成损害，甚至影响整个供水系统的正常运作。

为此，本书首先对 PCCP 管线进行了详细的水力过渡过程计算，采用 Bentley Hammer 软件建立了精确的数学模型，并通过多种模拟情景验证了设计参数的合理性；其次针对可能发生的水锤效应提出了具体的防控策略，包括但不限于空气阀设置、非线性关阀程序优化等；最后还特别关注了穿河管线充水过程中的特殊问题及其解决办法。这些研究成果不仅有助于提升引江济淮工程的技术水平，也为未来类似项目的规划与实施提供了宝贵的经验借鉴。

此外，为了更全面地理解弯管内部流动特性及其对整体输水性能的影响，本书还专门开展了单一弯管湍涡结构演变规律的研究工作。通过构建三维数学模型并辅以物理模型试验数据校正，成功揭示了不同偏转角度下弧度弯管与三段式弯管之间存在差异的本质原因，并据此提出了改善措施建议，以期为工程的安全稳定运行提供坚实的科学依据和技术支持。

限于作者的水平，书中不妥之处在所难免，恳请有关专家、同行、读者批评指正。

作　者

2024 年 10 月

目　录

1 绪 论

1.1 工程背景

引江济淮工程是历次淮河流域综合规划和长江流域综合规划中明确提出的、由长江下游向淮河中游地区跨流域补水的重大水资源配置工程,也是国务院要求加快推进建设的172项重大水利工程之一,已纳入国务院批复的《长江流域综合规划》《淮河流域综合规划》《全国水资源综合规划》中。

引江济淮工程沟通了长江、淮河两大水系,输水航运线路穿越长江经济带、合肥经济圈、中原经济区三大发展战略区,其主要工程效益包括解决淮河干旱缺水、发展江淮航运、改善巢湖及淮河水生态等。根据可行性研究报告批复,供水区共涉及淮河流域的安徽省六安、滁州、淮南、蚌埠、阜阳、亳州、淮北、宿州和河南省的商丘、周口,以及长江流域的安徽省安庆、芜湖、马鞍山、合肥等15市55个县(市、区),总面积7.06万km^2。引江济淮按工程地段所在位置、受益范围和主要功能,自南向北划分为引江济巢、江淮沟通、江水北送三大段落。引江济淮工程河南段属于江水北送的一部分。安徽省通过西淝河向河南境内输水,在豫皖两省分界处西淝河与清水河输水河道相连接。在河南境内利用清水河通过3级提水泵站逆流而上向河南境内输水,再经鹿辛运河自流至调蓄水库,然后通过加压泵站和压力管道输送至受水区。

1.2 工程任务与规模

1.2.1 工程任务

根据国家发展和改革委员会批复的《引江济淮工程可行性研究报告》,引江济淮工程的任务以城乡供水和发展江淮航运为主,结合灌溉补水和改善巢湖及淮河水生态环境。河南段的主要任务是以城乡供水为主,兼顾改善水生态环境。

引江济淮工程实施后,可向豫东地区的周口、商丘部分地区城乡生活及工业生产供水,保障878余万人饮水安全和煤炭、火电等重要行业用水安全。供水区水资源配置和保护格局得到进一步完善,水资源利用效率和效益得到提高,城乡供水安全保障能力得到有效提高,城市工业用水缺水情况得到有效改善。在加强流域水污染防治、强化削减污染负荷的基础上,依托引江济淮调入水量,退还淮河流域被挤占的河道生态用水和深层地下水开采量,增加补充生态环境用水。总体上,引江济淮工程河南段的实施对促进区域社会稳定和可持续发展具有十分重要的意义。

引江济淮工程规划范围在河南省涉及7县2区共9个供水目标,分别为周口市郸城、淮阳、太康3县,商丘市柘城县、夏邑县、梁园区和睢阳区2县2区,以及永城和鹿邑2个直管县,总面积1.21万 km^2。

1.2.2 工程规模

1.2.2.1 梯级泵站

引江济淮工程河南段工程为江水北送段的一部分,工程主要通过西淝河向河南省受水区供水。利用安徽省西淝河新建的龙德泵站提水进入河南境内,清水河上新设3级提水泵站进行引提水,由下至上分别为袁桥泵站、赵楼泵站和试量泵站。

引江济淮可研阶段,根据水资源配置计算,西淝河口门流量85 m^3/s,该流量扣除与后一级泵站之间的区间分水口流量,即为后一级泵站的设计规模,以此类推得出各梯级泵站的设计规模。各站规模为:阚疃南站80 m^3/s、西淝河北站80 m^3/s、朱集55 m^3/s、龙德45 m^3/s、袁桥43 m^3/s、赵楼42 m^3/s、试量40 m^3/s。由于清水河输水段的输水方式、输水线路没有发生改变,安徽段泵站规模也未发生改变,因此初设阶段河道梯级泵站规模仍采用可研批复规模,即袁桥43 m^3/s、赵楼42 m^3/s、试量40 m^3/s。

1.2.2.2 输水管道工程

1.输水线路

根据引江济淮工程总体布局,河南段除通过清水河、鹿辛运河河道输水外,还包含压力管道输水。可行性研究阶段(简称可研阶段),河南段包含2条压力管道,其中鹿邑后陈楼调蓄水库—柘城七里桥调蓄水库段输水管线长30.90 km;柘城七里桥调蓄水库—商丘城湖调蓄水库段输水线路长40.60 km。初步设计阶段(简称初设阶段),通过进一步详细查勘线路和深入研究,对可研输水线路做了进一步优化调整,其中管道部分的主要变化为:鹿邑后陈楼调蓄水库—柘城七里桥调蓄水库段线路布置不变,管线长度略有减小,为29.88 km;柘城七里桥调蓄水库—商丘城湖调蓄水库段线路布置不变,规模减小,管线长度略有减小,为39.92 km;增加柘城七里桥调蓄水库—夏邑分水口段输水线路,增加线路长61.62 km。调整后,初设阶段河南段包含3条压力管道,输水线路总长131.42 km,管道总长为161.30 km。

2.输水管线设计流量

后陈楼调蓄水库—七里桥调蓄水库输水线路的起点为后陈楼调蓄水库,水库北岸设有后陈楼加压泵站1座,管线末端将水送入七里桥调蓄水库内,该段管线设计流量22.9 m^3/s。

七里桥调蓄水库—商丘新城调蓄水库输水线路的起点为七里桥调蓄水库,水库北岸设有七里桥加压泵站1座,管线终点位于商丘市新城调蓄水库,该段管线设计流量6.6 m^3/s。

七里桥调蓄水库—夏邑输水线路的起点为七里桥调蓄水库,水库北岸设有七里桥加压泵站1座,管线终点位于夏邑县境内,管线末端设有出水池,该段管线设计流量13.8 m^3/s。

3.加压泵站

可研阶段,河南段输水线路共设2座加压泵站,初设阶段与可研阶段保持一致,后陈楼加压泵站设计流量为22.9 m^3/s,七里桥加压泵站中七里桥泵站商丘机组向商丘市输水设计流量为6.6 m^3/s;七里桥泵站夏邑机组向夏邑输水,设计流量为13.8 m^3/s。

1.2.2.3 调蓄水库

由于引江济淮工程河南省受水区属豫东平原,地表没有其他调蓄工程,引江济淮水停供或输水管道运行维护及检修、发生突发事件和在特枯年份,都将影响城乡正常供水。为提高城乡供水保证率、保障城乡供水安全,根据工程总体布局,结合县(区)供水要求,共布设调蓄水库6座,其中利用夏邑县当地规划生态湖泊作为调蓄水库1座(总库容120万 m^3),利用永城市日月湖水库南湖作为当地调蓄水库1座(可利用库容约100万 m^3),本次输水线路上还需新建4座调蓄水库,以提高当地供水保证率,分别为试量调蓄水库、后陈楼调蓄水库、七里桥调蓄水库和新城调蓄水库。其中,试量调蓄水库调蓄对象为郸城、淮阳、太康3县;后陈楼调蓄水库调蓄对象为鹿邑县;七里桥调蓄水库调蓄对象为柘城县;新城调蓄水库调蓄对象为睢阳区、梁园区。

1. 调蓄库容

根据南水北调中线等工程的经验,输水管道检修一般需15~30 d,河南段输水管道保守考虑检修时间需15 d。考虑到检修期间,受水县(区)启用地下水应急供水,参考当地水资源规划、供水规划等成果,结合《河南省地下水超采区治理规划》成果,确定当地地下水的应急供水能力。经计算可满足5~7 d供水需求,故本次调蓄库容按满足县(区)8~10 d供水计算,其中试量调蓄水库、新城调蓄水库按满足调蓄目标8 d供水考虑;后陈楼调蓄水库、七里桥调蓄水库按满足调蓄目标10 d供水考虑。

另外,在试量调蓄水库调蓄库容确定时,考虑了清水河试量泵站以上河道内具有一定调蓄能力,可通过自流进入试量调蓄水库,将该部分河道调蓄容量44万 m^3 予以扣除;在后陈楼调蓄水库调蓄库容确定时,考虑了鹿辛运河自流输水,河道中的部分水量可自流进入后陈楼调蓄水库,将该部分河道调蓄容量62万 m^3 予以扣除。初设阶段确定的调蓄水库总库容分别为:试量调蓄水库80万 m^3、后陈楼调蓄水库302万 m^3、七里桥调蓄水库160万 m^3、新城调蓄水库175万 m^3。

2. 进水闸

根据调蓄工程布置,可研阶段在试量调蓄水库、后陈楼调蓄水库各设进水闸1座,承担由河道向调蓄水库进水的任务,进水闸的设计流量由供水目标的分水流量确定。试量进水闸设计流量为9.6 m^3/s,后陈楼进水闸设计流量为30.9 m^3/s。

1.3 工程等级

1.3.1 泵站工程

引江济淮工程河南段泵站工程分为梯级泵站和加压泵站。梯级泵站包括袁桥泵站、赵楼泵站、试量泵站3座,加压泵站包括后陈楼泵站和七里桥泵站2座。泵站工程主要建筑物级别及洪水标准见表1-1。

表 1-1 泵站工程主要建筑物级别及洪水标准

泵站类型	建筑物名称	设计流量/(m^3/s)	总装机容量/kW	主要建筑物级别	洪水标准(重现期)/年	
					设计	校核
梯级泵站	袁桥泵站	43	5 200	2 级	50	200
	赵楼泵站	42	2 000	2 级	50	200
	试量泵站	40	4 400	2 级	50	200
加压泵站	后陈楼泵站	22.9	13 440	2 级	50	200
	七里桥泵站	20.4	17 120	2 级	50	200

1.3.2 调蓄工程

引江济淮工程河南段调蓄水库包括试量调蓄水库、后陈楼调蓄水库、七里桥调蓄水库、新城调蓄水库,设有试量进水闸、后陈楼进水闸。调蓄工程主要建筑物级别及洪水标准见表 1-2。

表 1-2 调蓄工程主要建筑物级别及洪水标准

工程类型	工程名称	总库容/万 m^3	主要建筑物级别	洪水标准(重现期)/年	
				设计	校核
调蓄水库	试量调蓄水库	80	3	30	—
	后陈楼调蓄水库	302	2	50	—
	七里桥调蓄水库	160	2	50	—
	新城调蓄水库	175	3	30	—
进水闸	试量进水闸	—	3	30	100
	后陈楼进水闸	—	2	50	200

1.3.3 输水管道

引江济淮工程河南段输水管道有 3 段,包括后陈楼调蓄水库—七里桥调蓄水库段,七里桥调蓄水库—新城调蓄水库段和七里桥调蓄水库—夏邑段。输水管道工程主要建筑物级别及洪水标准见表 1-3。

表 1-3 输水管道工程主要建筑物级别及洪水标准

输水管线名称	供水流量/(m^3/s)	主要建筑物级别	防洪标准(重现期)/年	
			设计	校核
后陈楼调蓄水库—七里桥调蓄水库	22.90	2	30	100
七里桥调蓄水库—新城调蓄水库	6.60	3	30	100
七里桥调蓄水库—夏邑	13.80	2	30	100

1.4 引江济淮工程河南段输水线路

1.4.1 可研批复输水线路

引江济淮工程河南段可研阶段批复的输水线路为：以豫皖省界为起点，利用清水河通过3级泵站提水至试量闸上游，经鹿辛运河自流至鹿邑后陈楼调蓄水库，然后通过压力管道依次将水输送至柘城县和商丘市境内。其中：清水河输水河道长48.4 km，鹿辛运河输水河道长16.5 km，鹿邑后陈楼调蓄水库—柘城七里桥调蓄水库段输水管线长30.9 km，柘城七里桥调蓄水库—商丘城湖调蓄水库段输水线路长40.6 km。

1.4.2 初设阶段输水线路调整情况

引江济淮工程河南段初步设计阶段，通过对输水线路布置进行了进一步的研究，设计和勘测单位对输水线路进行了多次查勘，补充了大量的勘察设计工作，经过对不同方案的经济技术比选，最终确定初设阶段推荐的输水线路布局。

和可研批复的输水线路相比，初设推荐输水线路调整情况为：清水河段、鹿辛运河段、鹿邑后陈楼调蓄水库—柘城七里桥调蓄水库段输水线路布置和规模不变，柘城七里桥调蓄水库—商丘新城调蓄水库段的输水线路调整为2条规模较小的线路分别进行输水。一条仍采用原线路，供水目标为商丘市梁园区和睢阳区，该线路流量由可研方案的22.10 m^3/s减小为6.60 m^3/s；另一条为从七里桥调蓄水库向夏邑和永城直接供水，不绕行商丘，该段线路流量为13.80 m^3/s。

初设阶段对调蓄水库总布置做了调整，主要内容为：取消了城湖调蓄水库，新增新城调蓄水库，利用永城市现有日月湖水库和夏邑县规划水域作为调蓄工程，对试量、后陈楼、七里桥调蓄水库规模进行了调整。由于取消了原城湖调蓄水库，消除了可研方案中存在古宋河水质和城湖调蓄水库水质保护对工程的影响，减轻了管道进入睢阳区对文物的影响，输水规模的减小使得穿越大运河商丘段文物保护区的难度大大降低。采用2条线路分别输水，目标更加明确，缩短了夏邑和永城所分配水量的输水距离。

调整后的输水线路布置为：以豫皖省界为起点利用清水河通过3级泵站提水至试量闸上游，经鹿辛运河自流至鹿邑后陈楼调蓄水库，然后通过3条输水管线依次将水输送至柘城县和商丘市境内。河南段输水线路总长度为195.14 km，其中利用河道输水长度为63.72 km，利用压力管线输水长度为131.42 km。

1.4.3 初设阶段输水线路

1.4.3.1 清水河段

安徽省通过西淝河向河南境内输水，在豫皖两省分界处西淝河与清水河输水线路相连接。两省分界处安徽省向河南境内设计输水流量为45 m^3/s。

清水河依次设置袁桥泵站、赵楼泵站、试量泵站3座梯级泵站，通过泵站逐级提水向河南省境内供水，3座泵站的输水流量分别为43 m^3/s、42 m^3/s 和40 m^3/s，清水河通过疏浚开挖现有河道满足输水流量要求。引江济淮工程河南段利用清水河河道输水长度为 47. 46 km。清水河段新建梯级泵站 3 座、拆除重建赵楼节制闸 1 座,新建清水河控制闸 1 座、河渠交叉工程 21 座,重建、新建桥梁 2 座。

1. 4. 3. 2 鹿辛运河段

鹿辛运河与清水河平交相连接,为人工开挖运河,本次作为输水河道使用,利用河道长度 16. 26 km,设计输水流量为 30. 90 m^3/s,可自流输水,其中河渠交叉工程包括新建、重建沟口闸 19 座,重建桥梁 8 座;鹿辛运河输水河段末端新建后陈楼节制闸 1 座,节制闸前设有后陈楼进水闸,鹿辛运河输送水量在此处通过进水闸全部送入后陈楼调蓄水库。

1. 4. 3. 3 鹿邑后陈楼调蓄水库—柘城七里桥调蓄水库段

后陈楼调蓄水库—七里桥调蓄水库输水线路的起点为后陈楼调蓄水库,水库北岸设有后陈楼加压泵站 1 座,管线末端设有七里桥调蓄水库。该段管线设计流量 22. 90 m^3/s,双管输水,采用直径 3 000 mm 的 PCCP 管,线路长度为 29. 88 km。

1. 4. 3. 4 柘城七里桥调蓄水库—商丘新城调蓄水库段

七里桥调蓄水库—新城调蓄水库输水线路的起点为七里桥调蓄水库,水库北岸设有七里桥加压泵站 1 座,管线终点为新城调蓄水库。该段管线设计流量 6. 60 m^3/s,单管输水,采用直径 2 200 mm 的 PCCP 管,线路长度为 39. 92 km。

1. 4. 3. 5 柘城七里桥调蓄水库—夏邑段

七里桥调蓄水库—夏邑输水线路的起点为七里桥调蓄水库,水库北岸设有七里桥加压泵站 1 座,管线终点位于夏邑县境内,管线末端设有出水池。该段管线设计流量 13. 80 m^3/s,单管输水,采用直径 3 200 mm 的 PCCP 管,线路长度为 61. 62 km。

引江济淮工程河南段主要建设内容见表 1-4。

表 1-4 引江济淮工程河南段主要建设内容

工程类别	工程内容	单位	数量	备注
主体河道工程	利用河道数量	条	2	包括清水河和鹿辛运河
	利用河道长度	km	63. 72	清水河 47. 46 km、鹿辛运河 16. 26 km
主河道建筑物工程	河道梯级泵站(新建)	座	3	袁桥泵站、赵楼泵站、试量泵站
	节制闸	座	5	清水河 2 座:清水河闸、赵楼闸; 鹿辛运河 3 座:后陈楼闸、任庄闸、白沟河闸
	重建、新建沟口闸	座	40	清水河 21 座,鹿辛运河 19 座
	新建、重建桥梁	座	10	清水河 2 座,鹿辛运河 8 座
调蓄水库工程	改建排涝涵闸(涵管)	座	12	—
	加固桥梁	座	9	—

续表 1-4

工程类别	工程内容	单位	数量	备注
调蓄水库工程	调蓄水库	座	4	试量、后陈楼、七里桥、新城调蓄水库
	进水闸	座	2	试量、后陈楼进水闸
	分水口	座	9	—
压力管线	压力管线条数	条	3	—
	利用压力管线长度	km	131.42	—
	加压泵站	座	2	后陈楼泵站和七里桥泵站

1.5 建设意义

引江济淮工程河南段的主要任务是以城乡供水为主，兼顾改善水生态环境。引江济淮工程实施后，可为豫东地区的周口、商丘部分地区城乡生活及工业生产供水，保障饮水安全和煤炭、火电等重要行业用水安全。受水区水资源供水配置格局得到进一步完善，水资源利用效率和效益得到提高，城乡供水安全能力得到有效保障，城市工业用水缺水情况得到有效缓解。在加强流域水污染防治、强化削减污染负荷的基础上，依托引江济淮调入水量，退还淮河流域被挤占的河道生态用水和深层地下水开采量，增加补充生态环境用水。引江济淮工程河南段的实施对促进区域社会稳定和可持续发展具有十分重要的意义。

长距离输水工程是调整我国水资源战略布局、优化配置水资源、解决中国南北方及局部区域缺水问题的一项巨大工程措施。长距离输水工程为满足不同地区用水需求，需通过工作人员启闭泵机、阀门等管件进行调配，进而导致长距离输水工程存在各种复杂的工况。其中，水击（水锤）现象主要发生在泵机及阀门的启闭工况，而管路在进行首次充水、因检修等其他因素造成的二次充水过程中是否产生水击、水击强度有多大等问题仍需进一步地研究分析。国内对于管路充水过程中充水流速的研究主要是参考美国水务协会（American Water Works Association）给定的流速范围，充水流速的大小直接决定了管路系统在充水过程中是否高效快捷，管内气体的运动变化间接决定了管路系统在充水过程中是否安全稳定。大尺度管路系统在穿越河道充水时，水汽耦合作用导致的流动不连续问题，已成为充水工程的重点和难点。

目前，国内外针对长距离输水工程的研究重点主要集中在一维数学模型的建立及水击压强的求解计算，忽略了管路平差计算中充水导致的滞留气泡及管内二次流的影响因素。因此，连续性弯管在充水工况中水气耦合现象的观察、充水流速方案的制订、管路压强的分布等研究工作迫在眉睫，开展相关试验以及进行理论研究分析，将丰富扩展弯管处瞬态流水力特性的研究进展,揭示泰勒气泡融合及破裂的机制,为长距离调水工程的水力调保措施提供一定的科学指导和理论支撑。该项研究工作对于加速我国长距离输水工程建设实施步伐、促进我国统一协调区域经济、建立各大都市经济圈、改善区域荒漠化环境及社会安定稳步发展都具有十分重要的意义。

2 引江济淮 PCCP 输水管线概况

输水管道段工程共包含 3 条输水线路、2 座泵站。3 条输水线路均为泵站加压输水，输水线路总长为 131.42 km，管道总长为 161.30 km，各条输水管线如下：

(1)后陈楼调蓄水库—七里桥调蓄水库输水线路的设计流量为 22.90 m^3/s，输水线路长 29.88 km，输水管道为两根 DN3000 PCCP，管道总长 59.75 km。

(2)七里桥调蓄水库—商丘新城调蓄水库输水线路的设计流量为 6.60 m^3/s，输水线路长 39.92 km，输水管道为一根 DN2200 PCCP。

(3)七里桥调蓄水库—夏邑分水口输水线路的设计流量为 13.80 m^3/s，输水线路长 61.62 km，输水管道为一根 DN3200 PCCP。

PCCP 输水管线的各个加压泵站如下：

(1)后陈楼泵站位于后陈楼调蓄水库北侧岸边，向七里桥调蓄水库输水，设计流量为 22.90 m^3/s，设计装机 6 台，4 用 2 备，泵站设计扬程 29.14 m，总装机容量 6×2 240 kW。

(2)七里桥泵站位于七里桥调蓄水库北侧岸边，向商丘、夏邑输水，其中七里桥泵站商丘机组向商丘市输水，设计流量为 6.60 m^3/s，设计装机 3 台，2 用 1 备，泵站设计扬程为 45.70 m，总装机容量 3×2 240 kW。

(3)七里桥泵站夏邑机组向夏邑输水，设计流量为 13.80 m^3/s，设计装机 4 台，3 用 1 备，泵站设计扬程为 37.06 m，总装机容量 4×2 600 kW。

后陈楼调蓄水库—七里桥调蓄水库输水线路、七里桥调蓄水库—夏邑输水线路主要建筑物级别为 2 级，七里桥调蓄水库—商丘新城调蓄水库输水线路主要建筑物级别为 3 级。各输水线路洪水标准均采用 30 年一遇洪水设计，100 年一遇洪水校核。后陈楼泵站、七里桥泵站主要建筑物级别为 2 级，洪水标准均采用 50 年一遇洪水设计，200 年一遇洪水校核。输水线路及加压泵站的主要特性表见表 2-1、表 2-2。

表 2-1 输水线路的主要特性

线路名称	设计流量/(m^3/s)	进口特征水位		出口特征水位		输水方式	线路长度/km	根数×管径/m 管材
		设计水位/m	最低输水位/m	设计水位/m	最低输水位/m			
后陈楼调蓄水库—七里桥调蓄水库	22.90	39.45	37.25	45.50	42.00	泵站加压	29.88	2×3.0 PCCP
七里桥调蓄水库—商丘新城调蓄水库	6.60	45.50	42.00	48.00	42.50	泵站加压	39.92	1×2.2 PCCP
七里桥调蓄水库—夏邑	13.80	45.50	42.00	38.50	—	泵站加压	61.62	1×3.2 PCCP
合计	43.30						131.42	

表 2-2 加压泵站的主要特性

泵站名称	设计流量/(m^3/s)	管道末端	设计净扬程/m	设计扬程/m	装机台数	总装机容量/kW
后陈楼泵站	22.90	七里桥调蓄水库	6.05	29.14	4 用 2 备	6×2 240
七里桥泵站商丘机组	6.60	新城调蓄水库	2.50	45.70	2 用 1 备	3×2 240
七里桥泵站夏邑机组	13.80（5.60 重力流）	夏邑出水池	-7.00	37.06	3 用 1 备	4×2 600
合计	43.30				13	30 560

2.1 后陈楼调蓄水库—七里桥调蓄水库输水管线

2.1.1 设计参数

后陈楼调蓄水库—七里桥调蓄水库输水线路设计的起点为后陈楼调蓄水库，出口为七里桥调蓄水库。泵站进水池通过宽 68 m 前池直接与后陈楼调蓄水库相接，设计水位、死水位相应流速约 0.055 m^3/s、0.111 m^3/s，水头损失较小，所以进口特征水位取后陈楼调蓄水库水位。管道通过出水池直接与七里桥调蓄水库连接，所以出口特征水位取七里桥调蓄水库水位。后陈楼调蓄水库—七里桥调蓄水库输水线路进出口特征水位见表 2-3。

表 2-3 后陈楼调蓄水库—七里桥调蓄水库输水线路进出口特征水位

名称	项目	单位	进水口水位（后陈楼调蓄水库）	出水口水位（七里桥调蓄水库）	流量
后陈楼泵站	设计流量	m^3/s	—	—	22.90
	最高运行水位	m	39.95	46.00	—
	设计水位	m	39.45	45.50	—
	最低运行水位	m	37.25	42.00	—

2.1.2 输水方式

后陈楼调蓄水库至七里桥调蓄水库输水线路进口为后陈楼调蓄水库，出口为七里桥调蓄水库，后陈楼调蓄水库设计水位 39.95 m，死水位 37.25 m；七里桥调蓄水库设计水位

46.00 m,死水位 42.00 m。本工程出口水位高于进口水位,后陈楼调蓄水库—七里桥调蓄水库输水线路不能满足重力流输水,必须通过修建加压泵站加压输水。

2.1.3 输水管道条数

因后陈楼调蓄水库—七里桥调蓄水库输水线路设计流量为 22.90 m^3/s,初估过流管道面积为 14.3 m^2,受现有管道生产制造能力的限制,一根管道难以满足过流断面的要求,因而该输水线路采用两根管道来满足输水要求。

2.1.4 输水线路工程设计

2.1.4.1 输水线路布置

1. 管道平面布置

管道采用两根 DN3000 PCCP 管,输水管道从后陈楼泵站出水管输水后,向东北沿自然地形布置至解堂村,然后折向西北沿 002 县道东侧布置,在中牛店西侧向东北布置,沿后牛店与阎刘庄之间农田布置至涡河南岸,在位桥村东与大宋庄西穿越涡河,向西北布置至双庙村西侧,折向西布置至李八桥村东,向北穿越永登高速,向北布置至宋窑村东,在宋窑村北穿越 S214,向西北布置至小杜庄西侧,折向北布置至薛楼村西,在薛楼村北穿越惠济河,然后沿永安沟东侧布置,途经井庄村西、魏庄村东、周大庄西、史庄西、陈社庙村东;在陈社庙村东穿越 S326,向西北布置,途经侯庄东、王宿堂东、金屯西;在朱楼村北穿越永安沟,向西北布置穿越 S206、北湖路至七里桥调蓄水库,输水线路全长 29.877 km。

2. 管道纵断面布置

输水管道进口高程依据泵站出水钢管确定,输水管道直接与泵站出水钢管对接,高程为 32.86 m。管道出口为七里桥调蓄水库,出口高程根据七里桥调蓄水库库底高程及水库水位,综合确定为 43.10 m。

后陈楼调蓄水库—七里桥调蓄水库输水管线进口高程采用泵站出水管中心高程 32.86 m,出口中心高程为 43.10 m,沿线管道埋深按 2.0 m 左右控制,管线纵断面布置竖向折角控制在 9°以下。左右侧分别布置 130 个 IP 点,最大竖向转角为 6.2°。

3. 管道横断面布置

根据管道埋深和地形条件,边坡采用地质勘察报告中提供的临时边坡建议值,土质开挖边坡为 1:1.5,砂层开挖边坡采用 1:2.0。根据管道施工要求,施工道路、土方堆放和管道堆放按以下原则进行:

(1)施工道路:施工道路可结合现状交通布置在管线的一侧,施工道路宽 10.0 m,距离开口线边缘 2.0 m,道路外侧预留 0.5 m,路面向外侧倾斜,坡度为 1.5%。

(2)土方堆放:堆放于管线施工道路的另一侧,最大堆土高 5.0 m,两侧边坡 1:1.5,内坡脚距管沟开挖边缘线 1.0 m,外坡脚外预留 1.0 m。

(3)管道堆放:管道堆于施工道路侧,管道占地宽按外管径+1.0 m 预留地计算。管道横断面布置见图 2-1。

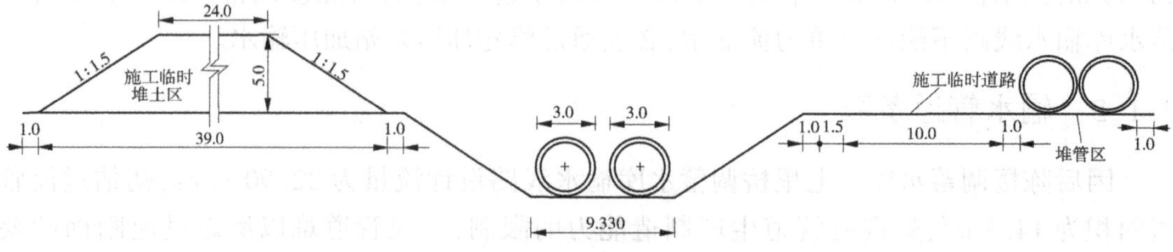

图 2-1 管道横断面布置 （单位：m）

4. 泵站工程布置

后陈楼泵站位于后陈楼调蓄水库北侧岸边，向七里桥调蓄水库输水，设计流量为 22.90 m^3/s，设计装机 6 台，4 用 2 备，泵站设计扬程为 29.14 m。采用机型：水泵 GS1400-19/14B，电机 YSPKK1000-14，总装机容量 6×2 240 kW。

5. 附属工程布置

七里桥出水池为矩形混凝土水池，内径 9.8 m×8 m，底板高程 41.00 m，厚 1.4 m，侧墙为渐变式，上部宽 0.5 m，下部渐变为 1.4 m；进水前池深 6.6 m；由于前池直接连接七里桥调蓄水库，因此前池采用侧墙直接漫流入调蓄水库，侧墙开口宽 5 m，开口底高程 44.72 m，开口以下水库边坡采用 M7.5 浆砌石护砌，护砌宽度 30 m，库底部护砌长度 30 m。

根据上述原则，后陈楼调蓄水库—七里桥调蓄水库输水线路共布置检修阀井、检修空气阀井、空气阀井、排空阀井、流量计阀井共 128 座，其中空气阀井 76 座，检修空气阀井 10 座，检修阀井 12 座，排空阀井 28 座，流量计阀井 2 座。

本工程为两根管道供水，在局部管道需要检修和事故工况下，保证供水，沿线每隔 6 km 左右设置一处连通管，共设置 4 处连通管，最大连通管间距 6.6 km，每处连通管设置 5 个检修阀。

后陈楼调蓄水库—七里桥调蓄水库输水线路共布置水平镇墩 73 个（双管镇墩 51 个、单管镇墩 22 个），竖向镇墩 114 个（双管镇墩 110 个、单管镇墩 4 个），三通镇墩 36 个。

6. 穿越工程布置

后陈楼调蓄水库—七里桥调蓄水库沿线需要穿越河道、公路、铁路，共计 44 处：穿越 4 条河流；穿越 39 条公路，其中县级以上公路 4 处，1 处永登高速；穿越在建三洋铁路 1 处。

2.1.4.2 输水管材

本工程对成品预应力钢筋混凝土管（PCP）、预应力钢筒混凝土管（PCCP）、钢管（SP）、球墨铸铁管（DIP）及玻璃钢夹砂管（GRP）共 5 种管材进行比较，从中选择 PCCP 管作为本工程管材。

2.1.4.3 经济管径确定

本工程以净现值法进行经济管径的计算，即总投资为年运行电费现值与投资现值之和，投资现值主要考虑管道的建设费用和泵站的投资。后陈楼调蓄水库—七里桥调蓄水库输水管道设计流量为 22.90 m^3/s，采用双管 PCCP 输水，根据经济流速范围，管径选用

DN2800~DN3600,采用标准管,管径级差为200 mm。

进行水力计算,以及各种管径水泵的扬程、泵站投资、管道投资(包括土方开挖、土方回填、砂垫层、管材等方面投资)计算,经过比选,管道及泵站工程建设合计投资以DN3600最高、DN2800最低,但是随着管径的逐级减小,泵站年运行费用逐级增加,考虑到费用的时间价值,DN3000费用总值最低,DN3000为经济管径。所以,后陈楼调蓄水库—七里桥调蓄水库输水管道采用2根DN3000 PCCP,相应的设计流速为1.62 m/s。

2.2 七里桥调蓄水库—商丘新城调蓄水库输水管线

2.2.1 设计参数

七里桥调蓄水库—商丘新城调蓄水库输水管线设计的起点为七里桥调蓄水库,出口为新城调蓄水库。泵站进水池通过宽73.0 m前池直接与七里桥调蓄水库相接,设计水位、死水位相应流速约0.040 m^3/s、0.101 m^3/s,水头损失较小,所以进口特征水位取七里桥调蓄水库水位。管道直接与新城调蓄水库连接,所以出口特征水位取新城调蓄水库水位。七里桥调蓄水库—商丘新城调蓄水库输水管线进出口特征水位见表2-4。

表2-4 七里桥调蓄水库—商丘新城调蓄水库输水管线进出口特征水位

名称	项目	单位	进水口水位（七里桥调蓄水库）	出水口水位（商丘新城调蓄水库）	流量
七里桥泵站（商丘机组）	设计流量	m^3/s	—	—	6.60
	最高运行水位	m	46.00	48.50	—
	设计水位	m	45.50	48.00	—
	最低运行水位	m	42.00	42.50	—

2.2.2 输水方式

七里桥调蓄水库—商丘新城调蓄水库输水线路的进口为七里桥调蓄水库,出口为商丘出水池,七里桥调蓄水库设计水位46.00 m,死水位42.00 m,商丘新城调蓄水库设计水位48.50 m,死水位42.50 m。本工程出口水位高于进口水位,七里桥调蓄水库—商丘新城调蓄水库输水线路不能满足重力流输水,必须通过修建加压泵站加压输水。

2.2.3 输水管道条数

考虑到汛期输水河道行洪及引江济淮工程来水过程,引江济淮工程暂停输水期间,受水区需启用其他水源供水;七里桥调蓄水库—商丘新城调蓄水库输水线路设计流量为6.60 m^3/s,初估过流管道面积为3.8 m^2。综上因素,七里桥调蓄水库—商丘新城调蓄水库输水线路采用1根管道输水。

2.2.4　输水线路工程设计

2.2.4.1　输水线路布置

1. 管道平面布置

输水管道从七里桥泵站出水管输水后，向东北沿自然地形进行布置，途径窦小庄村北、续怀庄南、张菜园东、唐楼村西、前崔楼西、武庄村南，在武庄村东北穿越太平沟；继续向东北布置，途径侯大庄西、俞庄东、李关庙东、孙庙东、金楼东、安庄寨东；在安庄寨东折向西北布置至 X027，折向东北布置，途径刘楼村北、李文秀楼东、张三毛庄北、朱管庄南、胡小庙东、牛桥村东；在牛桥村东北穿越 S327，继续向东北布置，途径皇尤庄西、北罗庄东、许楼东、大常庄西；在大常庄北穿越大沙河；向东北布置，途径李老家东、小燕庄东、管庄西、酒庄东、欧庄东、小谢营西、刘营东、熊楼西；在熊楼北穿越连霍高速 G30；向东北布置，途径刘天庄东、刘堌堆东、王营村西、王营西；在吴楼东穿越 S325，向东北至商丘出水池，输水线路全长 39.924 km，管道采用单管 DN2200 PCCP。

2. 管道纵断面布置

输水管道进口高程依据泵站出水钢管确定，输水管道直接与泵站出水钢管对接，高程为 39.10 m。管道出口为新城调蓄水库，出口高程根据新城调蓄水库底高程及水位，综合确定为 46.30 m。

七里桥调蓄水库—商丘新城调蓄水库输水管线进口高程采用七里桥泵站出水管中心高程 38.60 m，出口中心高程为 44.14 m，沿线管道埋深按不小于 2.0 m 控制，管线纵断面布置竖向折角尽量控制在 9°以下。管线布置 169 个 IP 点，最大竖向转角为 8.3°。

3. 管道横断面布置

根据管道埋深和地形条件，边坡采用地质勘察报告中提供的临时边坡建议值，土质开挖边坡为 1∶1.5，砂层开挖边坡采用 1∶2.0。根据管道施工要求，施工道路、土方堆放和管道堆放按以下原则进行：

(1)施工道路：施工道路可结合现状交通布置在管线的一侧，施工道路宽 10.0 m。

(2)土方堆放：堆放于管线施工道路的另一侧，最大堆土高 5.0 m，两侧边坡 1∶1.5，内坡脚距管沟开挖边缘线 1.0 m，外坡脚外预留 1.0 m。

(3)管道堆放：管道堆于施工道路侧，管道占地宽按外管径+1.0 m 预留地计算。

管道横断面布置见图 2-2。

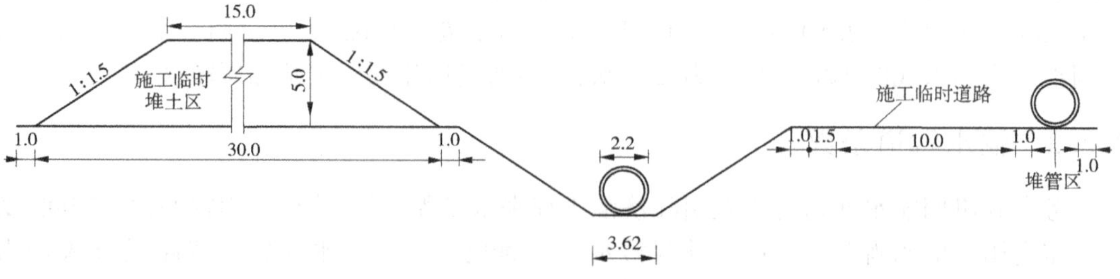

图 2-2　管道横断面布置　（单位：m）

4. 泵站工程布置

七里桥泵站商丘机组向商丘市输水，设计流量为 6.60 m^3/s，设计装机 3 台，2 用 1 备，泵站设计扬程为 45.70 m。采用机型：水泵 GS1200-13M/12B，电机 YSPKK900-12，总装机容量 3×2 240 kW。

5. 附属工程布置

商丘出水池为矩形混凝土水池，内径 8 m×8 m，底板高程 42.44 m，厚 1.4 m，侧墙为渐变式，上部宽 0.5 m，下部渐变为 1.4 m；进水前池深 7.46 m；由于前池直接连接新城调蓄水库，因此前池采用侧墙直接漫流入调蓄水库，侧墙开口宽 5 m，开口底高程 47.15 m，开口以下水库边坡采用 M7.5 浆砌石护砌，护砌宽度 30 m，库底部护砌长度 30 m。

七里桥调蓄水库—商丘新城调蓄水库输水线路共布置检修阀井、空气阀井、排空阀井、检修空气阀井、流量计阀井共 123 座，其中空气阀井 86 座，检修空气阀井 16 座，检修阀井 1 座，排空阀井 18 座，流量计阀井 2 座。

七里桥调蓄水库—商丘新城调蓄水库输水线路共布置水平转角 36 个，竖向转角 168 个，三通 18 个。其中，5 个平面转角位于七里桥调蓄水库—商丘与七里桥调蓄水库—夏邑输水管共槽段，27 个竖向转角位于共槽段，3 个三通位于共槽段。共槽段镇墩按双管镇墩布置，经计算共槽段需设置水平镇墩 5 个，竖向镇墩 24 个，三通镇墩 3 个。七里桥调蓄水库—商丘新城调蓄水库输水线路单管段需设置水平镇墩 31 个，竖向镇墩 58 个，三通镇墩 15 个。

6. 穿越工程布置

七里桥调蓄水库—新城调蓄水库输水线路沿线需要穿越河道、公路，共计 46 处：穿越 8 条河流；穿越 38 条公路，其中县级以上公路 6 处，连霍高速 1 处。

2.2.4.2 输水管材

根据比选本段线路选择 DN2200 PCCP 管。

2.2.4.3 经济管径确定

本工程以净现值法进行经济管径的计算，即总投资为年运行电费现值与投资现值之和，投资现值主要考虑管道的建设费用和泵站的投资。七里桥调蓄水库—商丘新城调蓄水库输水管道设计流量为 6.60 m^3/s，采用单管 PCCP 输水，根据经济流速范围，管径选用 DN2000～DN2800，采用标准管，管径级差为 200 mm。

进行水力计算，以及各种管径水泵的扬程、泵站投资、管道投资（包括土方开挖、土方回填、砂垫层、管材等方面投资）计算，经过比选，管道及泵站工程建设合计投资以 DN2800 最高、DN2000 最低，但是随着管径的逐级减小，泵站年运行费用逐级增加，考虑到费用的时间价值，DN2200 费用总值最低，DN2200 为经济管径。所以，七里桥调蓄水库—商丘新城调蓄水库输水管道采用 1 根 DN2200 PCCP，相应的设计流速为 1.74 m/s。

2.3 七里桥调蓄水库—夏邑输水管线

2.3.1 设计参数

七里桥调蓄水库—夏邑输水管线设计起点为七里桥调蓄水库，出口为夏邑出水池。

泵站进水池通过宽73.0 m前池直接与七里桥调蓄水库相接,设计水位、死水位相应流速约0.040 m^3/s、0.101 m^3/s,水头损失较小,所以进口特征水位取七里桥水库水位。管道通过出水池直接与夏邑出水池连接,所以出口特征水位取夏邑出水池水位。七里桥调蓄水库—夏邑输水管线进出口特征水位见表2-5。

表2-5 七里桥调蓄水库—夏邑输水管线进出口特征水位

名称	项目	单位	进水口水位（七里桥调蓄水库）	出水口水位（夏邑调蓄水库）	流量
七里桥泵站（夏邑机组）	设计流量	m^3/s	—	—	13.80
	最高运行水位	m	46.00	—	—
	设计水位	m	45.50	38.50	—
	最低运行水位	m	42.00	—	—

2.3.2 输水方式

七里桥调蓄水库—夏邑输水线路的进口为七里桥调蓄水库,出口为夏邑出水池,七里桥调蓄水库设计水位46.00 m,死水位42.00 m,夏邑出水池设计水位39.00 m。根据输水线路进出口水位情况,经计算输水管线在小流量情况下能满足重力流输水,大流量情况下需加压输水,所以七里桥调蓄水库—夏邑输水线路采用重力和加压组合输水方式。

2.3.3 输水管道条数

考虑到汛期输水河道行洪及引江济淮工程来水过程,引江济淮工程暂停输水期间,受水区需启用其他水源供水;七里桥调蓄水库—夏邑输水线路设计流量为13.80 m^3/s,初估过流管道面积为8.12 m^2。综上因素,七里桥调蓄水库—夏邑输水线路采用1根管道输水。

2.3.4 输水线路工程设计

2.3.4.1 输水线路布置

1. 管道平面布置

七里桥调蓄水库—夏邑出水池输水线路管道采用单根DN3200 PCCP管,输水管道从七里桥泵站出水管输水后,与七里桥调蓄水库至新城调蓄水库输水线路共管至续怀庄东北桩号3+616处,单管向东沿洮河右岸行至柘城与睢阳区交界处,穿洮河、S206省道后,在詹庄西穿太平沟,折向东南,行至双阁,向东北绕开双阁村,继续向东南至代庄村西穿大沙河,至曹瓦房东顶管穿G105国道,沿小红河右岸布置,至大邓庄西穿小红河、芦河后,一路向东,穿杨大河,顶管穿京九铁路1 km,进入虞城境内,折向东北避开木兰祠,在南马庄附近顶管穿济广高速公路,穿包河、S203省道后,在洛沟附近进入夏邑县境内,穿东沙河,进入夏邑出水池,输水线路全长61.621 km。

2. 管道纵断面布置

输水管道进口高程依据泵站出水钢管确定，输水管道直接与泵站出水钢管对接，管中心线高程为 38.45 m。管道出口为夏邑出水池，出口高程根据夏邑出水池池底高程及水位，综合确定管中心线为 34.80 m。

七里桥调蓄水库至夏邑输水线路进口高程采用泵站出水管中心高程 38.45 m，出口中心高程为 34.80 m，沿线管道埋深按不小于 2.0 m 控制，管线纵断布置竖向折角尽量控制在 8°以下。布置 282 个 IP 点，最大竖向转角为 6.138°。

3. 管道横断面布置

根据管道埋深和地形条件，边坡采用地质勘察报告中提供的临时边坡建议值，土质开挖边坡为 1∶1.5，砂层开挖边坡采用 1∶2.0。根据管道施工要求，施工道路、土方堆放、管道堆放按以下原则进行：

(1)施工道路：施工道路可结合现状交通布置在管线的一侧，施工道路宽 10.0 m。

(2)土方堆放：堆放于管线施工道路的另一侧，最大堆土高 5.0 m，两侧边坡 1∶1.5，内坡脚距管沟开挖边缘线 1.0 m，外坡脚外预留 1.0 m。

(3)管道堆放：管道堆于施工道路侧，管道占地宽按外管径+1.0 m 预留地计算。

七里桥调蓄水库—新城调蓄水库共槽段、七里桥调蓄水库—夏邑共槽段管道横断面布置见图 2-3、图 2-4。

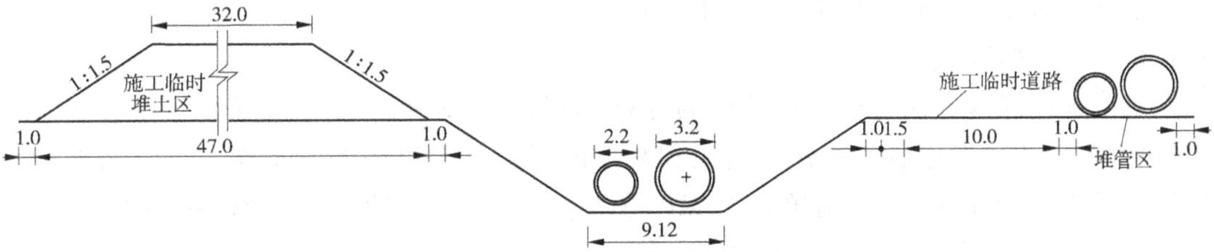

图 2-3 七里桥调蓄水库—新城调蓄水库共槽段管道横断面 （单位：m）

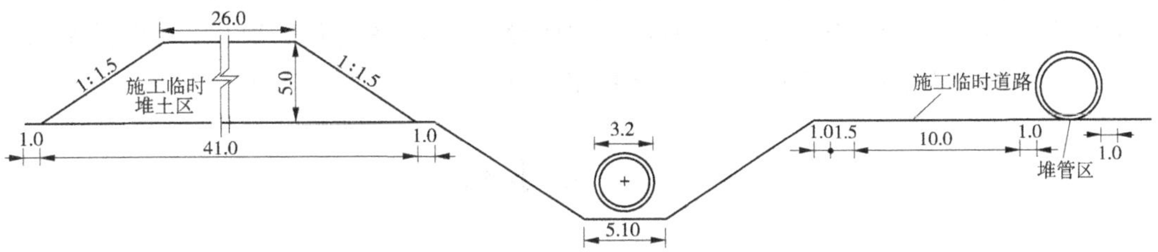

图 2-4 七里桥调蓄水库—夏邑共槽段管道横断面 （单位：m）

4. 泵站工程布置

七里桥泵站夏邑机组向夏邑输水，设计流量为 13.80 m^3/s，设计装机 4 台，3 用 1 备，泵站设计扬程为 37.06 m。采用机型：水泵 GS1400-19/14，电机 YSPKK1000-14，总装机容量 4×2 600 kW。

5. 附属工程布置

夏邑出水池均采用开挖式矩形出水池，出水池顶部尺寸 52 m×52 m，底部尺寸 30.4 m×30.4 m，池顶高程为地面高程，约 38.70 m，池底高程 33.30 m，出水池正常水位 38.50 m，水深 5.20 m；池内 39.20 m 高程以下池壁及池底采用 M7.5 浆砌石护砌。

七里桥调蓄水库—夏邑输水线路共布置检修阀井、空气阀井、检修空气阀井、排空阀井、流量计阀井共 209 座，其中空气阀井 144 座，检修空气阀井 22 座，检修阀井 1 座，排空阀井 39 座，流量计阀井 2 座，调流阀井 1 座。

七里桥调蓄水库—夏邑输水线路共布置水平转角 87 个，竖向转角 283 个，三通 39 个。其中，5 个平面转角位于七里桥调蓄水库—商丘与七里桥调蓄水库—夏邑输水管共槽段，27 个竖向转角位于共槽段，3 个三通位于共槽段。共槽段镇墩按双管镇墩布置，经计算共槽段需设置水平镇墩 5 个、竖向镇墩 24 个、三通镇墩 3 个。七里桥调蓄水库—夏邑输水线路单管段需设置水平镇墩 68 个、竖向镇墩 250 个、三通镇墩 36 个。

6. 穿越工程布置

七里桥调蓄水库—夏邑输水线路沿线需要穿越河道、公路、铁路，共计 58 处：穿越 14 条河流；穿越 43 条公路，其中县级以上公路 9 处，1 处济广高速；穿越京九铁路与商合杭客运专线 1 处。

2.3.4.2 输水管材

根据比选本段线路选择 DN3200 PCCP 管。

2.3.4.3 经济管径确定

本工程以净现值法进行经济管径的计算，即总投资为年运行电费现值与投资现值之和，投资现值主要考虑管道的建设费用和泵站的投资。七里桥调蓄水库—夏邑输水管道设计流量为 13.80 m^3/s，采用单管 PCCP 输水，根据经济流速范围，管径选用 DN3000～DN3800，采用标准管，管径级差为 200 mm。

进行水力计算，以及各种管径水泵的扬程、泵站投资、管道的投资（包括土方开挖、土方回填、砂垫层、管材等方面投资）计算，经过比选，管道及泵站工程建设合计投资以 DN3800 最高、DN3000 最低，但是随着管径的逐级减小，泵站年运行费用逐级增加，考虑到费用的时间价值，DN3200 费用总值最低，DN3200 为经济管径。所以，七里桥调蓄水库—夏邑输水管道采用 1 根 DN3200 PCCP，相应的设计流速为 1.72 m/s。

2.4 分水口

2.4.1 夏邑分水口

夏邑分水口门位于夏邑出水池北侧边坡中部，主要承担向夏邑县供水任务，设计流量 2.8 m^3/s。夏邑分水口设有 1 个闸孔，闸孔高宽均为 2.0 m，闸底板高程为 33.30 m。

闸室控制段设 1 扇工作闸门、1 扇检修门；工作门和检修门的门型均为平面钢闸门，起吊设备为液压式启闭机。分水闸涵洞洞身段为单孔矩形断面，后接供水配套工程。

2.4.2 永城分水口

永城分水口门位于夏邑出水池北侧边坡中部，主要承担向永城的供水任务，设计流量 11.0 m^3/s。夏邑分水口设有 1 个闸孔，闸孔高宽均为 2.6 m，闸底板高程为 33.30 m。

闸室控制段设 2 扇工作闸门、1 扇检修门。工作门的门型为平面钢闸门，起吊设备为卷扬机；检修门的门型亦为平面钢闸门，其起吊设备为电动葫芦。分水闸涵洞洞身段为两孔矩形断面，后接配套工程供水工程。

2.5 调蓄水库工程设计

根据引江济淮线路总体规划，结合供水要求，在引江济淮（河南段）输水线路上共设 4 座调蓄水库，在鹿邑县试量村北、清水河右岸设试量调蓄水库，调蓄郸城、淮阳、太康三县用水；在鹿邑县后陈楼村北（鹿辛运河左岸、鹿邑县迎宾大道西侧）设后陈楼调蓄水库，调蓄鹿邑县用水；在柘城县七里桥村西南（永安沟右岸、北湖路北侧）设七里桥调蓄水库，调蓄柘城县用水；在商丘市睢阳区董瓦房村北设新城调蓄水库，调蓄睢阳区、梁园区用水。

调蓄水库进水根据水库与邻近河道的关系设置，试量调蓄水库邻近清水河，在水库与清水河最近处设进水闸，闸前设计输水水位 41.05 m，设计流量为 9.6 m^3/s，采用 1 孔 2.8 m 宽开敞式进水闸；后陈楼调蓄水库邻近鹿辛运河，在水库与鹿辛运河较近处设进水闸，从鹿辛运河向调蓄水库输水，进水闸前设计输水水位 40.20 m，设计流量为 30.6 m^3/s，采用 3 孔 2.8 m 宽开敞式进水闸；七里桥调蓄水库处在压力管线上，进水采用压力管道。

2.5.1 鹿邑试量调蓄水库

试量调蓄水库位于试量泵站上游约 300 m 处，本工程采用在清水河岸边设置进水闸从河道内自流输水，调蓄水库正常蓄水位根据清水河河道水位确定。根据该处的地形、地质条件，参照国内已建成的调蓄工程，结合本工程的实际情况，拟定该调蓄水库平均水深为 3.9 m，库底开挖高程为 37.0 m，平均开挖深度为 5.0 m。

调蓄水库基本呈南北狭长形态，南北长约 850 m，东西宽约 440 m，调蓄水库正常蓄水位为 40.90 m，相应水体体积为 80.0 万 m^3，相应水面面积为 21.9 万 m^2，设计水深为 3.9 m；死水位高程为 37.5 m，库底高程为 37.0 m，相应死库容为 10.0 万 m^3，调蓄水库实际调蓄水量为 70.0 万 m^3。沿调蓄水库周边设置防护堤，堤顶设巡视道路，全长 1.95 km，路面高程为 44.40 m，高于地面 2.1 m，以满足调蓄水库周边的防洪和管理要求。

为使清水河来水进入调蓄水库，并满足汛期清水河的防洪要求，在清水河右侧堤防设置调蓄水库进水闸，进水闸设计流量需满足郸城、淮阳、太康 3 个县的输水流量，确定为 9.6 m^3/s。进水闸和清水河交叉处清水河河底高程为 38.0 m，在非正常及检修工况下，调蓄水库亦可通过进水闸向清水河河道退水。

试量进水闸位于清水河右岸桩号 47+700 处，承担向试量调蓄水库供水的任务。试量进水闸设计流量为 9.6 m^3/s，设计输水水位 41.05 m。试量调蓄水库共设 3 个分水口门，分别为淮阳县分水口门、太康县分水口门与郸城县分水口门，淮阳县分水口门位于试量调蓄水库桩号 S0+997.612 处，主要承担向淮阳县供水任务，设计流量 3.3 m^3/s；太康县分水口门位于试量调蓄水库桩号 S0+861.954 处，主要承担向太康县供水任务，设计流量 3.3 m^3/s；郸城县分水口门位于试量调蓄水库桩号 S1+385.733 处，主要承担向郸城县供水任务，设计流量 3.0 m^3/s。

2.5.2 鹿邑后陈楼调蓄水库

后陈楼调蓄水库位于鹿辛运河岸边，本工程采用在鹿辛运河岸边设置进水闸从河道内自流输水，调蓄水库正常蓄水位根据鹿辛运河河道水位确定。根据水库平面布置和地质情况，拟定该调蓄水库设计水深为 3.2 m，池底开挖高程为 36.75 m，平均开挖深度为 4.4 m。

后陈楼调蓄水库进水闸位于鹿辛运河桩号 16+205 处，根据河道设计和水力计算结果，该处鹿辛运河输水水位为 40.20 m，扣除进水闸水头，后陈楼调蓄水库的正常蓄水位确定为 39.95 m。

调蓄水库呈南北狭长形态，南北长约 2.0 km，东西宽约 0.6 km，调蓄水库正常蓄水位为 39.95 m，相应水体体积为 302 万 m^3，相应水面面积为 97.5 万 m^2，平均水深为 3.1 m；死水位高程为 37.25 m，池底高程为 36.75 m，相应死库容为 46 万 m^3，调蓄水库实际调蓄水量为 256 万 m^3。沿调蓄水库周边结合防护堤设置巡视道路，道路（防护堤）全长 5.67 km，路面高程为 43.5 m，高于地面 2.2 m，以满足调蓄水库周边的防洪和管理要求。

为使鹿辛运河来水自流进入调蓄水库，并满足汛期运河的防洪要求，在运河左侧堤防设置调蓄水库进水闸。进水闸和鹿辛运河交叉处整治河底高程为 36.10 m，在非正常及检修工况下，调蓄水库亦可通过进水闸向鹿辛运河河道进行退水。

后陈楼进水闸位于鹿辛运河左岸桩号 16+205 处，承担向后陈楼调蓄水库供水任务。后陈楼进水闸设计流量为 30.9 m^3/s，闸前设计输水水位 40.20 m。后陈楼调蓄水库鹿邑分水口门位于水库南岸，主要承担向鹿邑县供水任务，设计流量 8.0 m^3/s。

2.5.3 柘城七里桥调蓄水库

七里桥调蓄水库上接压力管道，调蓄水库内水位可通过调整管道起点加压泵站参数进行调节，因此调蓄水库内水位设置较为自由。本阶段考虑到正常蓄水位过高易对周边居民生产生活产生影响，正常蓄水位与地面高程基本持平，调蓄水库正常蓄水位确定为 46.00 m。根据该处的地形、地质条件，参照国内已建成的调蓄工程，结合本工程的实际情况，拟定该调蓄水库设计水深 4.5 m，库底开挖高程为 41.50 m，平均开挖深度为 4.3 m。

调蓄水库基本呈梯形，东西长约 0.97 km，南北宽约 0.6 km。调蓄水库正常蓄水位为 46.00 m，相应水体体积为 160 万 m^3，相应水面面积为 37.5 万 m^2，设计水深为 4.5 m；死水位高程为 42.00 m，库底高程为 41.50 m，相应死库容为 17 万 m^3，调蓄水库的实际调蓄水量为 143 万 m^3。沿调蓄水库周边结合防护堤设置巡视道路，道路（防护堤）全长 2.71 km，路面高程为 48.40 m，高于地面 2.4 m 左右，以满足调蓄水库周边的防洪和管理要求。

七里桥调蓄水库鹿邑分水口门位于七里桥调蓄水库东南岸，相应七里桥水库桩号为 Q1+580.80；主要承担向柘城县供水任务，设计流量 2.5 m^3/s。

2.5.4 睢阳区新城调蓄水库

为便于商丘市睢阳区和梁园区的用水调蓄,在七里桥调蓄水库—商丘段管线末端设调蓄水库。七里桥调蓄水库—商丘段线路布置经商丘市确认,其末端位于古宋河右岸的董瓦房村上游处,该处东侧为古宋河,西侧有大坡河,中间地势平坦,考虑在此处设置新城调蓄水库。

新城调蓄水库上接压力管道,库内水位可通过调整管道起点加压泵站参数进行调节,因此调蓄水库内水位设置较为自由。本阶段考虑到正常蓄水位过高易对周边居民生产生活产生影响,正常蓄水位与周围地面高程基本持平,调蓄水库正常蓄水位确定为 48.50 m。根据该处的地形、地质条件,参照国内已建成的调蓄工程,结合本工程的实际情况,拟定该调蓄水库设计水深为 6.5 m,库底开挖高程为 42.00 m,平均开挖深度为 6.0 m。

调蓄水库基本呈长方形,南北长约 760 m,东西宽约 430 m。调蓄水库正常蓄水位为 48.50 m,相应水体体积为 175 万 m^3,相应水面面积为 29.4 万 m^2,设计水深为 6.5 m;死水位高程为 42.50 m,库底高程为 42.00 m,相应死库容为 12.0 万 m^3,调蓄水库的实际调蓄水量为 163.0 万 m^3。沿调蓄水库周边结合防护堤设置巡视道路,道路(防护堤)全长 2.2 km,路面高程为 50.60 m,高于地面 2.1 m 左右,以满足调蓄水库周边的防洪和管理要求。

新城调蓄水库共设两个分水口门,分别为睢阳区分水口门与梁园区分水口门,睢阳区分水口门位于新城调蓄水库桩号 X2+172.66 处,主要承担向商丘市睢阳区供水任务,设计流量 3.5 m^3/s;梁园区分水口门位于新城调蓄水库桩号 X1+074.03 处,主要承担向商丘市梁园区供水任务,设计流量 3.1 m^3/s。

2.6 加压泵站

2.6.1 后陈楼站

2.6.1.1 拦污栅

加压泵站后陈楼站进口为 6 孔,孔宽 9 m,进口设计水位 39.95 m,进水池闸底板高程 34.25 m;设置 6 扇拦污栅,拦污栅倾斜 75°布置。拦污栅孔口尺寸(宽×高)为 9 m×6.4 m。拦污栅清污采用 2 台 GD1000 抓斗式自动清污机。

2.6.1.2 泵站进口检修闸门及启闭设备

泵站进口检修闸门采用潜孔式平面焊接钢闸门,6 孔共用 2 扇。孔口尺寸(宽×高)为 9 m×4.5 m,闸门底槛高程 34.25 m,进口设计水位 39.95 m,检修闸门最大水头 5.7 m。泵站进口检修闸门启闭设备选用 2×250kN-9 m 单向门机,单向门机配有液压自动抓梁,操作运用方式为静水启闭。

2.6.2　七里桥站

2.6.2.1　拦污栅

加压泵站七里桥站进口为 7 孔,3 孔宽 7.5 m,4 孔宽 9.0 m,进口设计水位 46.0 m,进水池闸底板高程 39.0 m;设置 7 扇拦污栅,拦污栅倾斜 75°布置。拦污栅 1 孔口尺寸(宽×高)为 7.5 m×7.8 m,共 3 孔;拦污栅 2 孔口尺寸(宽×高)为 9.0 m×7.8 m,共 4 孔。拦污栅清污采用一台 GD1000 抓斗式自动清污机。

2.6.2.2　泵站进口检修闸门及启闭设备

泵站进口检修闸门采用潜孔式平面焊接钢闸门,孔口尺寸分两种。进口检修闸门 1 共 3 孔,孔口尺寸(宽×高)为 7.5 m×4.5 m,3 孔共用 1 扇;闸门底槛高程 39.00 m,进口设计水位 46.0 m,检修闸门最大水头 7 m。进口检修闸门 2 共 4 孔,孔口尺寸(宽×高)为 9.0 m×4.5 m,4 孔共用 1 扇;闸门底槛高程 39.00 m,进口设计水位 46.0 m,检修闸门最大水头 7 m。泵站进口检修闸门启闭设备选用 2×250kN-10 m 单向门机,单向门机配有液压自动抓梁,操作运用方式为静水启闭。

3　项目研究内容

3.1　研究内容

3.1.1　引江济淮整体输水管线的水力计算

有压输水管道中常存在水击现象，该现象是管路系统流量迅速改变而形成的一种特殊的非恒定流。在实际工程中，许多情况都会使管道中的动水压强发生急剧变化，形成不稳定的水流现象，比如在有压水力系统中，水闸或者阀门由于错误操作产生的开关和水泵机的启动等。由于这种变化是突然发生的且十分剧烈，同时管道中的液体压强也会随之剧烈变化，当这种情况发生时，会产生类似锤子敲打管道一样的效果，因此水击现象也被称为水锤，这种交替升降的压强称为水击压强。

在实际工程中，水击现象会在管道内产生很大的压强，该压强是正常工作情况下管道压强的几十倍。如果遇到突发事件，管道会遭到严重破坏，进而导致输水系统无法正常工作。在输水管道的设计中，必须考虑水击压强，了解可能出现的水击压强范围，研究所用的管道材料等是否满足输水系统要求。

在此次项目中，输水管线存在单线及双线供水，即后陈楼调蓄水库—七里桥调蓄水库输水管线为双线供水，七里桥调蓄水库—夏邑输水管线及七里桥调蓄水库—商丘新城调蓄水库输水管线均为单线供水。输水管线的供水方式如图 3-1 所示。

3.1.1.1　单线输水管路系统

七里桥调蓄水库—商丘新城调蓄水库输水管线及七里桥调蓄水库—夏邑输水管线的供水方式如图 3-2、图 3-3 所示。

七里桥调蓄水库—商丘新城调蓄水库输水管线由 2 用 1 备的七里桥泵站商丘机组加压供水，管线管径全程均为 2.2 m，管线长度 39.92 km，全线包含 88 套空气阀。

七里桥调蓄水库—夏邑输水管线由 3 用 1 备的七里桥泵站夏邑机组加压供水，管线管径全程均为 3.2 m，管线长度 61.62 km，全线包含 344 套空气阀。输水管线在小流量（5.60 m^3/s）情况下可采用重力流输水方式，然而大流量情况下则需采用加压输水方式以满足当地用水需求。

由于七里桥调蓄水库—商丘新城调蓄水库输水管线及七里桥调蓄水库—夏邑输水管线均存在加压供水条件，且七里桥调蓄水库—夏邑输水管线还存在重力流供水方式。整体输水管线的数值模拟主要针对事故停泵以及管线末段关阀开展研究：

（1）输水管线稳态运行计算：基于管线进出口处的设计水位以及管线设计流量分析管线设计压强能否满足整体管线的正常运行。

（2）水泵事故停机方案的计算：针对有压输水管线在不设空气阀的情况下，分析输水

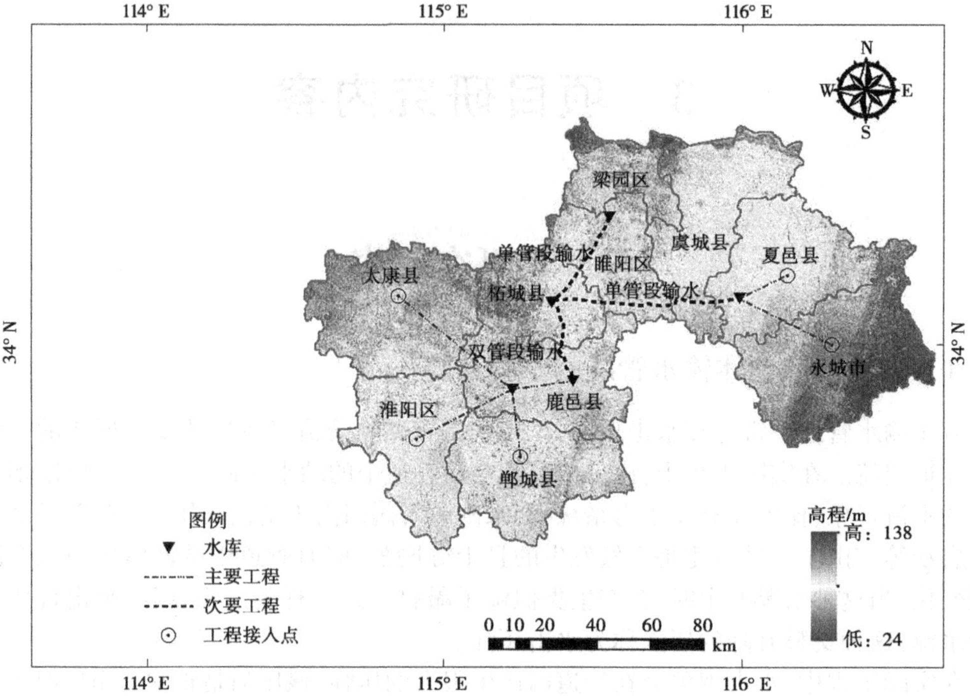

图 3-1　输水管线的供水方式

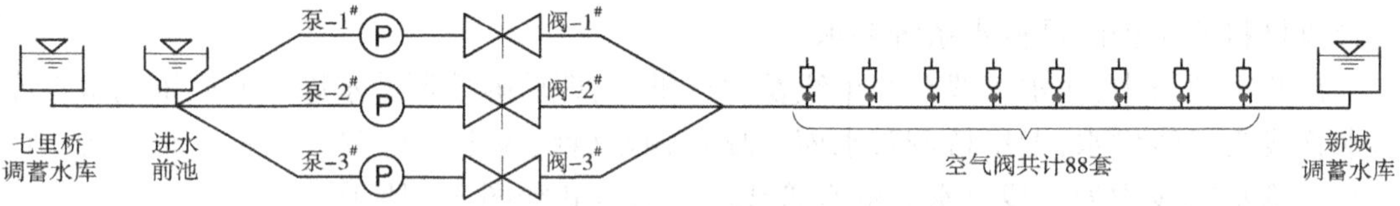

图 3-2　七里桥调蓄水库—商丘新城调蓄水库输水管线的供水方式

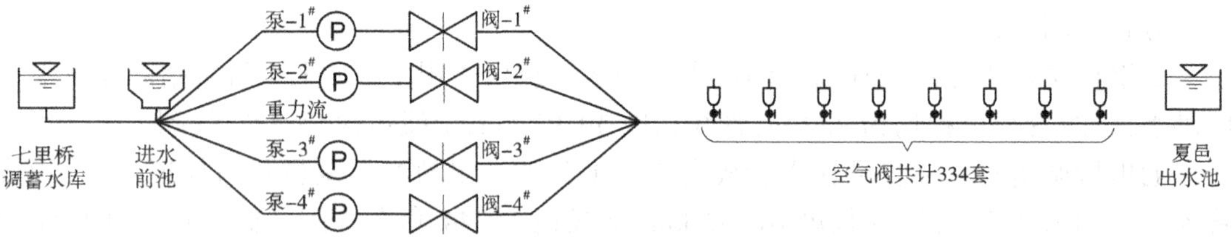

图 3-3　七里桥调蓄水库—夏邑输水管线的供水方式

管线各控制参数是否均满足条件，以此来分析说明空气阀设置的必要性。结合空气阀设置的必要性进一步选取了水泵失电事故停机中极其危险的一种控制工况——所有泵组同时失电的工况，进行分析计算。

(3)有压输水管线末端关阀的计算：由于供水管线的输水方式存在重力流和泵站加压两种方式，管线在末端突然关闭阀门状态下极易导致管线压强突变。同时，应针对有压输水管线在不设空气阀的情况下，分析输水管线各控制参数是否均满足条件，以此来分析说明空气阀设置的必要性。

3.1.1.2 **双线输水管路系统**

后陈楼调蓄水库—七里桥调蓄水库输水管线的供水方式如图 3-4 所示。

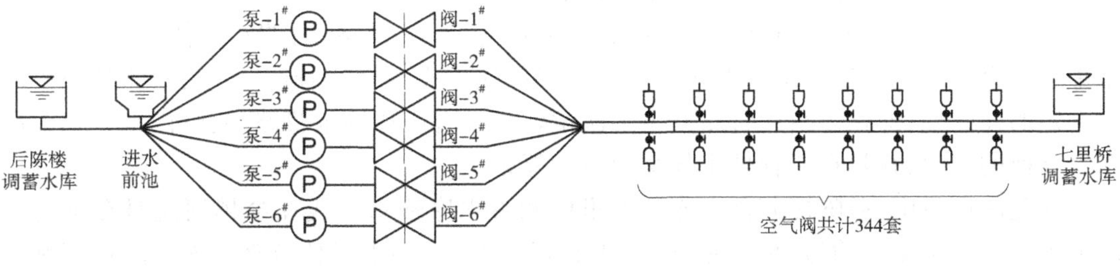

图 3-4 后陈楼调蓄水库—七里桥调蓄水库输水管线的供水方式

后陈楼调蓄水库—七里桥调蓄水库输水管线由 4 用 2 备的后陈楼泵站加压供水,管线管径全程均为 3.0 m,单根管线长度 29.88 km,并包含 344 套空气阀,双线管路之间设有 4 处连通阀井。

由于后陈楼调蓄水库—七里桥调蓄水库输水管线的供水方式为两根管线,且为泵站加压供水,整体输水管线的数值模拟主要结合连通阀井并针对事故停泵以及管线末段关阀开展研究:

(1)输水管线稳态运行计算:基于管线进出口处的设计水位以及管线设计流量,分析管线设计压强能否满足整体管线的正常运行。此外,针对局部管线检修、损害等无法供水的情况,通过启闭连通阀进一步分析 70%设计供水流量下的管线压强是否超出管线设计压强。

(2)水泵事故停机方案的计算:针对有压输水管线在不设空气阀的情况下,分析输水管线各控制参数是否均满足条件,以此来分析说明空气阀设置的必要性。结合空气阀设置的必要性进一步选取了水泵失电事故停机中极其危险的一种控制工况——所有泵组同时失电的工况,进行分析计算。此外,模拟计算工况应充分考虑双管线供水方式下的对称输水和不对称输水,即整体管线均可供水(连通阀井均关闭)、局部管线无法供水(部分连通阀关闭)。

(3)有压输水管线末端关阀的计算:由于供水管线的输水方式存在重力流和泵站加压两种方式,管线在末端突然关闭阀门状态下极易导致管线压强突变。同时,应针对有压输水管线在不设空气阀的情况下,分析输水管线各控制参数是否均满足条件,以此来分析说明空气阀设置的必要性。此外,模拟计算工况应充分考虑双管线供水方式下的对称输水和不对称输水,即整体管线均可供水(连通阀井均关闭)、局部管线无法供水(部分连通阀井关闭)。

3.1.2 输水管线涉及穿越河道时的连续性弯管充水工况研究

有压管道的充水操作是一种比较复杂的输水工况。首先,输水管线较长,管道的容水体积最大,充水时间较长;其次,充水引发的过渡过程所涉及的水流形式种类繁多,流态之间常发生转化。这些因素都影响着输水管路系统在充水操作时的快速、安全、稳定的充水目标，因此对输水系统充水工况的研究具有十分重要的意义。充水工况分为有压输水管道建成时的初次充水和有压管段检修后的局部充水，其中，初次充水的线路最长，所充水体最大，所以对有压管路的安全和稳定性影响最大。

此外，在长距离调水工程中，当管路穿越或避开河流、道路、山坡及其他建筑时，需在水平或垂直方向上发生一定的偏转角度。为降低施工成本、减小施工难度，管路的偏转伴有一定的连续性，即在短距离管路发生多次偏转。结合有压输水管路中，管内常存在大量水气交换的现象，并且在弯管处水气交换更为复杂。

在此次项目中，后陈楼调蓄水库—七里桥调蓄水库输水管线在穿越河流时在垂直方向上连续发生了 4 次约为 45°的偏转，管中心高差 14. 3 m；七里桥调蓄水库—商丘新城调蓄水库输水管线穿越汴河故道时在垂直方向上连续发生了 4 次 90°偏转，管中心高差 19. 083 m。

由于输水管线穿越河道过程中发生了 4 次连续性大尺度的偏转，且管中心高差达到了 14. 00 m 以上，在输水管线首次充水期间极易形成大尺度气泡运动以及水气两相流流型转变，进而导致穿河管线压强发生较大波动。为研究上述输水管线充水采用概化模型及数学模型现象，本书主要针对穿河管线弯管的偏转角度及弯管种类，开展以下研究：

(1) 试验工况制定：基于国内外在复杂管线充水工况的研究工况，求解拟搭建的概化模型的临界满管流速，进而将充水流速划分为正常充水流速与快速充水流速；随后考虑到穿河管线由于首次通入运行以及因检修造成管内存在积水的情况，将管线的充水方式划分为首次充水与二次充水；由于管线在穿越不同河段时所需的偏转角度不同，且工程中往往由于管材而选择使用三段式弯管，为此将弯管的角度划分为 90°与 45°，弯管的种类划分为三段式弯管与弧度弯管。

(2) 概化模型试验：先是确定试验过程中所需的环境条件，而后选用了密闭式的管路测压系统以及非介入式的流型处理方法；其次采用多次试验的实测数据相关性确保试验过程可重复，试验结果真实有效；最终对管路流型的形成演化、大尺度气泡流型轮廓面积及重心变化，以及弯管内外两侧中心处的压强波动现象进行了深入的分析。

(3) 三维可压缩多相流数值模拟：基于 Fluent 建立适用于穿河管线充水工况的三维可压缩多相流数学模型，并采用网格无关性、模型试验实测数据及其典型流型进行了验证；随后针对模型试验中无法测定的含气量进行了分析；而后研究了单一流型变化引起的气泡膨胀、压缩、融合、分裂、溃灭等运动；最终结合管路系统的水力条件，探究了弯管内侧空腔引起的水气耦合现象。

3. 1. 3　输水管线单一水平弯管的湍涡结构演变

在输水管线中的单一水平弯管中，存在着迪恩涡流这种湍涡结构。迪恩涡流的形成会对管道系统产生一系列影响：湍涡结构会引起流速的变化，造成管道内部流场的扰动与涡旋的生成；湍涡结构会对压强分布产生影响，使得压力在弯管的不同区域出现变化；湍流的存在，会增加管道的阻力，导致能量损失与流动能力下降。

在设计和施工过程中,需要充分考虑湍涡结构对单一水平弯管的影响,以确保系统的安全、稳定和高效运行。为减小湍流带来的能量损失和阻力,可以采取优化管径设计、合理布置弯管以减小湍流产生的措施。同时,对管道结构进行合理加固和调节,以应对湍流引起的振动问题。这样能够保证长距离输水工程的正常运行,并最大程度地减小湍流结构对系统的不利影响。

由于输水管线在穿越或避开建筑物、河流、地形等障碍物时会发生水平方向上的偏转,且有压输水管线在局部区域的水平偏转角度可达90°,为研究单一水平弯管管内湍涡结构(迪恩涡)的演变并提出行之有效的解决方法,本书采用概化模型及数学模型主要针对单一水平弧度弯管管内的湍涡结构开展以下研究:

(1)资料收集、归纳及整理:迪恩涡流及螺旋流在功能性方面相似,但弯管是导致有压管路振荡的主要因素之一。这是由于水流进入弯管时,管流的拟序结构受到离心力干扰,管内动压分布极其不均,并且迪恩涡流存在较多的小尺度涡流,致使管流能量损失严重,管壁处激励特性不同。因此,项目基于迪恩涡流和螺旋流的水力特性,采用 Fluent 模拟弯管在两种湍涡作用下的断面平均流速、动压分布及湍动能分布,重点分析了两种涡流对弧度弯管输水能力的影响。

(2)三维数学模型:先是基于 Fluent 建立三维数学模型,并且利用前人物理模型试验数据进行了验证,最后基于验证后的数学模型模拟了弯管内不同尺度、不同强度的湍涡结构,重点分析了曲率半径为2.8倍管径的单一水平弧度弯管管路系统在不同涡流导流下的输水效率及安全稳定性能。

(3)概化模型试验:在数学模型的基础上,通过制备导流叶片在弯管进口处形成螺旋强度较高的螺旋流,再采用自动压力测量系统及振动测量系统监测单一水平弧度弯管管路系统的压强、振动频率及振动强度,而后通过量纲进一步分析单一水平弧度弯管管路系统振动特性与管内水力特性的联系。

3.1.4　有压输水工程的调保措施研究

引江济淮输水工程的规模之大,体现出跨地区、跨流域、投资多、周期长等特点,该输水工程已然成为一个地区及若干省市的输水生命线,其供水的安全和稳定必须得到保障,其重要性不言而喻。

3.1.4.1　并联输水系统不对称输水的水力控制

柘城七里桥调蓄水库—新城调蓄水库段的输水线路调整为2条规模较小的线路分别进行输水。在输水管线正常运行时,考虑到局部流态的稳定,一般采用对称输水的运行方式,即并联管路的输水流量相同。然而,在某些特殊情况下的流量调节,以及事故或者检修等工况下,并联输水管线就会出现不对称输水的情况,即并联输水管线中的输水流量不同。

不对称输水的突出问题在于长距离输水工程中衔接的水工建筑物较多,工作人员在不对称输水的过程中所进行的操作步骤繁多,水力过渡历时较长,实现平稳、安全、快速过渡的控制难度较大。因此,对于一个输水管路系统来说,应重点解决的问题是,首先在确定完成不对称输水的过程中的最佳开关闸、阀步骤,然后通过对操作过程的运行方式优化或者采取工程措施对不对称输水的操作进行控制，实现安全、稳定的过渡。

对于有压输水管道而言，在连续关闸、阀时，应采用由下游到上游顺序的关闸序列；在连续开闸、阀时，则应采用由上游到下游的开闸序列。具体开关闸、阀的操作需进一步深入地研究。

3.1.4.2 管路系统充水工况的水力控制

充水工况作为输水工程中关键工况之一，充水流量的选取显得格外重要。这是由于充水流量过大将会在过渡过程中引发较大的水击压力，而充水流量过小又会使得充水时间过长。

由于充水工况中存在较长时间的无压流状态，在此期间管内流态平稳，水位发展缓慢。当输水管路为有压流或半有压流时，管路才会承受较大的水击压力。因此，出于既节省充水的时间，又保证管路安全运行的目的，可以采用变流量充水的方法，具体操作为：在管路系统开始充水时，采用较大的充水流量，促进管路明渠流动的快速发展，待水面快接近管顶时，再减小充水流量，直至充满整个管道，以保证管道在明满流交替以及全有压状态下的过渡过程安全、稳定。

3.1.4.3 有压弯管的水力控制

引江济淮输水线路沿线需要穿越河道、公路，共计 148 处，输水管线发生转角已达 570 次以上，这已然说明输水管线在单次穿越河道、公路时在水平和垂直方向上将会发生多次、连续性的偏转变化。

管道的振动可能由流体动力原因和局部阻力处的涡流形成以及与管道的固有频率共振引起。在弯曲的管道中，弯管由于流速矢量的变化，会产生离心力，从曲率中心指向管道的外壁。此过程伴随着外壁压力的增加和内侧壁压力的降低，这导致内壁附近的扩散效应和外壁附近的混淆效应，该效应导致从两个壁面处的管流流动分离。离心力的出现和壁上边界层的存在解释了弯曲管道中二次横流的出现，即形成成对的涡流，该涡流叠加在主流上，平行于通道轴，并使管路流线呈螺旋形。这种现象常随着管壁压力脉冲的出现，进而导致管路振动及噪声的形成。国内外现有研究成果已证明表征管路振荡程度的斯特劳哈尔数与管流的雷诺数成单一曲线关系。

3.1.4.4 其他水力控制措施

长距离输水工程常存在滞留气泡等其他干扰管线正常运行的因素。长距离大型管道输水系统充水过程中，滞留气泡对系统的高效输水和安全运行有重要影响。管道内滞留气泡对输水能力的影响表现为滞留气泡增大管道的内壁粗糙度，增大管路比阻，减小管道输水能力。此外，气体相对流体而言更易压缩，管内滞留气体在压缩后积聚较大的能量，对管路系统的运行造成了安全隐患。为保证输水管线的安全运行，管线中常设置较多的排气阀或者增设调压井等其他调保措施，以释放管路中的滞留气泡，并进一步减轻由于操作不当导致的压强突变。此外，在一些复杂管线中，常需要拥有一定工作经验的设计或施工人员确定排气阀的位置。

3.2　技术路线

此次项目采用的技术路线如图 3-5 所示。

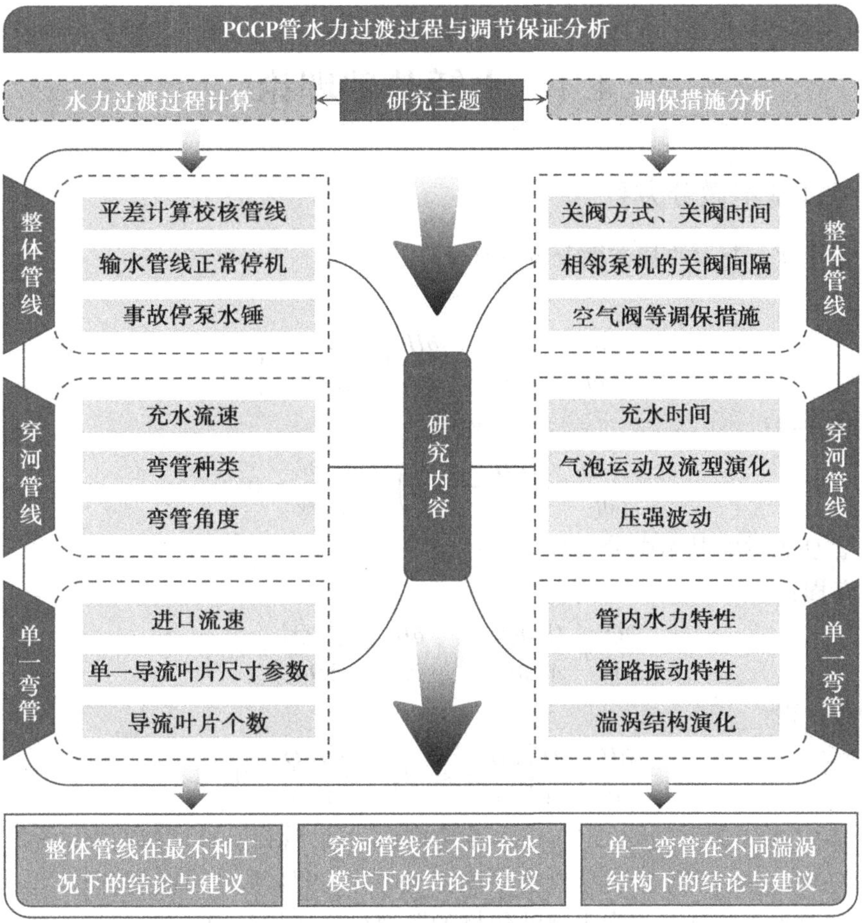

图 3-5　技术路线

4　长距离有压管路输水基础理论

4.1　水锤基础理论

4.1.1　水锤基本微分方程

用水流速度 v 表示的基本微分方程如下：

运动方程：

$$\frac{\partial v}{\partial t} + v\frac{\partial v}{\partial x} + g\frac{\partial H}{\partial x} + \frac{fv|v|}{2D} = 0 \tag{4-1}$$

连续性方程：

$$\frac{\partial H}{\partial t} + v\left(\frac{\partial H}{\partial x} - \sin\theta\right) + \frac{a^2}{g}\frac{\partial v}{\partial x} = 0 \tag{4-2}$$

用流量 Q 表示的基本微分方程如下：

运动方程：

$$\frac{\partial Q}{\partial t} + \frac{Q}{A}\frac{\partial Q}{\partial x} + gA\frac{\partial H}{\partial x} + \frac{fQ|Q|}{2DA} = 0 \tag{4-3}$$

连续性方程：

$$\frac{\partial H}{\partial t} + \frac{Q}{A}\left(\frac{\partial H}{\partial x} + \sin\theta\right) + \frac{a^2}{gA}\frac{\partial Q}{\partial x} = 0 \tag{4-4}$$

式中：Q、v、D、A、f 分别为流量(m^3/s)、水流速度(m/s)、管径(m)、管道截面面积(m^2)、管壁摩阻系数；θ、g、a 分别为管线与水平面夹角(°)、当地重力加速度(m/s^2)、水锤波速(m/s)；H 为总水头(m)；x、t 为水锤波传播的距离(m)、时间(s)。

4.1.2　水锤特征线微分方程

特征线法是应用特征线理论，设法将偏微分方程转变为常微分方程，是通过求解常微分方程间接求解原偏微分方程的一种方法。当只考虑因水锤而引起的压力水头变化时，水锤基本方程式可简化为：

运动微分方程：

$$\frac{\partial Q}{\partial t} + gA\frac{\partial H}{\partial x} + \frac{fQ|Q|}{2DA} = 0 \tag{4-5}$$

连续微分方程：

$$gA\frac{\partial H}{\partial t} + a^2\frac{\partial Q}{\partial x} = 0 \tag{4-6}$$

令：

$$L_1 = \frac{\partial Q}{\partial A} + gA\frac{\partial H}{\partial x} + \frac{fQ|Q|}{2DA} = 0 \tag{4-7}$$

$$L_2 = gA\frac{\partial H}{\partial t} + a^2\frac{\partial Q}{\partial x} = 0 \tag{4-8}$$

假定一实数 λ 使

$$L = L_1 + \lambda L_2 = 0 \tag{4-9}$$

化简为：

$$L = \left(\frac{\partial Q}{\partial t} + \lambda a^2\frac{\partial Q}{\partial x}\right) + gA\lambda\left(\frac{\partial H}{\partial t} + \frac{1}{\lambda}\frac{\partial H}{\partial x}\right) + \frac{fQ|Q|}{2DA} = 0 \tag{4-10}$$

$$\begin{cases} \dfrac{\mathrm{d}Q}{\mathrm{d}t} = \dfrac{\partial Q}{\partial t} + \dfrac{\partial Q}{\partial x}\dfrac{\mathrm{d}x}{\mathrm{d}t} \\ \dfrac{\mathrm{d}H}{\mathrm{d}t} = \dfrac{\partial H}{\partial t} + \dfrac{\partial H}{\partial x}\dfrac{\mathrm{d}x}{\mathrm{d}t} \end{cases} \tag{4-11}$$

令：

$$\frac{\mathrm{d}x}{\mathrm{d}t} = \lambda a^2 = \frac{1}{\lambda} \tag{4-12}$$

将式(4-11)、式(4-12)代入式(4-10)得：

$$L = \frac{\mathrm{d}Q}{\mathrm{d}t} + gA\lambda\frac{\mathrm{d}H}{\mathrm{d}t} + \frac{fQ|Q|}{2DA} = 0 \tag{4-13}$$

等式两边同时乘以 $\mathrm{d}t$ 并化简得：

$$L = \mathrm{d}Q + gA\lambda\mathrm{d}H + \frac{fQ|Q|}{2DA}\mathrm{d}t = 0 \tag{4-14}$$

由式(4-12)可得：

$$\lambda = \pm\frac{1}{a}\quad,\quad \frac{\mathrm{d}x}{\mathrm{d}t} = \pm a\quad,\quad \frac{\mathrm{d}t}{\mathrm{d}x} = \pm\frac{1}{a} \tag{4-15}$$

式(4-15)是斜率分别为 $+\frac{1}{a}$ 和 $-\frac{1}{a}$ 的两条直线，如图 4-1 所示。

斜率 $+\frac{1}{a}$ 的直线代表正特征线，斜率 $-\frac{1}{a}$ 的直线代表负特征线，由此可得水锤正、负特征线方程：

$$a^+\begin{cases} L = \dfrac{\mathrm{d}Q}{\mathrm{d}t} + \dfrac{gA}{a}\dfrac{\mathrm{d}H}{\mathrm{d}t} + \dfrac{fQ|Q|}{2DA} = 0 \\ +a = \dfrac{\mathrm{d}x}{\mathrm{d}t} \end{cases} \tag{4-16}$$

$$a^-\begin{cases} L = \dfrac{\mathrm{d}Q}{\mathrm{d}t} - \dfrac{gA}{a}\dfrac{\mathrm{d}H}{\mathrm{d}t} + \dfrac{fQ|Q|}{2DA} = 0 \\ -a = \dfrac{\mathrm{d}x}{\mathrm{d}t} \end{cases} \tag{4-17}$$

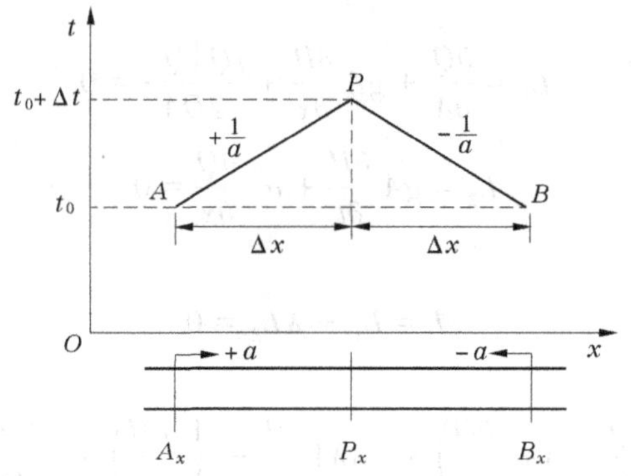

图 4-1　特征线法示意图

4.1.3　水锤有限差分方程

将式(4-16)沿正特征线(A 点~P 点)积分得:

$$\int_{Q_A}^{Q_P} \mathrm{d}Q + \frac{gA}{a}\int_{H_A}^{H_P} \mathrm{d}H + \frac{fQ_A|Q_A|}{2DA}\int_{t_A}^{t_P} \mathrm{d}t = 0 \tag{4-18}$$

$$H_P = H_A - \frac{a}{gA}(Q_P - Q_A) - \frac{f\Delta x}{2gDA^2}|Q_A|Q_A \tag{4-19}$$

将式(4-17)沿负特征线(B 点~P 点)积分得

$$\int_{Q_B}^{Q_P} \mathrm{d}Q - \frac{gA}{a}\int_{H_B}^{H_P} \mathrm{d}H + \frac{fQ_B|Q_B|}{2DA}\int_{t_B}^{t_P} \mathrm{d}t = 0 \tag{4-20}$$

$$H_P = H_B + \frac{a}{gA}(Q_P - Q_B) - \frac{f\Delta x}{2gDA^2}|Q_B|Q_B \tag{4-21}$$

现将管道分为间距为 Δx 的 N 段,绘制横纵坐标网格分别为 i 和 Δt 的矩形网格,如图 4-2 所示。为方便计算所有网格节点参数,用角标 $i-1$、$i+1$ 代替角标 A、B。

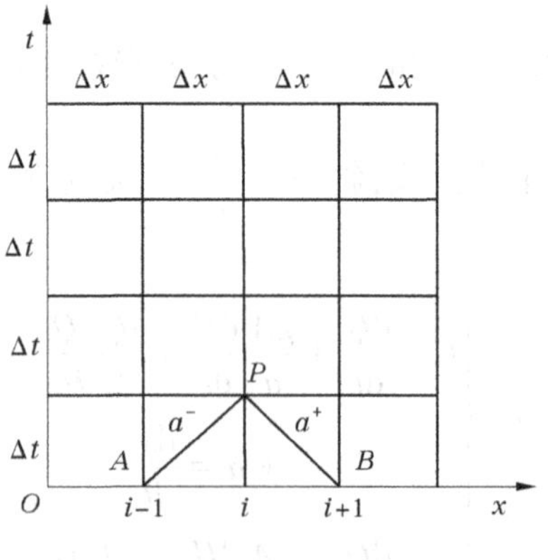

图 4-2　差分方程矩形网格

简化式(4-19)、式(4-21)可得:

$$a^+ : H_P = C_A - S_A Q_P \tag{4-22}$$

$$a^{-}: H_P = C_B + S_B Q_P \tag{4-23}$$

式中：

$$C_A = H_{i-1} + \frac{a}{gA} Q_{i-1} \tag{4-24}$$

$$S_A = \frac{a}{gA} + \frac{f\Delta x}{2gDA^2} |Q_{i-1}| \tag{4-25}$$

$$C_B = H_{i+1} - \frac{a}{gA} Q_{i+1} \tag{4-26}$$

$$S_B = \frac{a}{gA} + \frac{f\Delta x}{2gDA^2} |Q_{i+1}| \tag{4-27}$$

将式(4-22)、式(4-23)联立，可求得：

$$Q_P = \frac{C_A - C_B}{S_A + S_B} \tag{4-28}$$

根据 A、B 两点在 t_0 时刻的 Q_A、H_A、H_B、Δt 基本水力参数，通过式(4-22)～式(4-28)即可求解 $t_0 + \Delta t$ 时刻 P 点的 Q_P、H_P，同理可求出全部节点的 Q_P、H_P。

4.2 水锤模型求解

4.2.1 水锤波速计算

水流流速波动会造成管道中压力的变化的传播就是水锤波的传播，这种压力变化的传播速度就是水锤波速，即前文中所提到的 a。水锤波速变化见图 4-3。

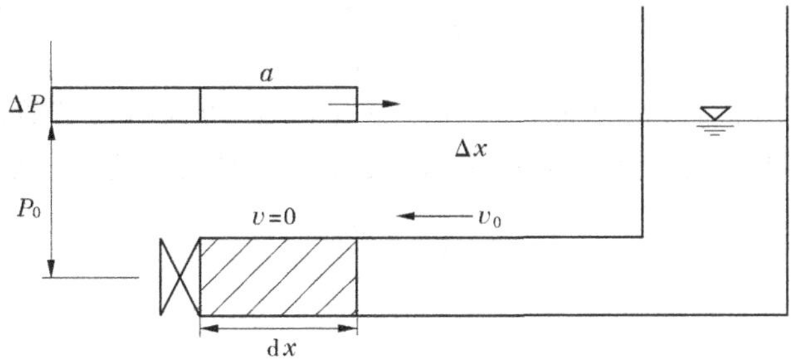

图 4-3 水锤波速变化

考虑到水的压缩性和管壁弹性，假设在较小时间段 dt 内阀门突然关闭，小管段 dx 中水的流速发生改变，由 v_0 变为 0，同时水体被压缩，密度由 ρ 变成 $\rho + \mathrm{d}\rho$，管壁断面面积 A 膨胀变为 $A+\mathrm{d}A$，在小管段内水体的质量变化满足下式：

$$\Delta M = (\rho + \mathrm{d}\rho)(A + \mathrm{d}A)\mathrm{d}x - \rho A \mathrm{d}x \tag{4-29}$$

由质量守恒定律，整理得：

$$\frac{v_0}{a} = \frac{\mathrm{d}\rho}{\rho} + \frac{\mathrm{d}A}{A} \tag{4-30}$$

$\frac{\mathrm{d}\rho}{\rho}$、$\frac{\mathrm{d}A}{A}$分别体现的是管内流体的可压缩性和管壁的弹性。结合水锤计算的动量方程式 $\Delta H = \frac{av_0}{g}$，可得水锤波的传播速度计算公式如下：

$$a = \frac{1}{\sqrt{\rho\left(\frac{1}{\rho}\frac{\mathrm{d}\rho}{\mathrm{d}P} + \frac{1}{A}\frac{\mathrm{d}A}{\mathrm{d}P}\right)}} \tag{4-31}$$

管路直径为 D、断面面积为 A 时，管路压力增量 $\mathrm{d}P$、管径增量 $\mathrm{d}A$ 满足：

$$\mathrm{d}A = \mathrm{d}\left(\frac{\pi}{4}D^2\right) = \frac{\pi}{2}D\mathrm{d}D \tag{4-32}$$

结合虎克定律 $\frac{\mathrm{d}D}{D} = \frac{\mathrm{d}\sigma}{E}$ 和水体积弹性模量 $K = \mathrm{d}P\frac{\rho}{\mathrm{d}\rho}$，将水锤波速计算公式整理得：

$$a = \frac{1}{\sqrt{\rho\left(\frac{1}{K} + \frac{D}{Ee}\right)}} = \sqrt{\frac{K}{\rho}}\frac{1}{\sqrt{1 + \frac{KD}{Ee}}} \tag{4-33}$$

式中：a 为水锤的传播速度，m/s；K 为水的体积弹性模量，N/m²；E 为管壁材料的弹性模量，N/m²；e 为管壁的厚度，m。

4.2.2　库朗数限制条件

根据水锤有限差分方程进行数值模拟计算时，为保证求解稳定及其精度，水锤波速、网格划分及时间步长应满足库朗数限制条件。由于水锤波速与管流流速量级相差较大，通常将库朗数公式化简为

$$Cr = \frac{a\Delta t}{\Delta x} \tag{4-34}$$

由于水锤波速 a 可通过前文公式求导计算并且 Δx 可通过设置管路节点时确定，那么只需根据库朗数 Cr 即可确定差分方程中 Δt 的取值范围。Δt 的取值范围如下：

$$\Delta t \leqslant \frac{\Delta x}{a} \tag{4-35}$$

4.2.3　边界条件

4.2.3.1　**有压输水管路进出口**

当有压输水管线进口处水位高度不变时，如管道进口处为已知水位的水库或压力前池，此时管路进口处的边界条件可认为：$H_p = H_0 =$ 常数。

当有压输水管线进口处水位发生变化时，如管道进口处为一调压室，管路进口处的水位变化为 $H_0^i = f(t)$，则可根据时间计算出相应的水位高度 H_0。

当有压输水管线进口处流量发生变化时，如管道进口处为泵机送水，管路进口处的流量变化为 $Q_0^i = f(t)$，同样可根据时间计算出相应的管路进口流量 Q_0。

不同学者针对管道进口边界的特征差分方程均有不同，本书严格按照《有压输水系

统水力过渡过程计算与水锤防护技术导则》选取顺波特征差分方程进行求解计算。前人针对出口边界的特征差分方程不作要求，而《有压输水系统水力过渡过程计算与水锤防护技术导则》规定按照逆波特征差分方程进行求解计算。

4.2.3.2　**分叉管路计算**

图4-4给出了分叉管路的连接方式，管路1和管路2为上游管段，管路3和管路4为下游管段，管路系统在忽略局部损失时的边界条件为：

$$\begin{cases} H_{N_1,1}^i = H_{N_2,2}^i = H_{1,3}^i = H_{1,4}^i = H^i \\ Q_{N_1,1}^i + Q_{N_2,2}^i - Q_{1,3}^i - Q_{1,4}^i = 0 \end{cases} \tag{4-36}$$

式中：N_1、N_2、N_3、N_4分别为管路1、管路2、管路3及管路4的分段数；变量的第一个下标表示连接处节点分别在各管段中的节点号；变量的第二个下标表示管路对应的编号；变量的上标表示时刻。

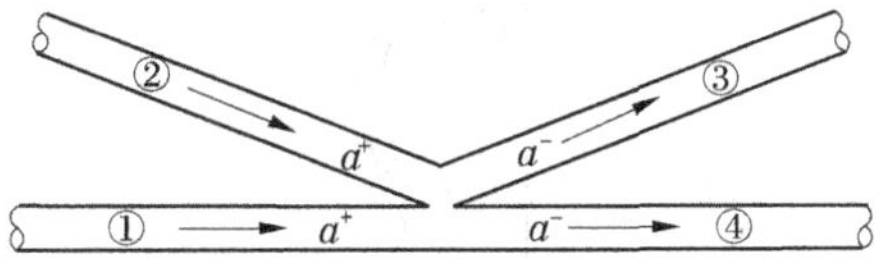

图4-4　分叉管路

上述分叉管路的边界条件包含了4个关系式、8个未知变量。此外，上游管路末端的压力水头及流速关系满足顺波特征差分方程，下游管路的起始端满足逆波特征差分方程，即

$$\begin{cases} H^i = C_{N_1-1,1}^{i-1} - S_{N_1-1,1}^{i-1} Q_{N_1,1}^i \\ H^i = C_{N_2-1,2}^{i-1} - S_{N_2-1,2}^{i-1} Q_{N_2,2}^i \\ H^i = C_{2,3}^{i+1} + S_{2,3}^{i+1} Q_{1,3}^i \\ H^i = C_{2,4}^{i+1} + S_{2,4}^{i+1} Q_{1,4}^i \end{cases} \tag{4-37}$$

4.2.3.3　**事故停泵时水泵的边界条件**

针对符合相似条件的水泵，相似工况下的各参数满足流量相似、扬程相似和转矩相似定律，可以得到以下的比例关系：

$$\begin{cases} \dfrac{H_a}{H_b} = \left(\dfrac{N_a}{N_b}\right)^2 \left(\dfrac{D_a}{D_b}\right)^2 \\ \dfrac{Q_a}{Q_b} = \left(\dfrac{N_a}{N_b}\right) \left(\dfrac{D_a}{D_b}\right)^3 \\ \dfrac{M_a}{M_b} = \left(\dfrac{N_a}{N_b}\right)^2 \left(\dfrac{D_a}{D_b}\right)^5 \end{cases} \tag{4-38}$$

对同一台水泵，当转速由N_a变化为N_b时有以下比例关系：

$$\begin{cases}\dfrac{H_a}{H_b}=\left(\dfrac{N_a}{N_b}\right)^2\\ \dfrac{Q_a}{Q_b}=\dfrac{N_a}{N_b}\\ \dfrac{M_a}{M_b}=\left(\dfrac{N_a}{N_b}\right)^2\end{cases}\tag{4-39}$$

常用 $H-Q$、$M-Q$ 表示正常运转时水泵的性能曲线的坐标参数，此时水泵转速固定不变。当水泵转速变化时，用 $\dfrac{H}{N^2}-\dfrac{Q}{N}$、$\dfrac{M}{N^2}-\dfrac{Q}{N}$ 表示水泵的性能曲线的坐标参数，用无因次参数 β、v、h、m 分别表示转速、流量、扬程、转矩工作状态参数和额定状态参数之间的相对比值（额定状态下的参数值用带有下标 n 的符号表示）：

$$\begin{cases}\beta=\dfrac{N}{N_n}\\ v=\dfrac{Q}{Q_n}\\ h=\dfrac{H}{H_n}\\ m=\dfrac{M}{M_n}\end{cases}\tag{4-40}$$

那么性能曲线可改为无因次参数表示的性能曲线 $\dfrac{h}{\beta^2}-\dfrac{v}{\beta}$，$\dfrac{m}{\beta^2}-\dfrac{v}{\beta}$。$\beta$、$v$、$h$、$m$ 的取值范围有正负之分，导致坐标参数变化范围在-□和+□之间不能全部汇出，因此提出以下新坐标参数 $WH(x)-x$，$WM(x)-x$，其中横坐标 $x=\pi+\tan^{-1}(v/\beta)$，纵坐标 $WH(x)=\dfrac{h}{\beta^2+v^2}$，$WM(x)=\dfrac{m}{\beta^2+v^2}$。新的坐标参数使横坐标变化范围缩小为 0 到 2π，纵坐标范围变化也有限。但水泵的全面性能曲线很难用数学公式描述，因此在计算机计算中可以从曲线上取离散数据调用或经线性内插计算即可。

图 4-5 给出了管路系统中泵机及阀门组件的输水示意图。以下将从水头平衡方程式和转速改变方程式计算泵机及阀门组件的水力条件。

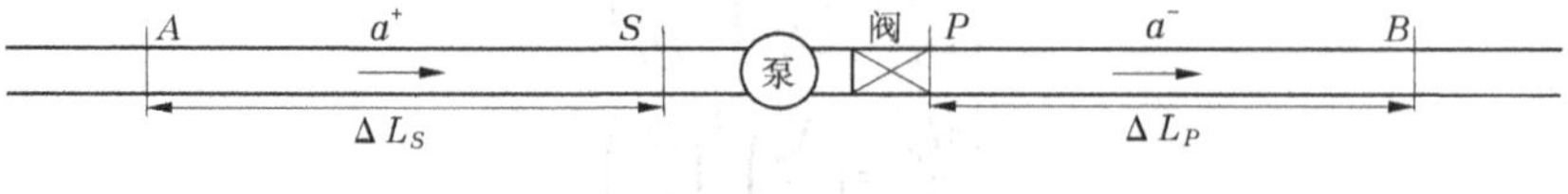

图 4-5　管路系统中泵机及阀门组件的输水示意图

1. 水头平衡方程式

假设事故停泵的暂态过程可以用恒定流条件下的水头关系式表示，那么可得：

$$H_S+\Delta H_{泵}-\Delta H_{阀}=H_P\tag{4-41}$$

式中：H_S、H_P 分别为水泵在吸水管和压水管的压力水头，m；$\Delta H_{泵}$ 为水泵的扬程，m；$\Delta H_{阀}$ 为水泵出口阀门处的水头损失，m。

根据上述对水泵全特性曲线改造，结合 $WH(x)=\dfrac{h}{\beta^2+v^2}$ 和 $WH(x)=A_0+A_1x$，可知水泵扬程为

$$\Delta H_{泵}=H_n(\beta^2+v^2)WH(x)=H_n(\beta^2+v^2)(A_0+A_1x) \tag{4-42}$$

阀门处水头损失可用以下公式表示：

$$\Delta H_{阀}=\frac{\Delta H_0 v|v|}{\tau^2} \tag{4-43}$$

式中：ΔH_0 为阀门全开时的水头损失，m；τ 为阀门的相对开启度。

阀门处水损的正负由式(4-43)中 $v|v|$ 体现。当 $v>0$，$\Delta H_{阀}>0$ 时，管流正向流动；当 $v<0$，$\Delta H_{阀}<0$ 时，管流反向流动。吸水管末端及压水管起始端的特征线方程如下：

$$\begin{cases}H_S=C_A-S_AQ_S\\ H_P=C_B+S_BQ_P\end{cases} \tag{4-44}$$

联立暂态条件下的水头平衡方程式，可得：

$$(C_A-S_AQ_S)+H_n(\beta^2+v^2)(A_0+A_1x)-\frac{\Delta H_0 v|v|}{\tau^2}=C_B+S_BQ_P \tag{4-45}$$

式中仅有 β、v 为未知数，因此需要引入另一个边界条件方程求解计算，即泵的转速改变方程式。

2. 转速改变方程式

水泵正常运转时，电机给予水泵叶轮的主动力矩和液体作用在水泵叶轮的反力矩相等，当突然事故停泵后，电机给予水泵叶轮的主动力矩消失，水泵叶轮将在液体作用下作减速运动。根据理论力学的知识，这一过程符合如下的数学表达式：

$$M_{反}=-\frac{\mathrm{GD}^2}{4g}\frac{\mathrm{d}\omega}{\mathrm{d}t} \tag{4-46}$$

式中：GD^2 为水泵飞轮力矩；$M_{反}$为叶轮受到液体作用的反力矩，$M_{反}$可按计算时段开始时的力矩 M_0 与结束时的力矩 M 的算术平均值取值；ω 为叶轮的旋转角速度，$\omega=\dfrac{2\pi N}{60}=\dfrac{2\pi\beta N_n}{60}$。

故可将式(4-46)修改为

$$\frac{M+M_0}{2M_n}=-\frac{\mathrm{GD}^2}{4g}\frac{2\pi N_n}{60\Delta t M_n}(\beta-\beta_0) \tag{4-47}$$

有水泵的固定常数 $C_3=\dfrac{\mathrm{GD}^2}{g}\dfrac{N_n}{M_n}\dfrac{\pi}{60\Delta t}$，飞轮力矩 GD^2 一般由水泵制造商提供，式(4-47)可改写为

$$(m+m_0)-C_3(\beta_0-\beta)=0 \tag{4-48}$$

结合上述的讨论有 $m=(\beta^2+v^2)(B_0+B_1x)$，故可有水泵的转速改变方程式：

$$(\beta^2+v^2)(B_0+B_1x)+m_0-C_3(\beta_0-\beta)=0 \tag{4-49}$$

4.2.3.4　正常运行时水泵的边界条件

图 4-6 为管道中水泵正常运行状态下的边界条件，由于阀门全开，因此忽略了阀门等管件。水泵的吸水管和压水管分别为管线 1 和管线 2。

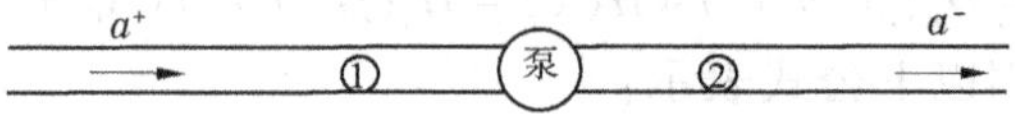

图 4-6　管道中水泵正常运行状态下的边界条件

水泵在正常运行状态下，流量和扬程满足如下的二次抛物线方程式：

$$H_2-H_1=H_0+B_1Q+B_2Q_2 \tag{4-50}$$

式中：H_1 为水泵吸水管一侧最末端的测压管水头值，m；H_2 为水泵压水管一侧起始段的测压管水头值，m；H_0 为流量为零时对应的水泵压出口的测压管水头，m；Q 为水泵正常运行时的流量，m^3/s；B_1 和 B_2 为二次曲线拟合时的常数。

结合水泵上下游的相容性方程：

$$\begin{cases}H_1=C_A-S_1Q\\H_2=C_B-S_2Q\end{cases} \tag{4-51}$$

代入式(4-50)可得：

$$C_A+S_1Q-C_B+S_2Q=H_0+S_1Q+S_2Q_2 \tag{4-52}$$

式中仅有 Q 为未知量，通过求解的 Q 代入水泵的相容性方程可得水泵吸、压水管的水头 H_1、H_2。

4.3　有压管道水气两相流流型

管路系统在充水过程中存在着气泡融合、破裂、压缩、溃灭等一系列运动，进而表现出管内各类流型。以下将介绍水平管及垂直管内主要存在的流型，从而揭示连续性弯管管路系统在充水过程中气泡的运动规律。

4.3.1　水平管内两相流流型

由于水气密度差异显著，气泡在水平直管内通常悬浮于管内顶位置，进而导致水平直管管内流型通常为非对称结构。水平管内流型主要分为连续流和间歇流，其中连续流分为分层平滑流、分层波浪流、环状流及喷雾流，间歇流主要分为气泡流和段塞流。具体如图 4-7 所示，图中深色代表液相流体，浅色代表气相流体，水流方向为从左向右。

(1)分层平滑流：当管路进口处液相流量较小时，水气两相流在重力的作用下将出现明显的上下分层，此时水气两相交界面若处于平滑的状态，则将该种水气耦合的流态称为分层平滑流。

(2)分层波浪流：在分层平滑流的基础上，管路进口处液相流量进一步增大，将导致

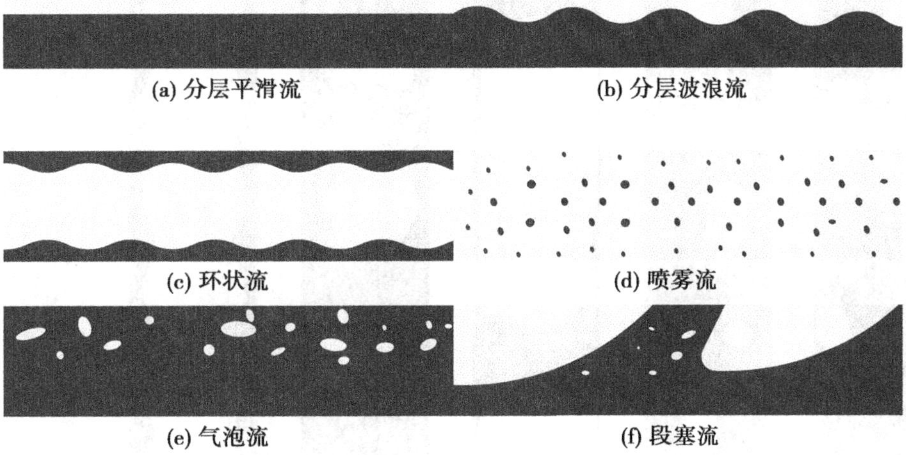

图 4-7 水平管内两相流主要流型

管内水气两相存在较大的流速差,进而在管内水气交接面处产生较大的剪切力,最终致使水气交接面存在波浪,并且该种波浪的波幅及频率在多个周期内可保持不变。

(3)环状流:当管路进口处气相流量较大时,管内气体以弹性气柱存在于管内,管内液体贴合管壁以环状向前流动,管内气体在进口处形成气塞,导致气相流速分布不均,进而形成波浪状的环形管流。

(4)喷雾流:在环状流的基础上,管路进口处气相流量进一步增大,管壁处的液相流体逐渐被剥离以液滴的形式进入管中心处。

(5)气泡流:当管内气相流量较小、液相流量较大时,管内存在大量小型气泡在连续的水体里进行运动,并且气泡在浮力的作用下基本贴合管内顶,此时水气两相无明显的滑移。有时将此流型也称为气泡流或泡沫流。

(6)段塞流:在气泡流的基础上,管路进口处气相流量增大或液相流量减小,管内气泡开始融合形成大尺度的气泡。由于大尺度的气泡克服了水气交接面处的剪切力,并且在浮力的作用下,管内气泡最终以气囊的形式贴合管内顶进行运动。

4.3.2 垂直管内两相流流型

垂直管内流型相对于水平管管内流型更趋近于轴对称,并且相对于水平直管管内的间歇流流型更为复杂,如塞状流、弹状流及搅拌流。具体如图 4-8 所示,图中深色代表液相流体,浅色代表气相流体,水流方向为自下而上。

(1)气泡流:与水平管内气泡流不同的是,垂直管内气泡在较大的情况下易出现帽状,而小尺度气泡基本与水平管内相近,均为圆球状。此外,在液相流量较大的情况下,管内气泡将被压缩扁平,进而形成橄榄状气泡。

(2)塞状流:在气泡流的基础上,管内气相流量增大或液相流量减小,管内气泡在浮力的作用下融合形成大尺度气泡,并且在水气交接面处剪切力的作用下拉伸形成一定长度,该种气泡直径约占管内直径的一半。

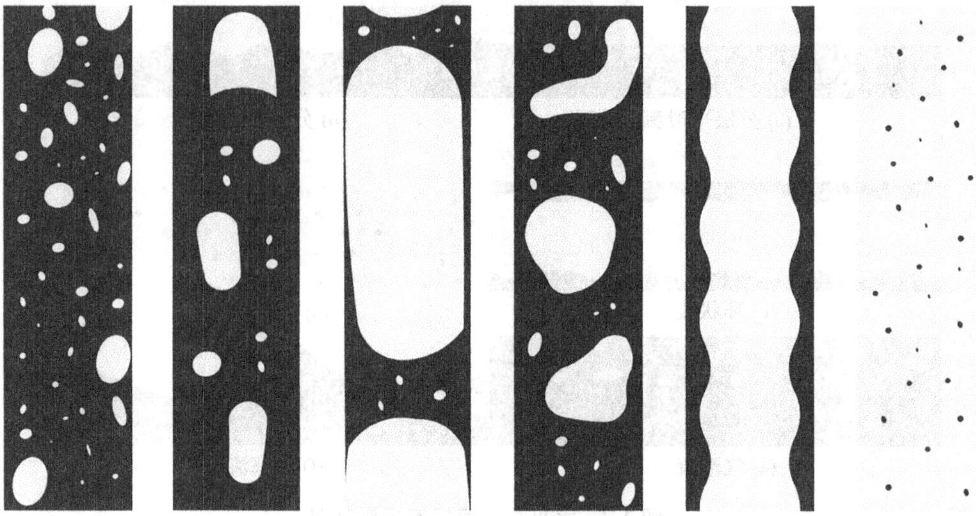

(a)气泡流 (b)塞状流 (c)弹状流 (d)搅拌流 (e)环状流 (f)喷雾流

图 4-8 垂直管内两相流主要流型

(3)弹状流:在塞状流的基础上,管内气相流量增大或液相流量减小,管内气泡再次积聚融合形成更大尺度的气泡,此时该种气泡的直径基本等于管内直径,极易引发断流弥合水锤。

(4)搅拌流:在弹状流的基础上,管内气相流量增大或液相流量减小,管内水气交接面处的剪切力无法再维持弹状气泡形状,进而破裂形成不规则的气泡形态,此时该种水气两相流称为搅拌流。

(5)环状流:垂直管内的环状流的形成机理与水平管内的基本相似,唯一不同的就是气体受到了浮力的作用,但对于高速运动的气相流体来说,浮力对该种流型的影响基本可忽略不计。

(6)喷雾流:垂直管内的喷雾流的形成机理与水平管内的基本相似,唯一不同的就是气体受到了浮力的作用,但对于高速运动的气相流体来说,浮力对该种流型的影响基本可忽略不计。

4.4 水力学计算方程

相对于物理模型试验,数值模拟技术更具有理想化的模拟结果,由于其成本低并且可减少大部分物理模型试验中存在的各种不可控因素,已被大部分科研工作者接受,并且广泛应用于各行各业。

4.4.1 基础方程

连续性弯管在充水过程中存在着气泡的融合、破裂、压缩、溃灭等运动过程,因此在数学模型的建立中应考虑气相流体的压缩性,数值模拟所涉及的方程为质量守恒方程(连续性方程)、动量守恒方程(运动方程)及能量守恒方程。

4.4.1.1 质量守恒方程

质量守恒方程表征微元体在单位时间内流体质量的增加量或者相同时间间隔内流入微元体的净质量,具体方程如下:

$$\frac{\partial \rho}{\partial t} + u\frac{\partial \rho u}{\partial x} + v\frac{\partial \rho v}{\partial y} + w\frac{\partial \rho w}{\partial z} = 0 \tag{4-53}$$

式中:ρ 为流体的密度;t 为时间;x、y、z 为直角坐标系下三个方向的分量;u、v、w 分别为 x、y、z 三个方向的速度矢量。

4.4.1.2 动量守恒方程

动量守恒方程表征流体动量在微元体中的增加率或者微元体上所受到各种力的矢量叠加,具体方程如下:

$$\begin{cases} \rho\dfrac{\mathrm{d}u}{\mathrm{d}t} = \rho F_x + \dfrac{\partial P_{xx}}{\partial x} + \dfrac{\partial P_{xy}}{\partial y} + \dfrac{\partial P_{xz}}{\partial z} \\ \rho\dfrac{\mathrm{d}v}{\mathrm{d}t} = \rho F_y + \dfrac{\partial P_{yx}}{\partial x} + \dfrac{\partial P_{yy}}{\partial y} + \dfrac{\partial P_{yz}}{\partial z} \\ \rho\dfrac{\mathrm{d}w}{\mathrm{d}t} = \rho F_z + \dfrac{\partial P_{zx}}{\partial x} + \dfrac{\partial P_{zy}}{\partial y} + \dfrac{\partial P_{zz}}{\partial z} \end{cases} \tag{4-54}$$

式中:F_x、F_y、F_z 分别为微元体质量力在 x、y、z 三个方向的分量;P_{xi}、P_{yi}、P_{zi} 分别为流体内应力张量在 x、y、z 三个方向的分量,$i=x,y,z$。

在研究中,由于气体是可压缩相,可压缩流体的动量守恒方程如下:

$$\begin{cases} \rho\dfrac{\mathrm{d}u}{\mathrm{d}t} = \rho f_x + \dfrac{\partial P}{\partial x} + \dfrac{\partial}{\partial x}\left\{\mu\left[2\dfrac{\partial u}{\partial x} - \dfrac{2}{3}\left(\dfrac{\partial u}{\partial x} + \dfrac{\partial v}{\partial y} + \dfrac{\partial w}{\partial z}\right)\right]\right\} + \dfrac{\partial}{\partial y}\left[\mu\left(\dfrac{\partial u}{\partial y} + \dfrac{\partial v}{\partial x}\right)\right] + \dfrac{\partial}{\partial z}\left[\mu\left(\dfrac{\partial u}{\partial z} + \dfrac{\partial w}{\partial x}\right)\right] \\ \rho\dfrac{\mathrm{d}v}{\mathrm{d}t} = \rho f_y + \dfrac{\partial P}{\partial y} + \dfrac{\partial}{\partial y}\left\{\mu\left[2\dfrac{\partial v}{\partial y} - \dfrac{2}{3}\left(\dfrac{\partial u}{\partial x} + \dfrac{\partial v}{\partial y} + \dfrac{\partial w}{\partial z}\right)\right]\right\} + \dfrac{\partial}{\partial z}\left[\mu\left(\dfrac{\partial w}{\partial y} + \dfrac{\partial v}{\partial z}\right)\right] + \dfrac{\partial}{\partial x}\left[\mu\left(\dfrac{\partial u}{\partial y} + \dfrac{\partial v}{\partial x}\right)\right] \\ \rho\dfrac{\mathrm{d}w}{\mathrm{d}t} = \rho f_z + \dfrac{\partial P}{\partial z} + \dfrac{\partial}{\partial z}\left\{\mu\left[2\dfrac{\partial w}{\partial z} - \dfrac{2}{3}\left(\dfrac{\partial u}{\partial x} + \dfrac{\partial v}{\partial y} + \dfrac{\partial w}{\partial z}\right)\right]\right\} + \dfrac{\partial}{\partial x}\left[\mu\left(\dfrac{\partial u}{\partial z} + \dfrac{\partial w}{\partial x}\right)\right] + \dfrac{\partial}{\partial z}\left[\mu\left(\dfrac{\partial v}{\partial z} + \dfrac{\partial w}{\partial z}\right)\right] \end{cases} \tag{4-55}$$

式中:μ 为黏性系数;f_x、f_y、f_z 分别为在 x、y、z 三个方向上的体积力分量。

4.4.1.3 能量守恒方程

能量守恒方程表征流体微团在单位时间内内能变化率,即等于流体微团中所流进的净热流量与流体微团表面体积力及表面力对齐做的功,具体方程如下:

$$\begin{cases} \dfrac{\partial \rho E}{\partial t} + \dfrac{\partial}{\partial x}[u(\rho E + P)] = \dfrac{\partial}{\partial x}\left[k_{\mathrm{eff}}\dfrac{\partial T}{\partial x} - \sum\limits_{j'} h_{j'}J_{j'} + u(\tau_{xj})_{\mathrm{eff}}\right] + S_h \\ \dfrac{\partial \rho E}{\partial t} + \dfrac{\partial}{\partial y}[v(\rho E + P)] = \dfrac{\partial}{\partial y}\left[k_{\mathrm{eff}}\dfrac{\partial T}{\partial y} - \sum\limits_{j'} h_{j'}J_{j'} + v(\tau_{yj})_{\mathrm{eff}}\right] + S_h \\ \dfrac{\partial \rho E}{\partial t} + \dfrac{\partial}{\partial z}[w(\rho E + P)] = \dfrac{\partial}{\partial z}\left[k_{\mathrm{eff}}\dfrac{\partial T}{\partial z} - \sum\limits_{j'} h_{j'}J'_{j'} + w(\tau_{zj})_{\mathrm{eff}}\right] + S_h \end{cases} \tag{4-56}$$

式中:E 为总能量;k_{eff} 为有效热传导系数,$k_{\mathrm{eff}} = k + k_t$,$k_t$ 为湍流热传导系数;$J_{j'}$ 为组分 j 的扩散流量;S_h 为化学反应热及其他热源项。

4.4.2 湍流模型

由于管路系统在充水过程中伴有强烈的瞬态性和非线性，管内各个时刻的瞬态流在时空上的全部细节无法通过上述基本方程给出的解析解精准获得，因此在不同的研究工作中针对不同的研究目标有着要求程度不一的精确解，主要的共同点则是管内湍流场的平均和统计量特性。然而，在实际流体运动中存在着脉动的随机性以及基础方程计算的时均性致使方程并不封闭，为保证湍流理论的方程封闭，研究人员通过简化假定、物理类比，甚至靠直觉想象构造了不同的湍流模型。目前，湍流模型主要分为 DNS、LES 及 RANS 方程三大类。

4.4.2.1 **直接数值模拟**(DNS, direct numerical simulation)

该种湍流模型对于小于湍流尺度的网格在不引入任何封闭方程的条件下直接对基础方程进行求解计算，这也导致了在求解复杂的湍流运动时必须采用较小的网格及时间步长，进而致使该种湍流模型不仅耗费大量的时间成本，而且仅能计算雷诺数较小的流动模型。因此，直接数值模拟计算很难在工程中应用，缺乏一定的工程实践验证，目前仅处于学术研究范畴。

4.4.2.2 **大涡模拟**(LES, large eddy simulation)

该种湍流模型是基于湍流中大尺度涡流吸收能量、中尺度涡传递能量、小尺度涡耗散能量这一能量串级的方式，通过表述 Kolmogorov 各向同异性假设搭建的。在对流体运动的求解计算过程中仅计算大尺度的脉动，对于小尺度的脉动则是通过添加亚格子尺度模型求解。由于其计算求解模式主要针对大尺度脉动，因此该种模型的网格尺度比湍流尺度大，但是该种湍流模型的计算量仍然较大，但相对 DNS 的计算资源需求较小，在未来的研究工作与工程应用中趋于广泛。

4.4.2.3 **雷诺平均 N-S 方程**(RANS, reynolds average navier stokes)

该种湍流模型在目前工程上应用最为广泛，通过求解 Reynolds 时均方程及其关联量输运方程进而获取流体运动中全部水力特性。通常分为 SA、k-epsilon、k-omega 及 Reynolds stress 模型。

(1) SA 模型也称为单方程模型。该种模型由于采用单方程进行求解计算，因此计算量小，并且对于复杂的边界问题仍能保持一定的模拟精度。然而该种模型对于三维流动、自由剪切流、强分离流模拟精度较低，并且不能够预测湍流中涡粘模型的各向同性的耗散。

(2) k-epsilon 模型也称为二方程模型。该种模型近壁面采用壁面函数法，因此导致该种湍流模型的壁面模拟精度在大雷诺数的流体运动中较低。k-epsilon 模型主要分为 Standrad k-epsilon、Realizable k-epsilon 及 RNG k-epsilon 模型。

① Standrad k-epsilon 模型的参数常年采用工程及试验数据验证，因此具有一定的可信度。但对于较大的压力梯度流动、强分离流、强旋流、射流及大曲率流动模拟精度较差，现主要用于管流和平板流。

② Realizable k-epsilon 模型在 Standrad k-epsilon 模型的基础上进行了优化。该种湍流模型模拟精度在回流、分离流、有较大的压力梯度的边界层以及由旋转引发的流动较

高,能够精准地预测平板以及圆柱射流的传播,但对于强旋流动的模拟精度仍需进一步地提高。

③ RNG k-epsilon 模型同样基于 Standrad k-epsilon 模型进行了优化。该种湍流通过修正湍流耗散率方程,对于一些较为复杂剪切流动、较大应变率的旋涡及分离流动有着更高精度的模拟效果。

(3)k-omega 模型在工程实践中应用广泛,并且相对于 k-epsilon 模型可直接求解流体域的边界层网格,因此该种湍流模型近壁面模拟精度较高,对于逆压力梯度和分离流动的模拟精度较好。k-omega 模型主要分为 Standrad k-omega、BSL k-omega 及 SST k-omega 模型。

① Standrad k-omega 模型的模拟精度在封闭腔内边界层、自由剪切流、低雷诺数流动中较高,适合解决有反向压力梯度和分离的复杂边界层流动问题,譬如旋转机械等。该种湍流模型可用于研究湍流中的转捩流动,但一般预测的分离点相对实际较早,这是由于模型方程中对于 ω 参数较为敏感。

② BSL k-omega 模型结合 k-epsilon 及 k-omega 模型的特点进行了优化。该种湍流模型在求解计算过程对于主流区域采用 k-epsilon 模型的计算模式,在边界层则采用 k-omega 模型的计算模式。因此,该种湍流模型虽然模拟精度较高,但是需消耗大量的计算资源进行求解。

③ SST k-omega 模型在 BSL k-omega 模型的基础上简化了模型,降低了计算量。该种湍流模型虽然在工程中应用极为广泛,但是由于对壁面距离等参数较为敏感,不太适合自由剪切流。

(4)Reynolds stress 模型目前被称为物理上最为可靠的 RANS 模型。该种模型方程相对于其他 RANS 模型满足涡粘模型中的各向同性假设。但是该种湍流模型由于方程之间的强耦合性致使方程在求解计算中收敛性较差,需要耗费大量的计算资源。该种模型目前处于学术研究范畴,适用于复杂的三维流动、强旋流等,譬如旋流燃烧器、旋风分离器等。

4.5 水气两相流模型

目前,在计算流体力学(CFD,computational fluid dynamics)中已存在许多多相流模型,其中以 Mixture(混合)、Eulerian(欧拉)及 VOF(volume of fluid)为代表的多相流模型已广泛地应用于石油、化工、能源、动力、冶金、环境、核能、航天、水利等诸多领域,并取得了较为精准的数值模拟结果,为工程的实践打下了理论基础,对日后的工程设计及建设具有一定的指导意义。

4.5.1 Mixture 模型(混合模型)

混合模型是一种简化的多相流模型,主要应用于沉降、旋风分离器、气体体积分数十分低的气泡流以及低荷载粒子流。

混合模型通过求解多相之间的连续性方程、动量方程、能量方程、第二相的体积分数方程以及相对速度的代数形式进而获得具有较强耦合效应的各向同性多相流。具体方程如下：

（1）连续性方程：

$$\frac{\partial \rho_m}{\partial t} + \nabla \rho_m \bar{v}_m = m \tag{4-57}$$

式中：ρ_m 为多相的混合密度；$\bar{v}_m$ 为质量平均速度；m 为指定的质量源项。

$$\rho_m = \sum_{k=1}^{n} \alpha_k \rho_k \tag{4-58}$$

式中：α_k 及 ρ_k 分别为第 k 项的体积分数及密度。

$$\bar{v}_m = \frac{\sum_{k=1}^{n} \alpha_k \rho_k \bar{v}_k}{\rho_m} \tag{4-59}$$

式中：$\bar{v}_k$ 为第 k 项的质量平均速度。

（2）动量方程：

$$\frac{\partial \rho_m \bar{v}_m}{\partial t} + \nabla \rho_m \bar{v}_m \bar{v}_m = - \nabla \rho + \nabla \mu_m (\nabla \bar{v}_m + \nabla \bar{v}_m^{\mathrm{T}}) + \rho_m g + \bar{F} + \nabla \sum_{k=1}^{n} \alpha_k \rho_k \bar{v}_{drk} \bar{v}_{drk} \tag{4-60}$$

式中：μ_m 为混合黏性；$\bar{F}$ 为体积力；$\bar{v}_{drk}$ 为其他相 k 的漂移速度。

$$\mu_m = \sum_{k=1}^{n} \alpha_k \mu_k \tag{4-61}$$

式中：μ_k 为其他相 k 的黏性。

$$\bar{v}_{drk} = \bar{v}_k - \bar{v}_m \tag{4-62}$$

（3）第二相体积分数方程：

$$\frac{\partial \alpha_p \rho_p}{\partial t} + \nabla \alpha_p \rho_p \bar{v}_m = - \nabla \alpha_p \rho_p \bar{v}_{drp} \tag{4-63}$$

此外，混合模型在数学模型中存在一些限制。譬如必须采用分离求解器，二阶隐式时间步算法无法使用，并且对于大涡模型、壁面壳传导模型不能使用，而对于可压缩流动问题仅支持其中的某一相为可压缩流。

4.5.2 Eulerian 模型（欧拉模型）

欧拉模型适用于最为复杂的多相流流动，主要应用于流化床、泥浆流、沉降、蒸发冷凝等。

若欧拉模型中除主相外的其他相为颗粒相，则采用拉格朗日方法求解计算，否则均采用欧拉方法求解计算。模型通过相与相之间的体积分数方程、连续性方程及动量方程进行求解运算，具体方程如下：

（1）体积分数方程：

$$V_q = \int_V \alpha_q \mathrm{d}V \tag{4-64}$$

式中：V_q 为第 q 相的体积；α_q 为第 q 相的体积分数。

$$\sum_{q=1}^{n} \alpha_q = 1 \tag{4-65}$$

$$\hat{\rho}_q = \alpha_q \rho_q \tag{4-66}$$

式中：$\hat{\rho}_q$ 为第 q 相的有效密度；ρ_q 为第 q 相的物理密度。

（2）连续性方程：

$$\frac{\partial \alpha_q \rho_q}{\partial t} + \nabla \alpha_q \rho_q v_q = \sum_{q=1}^{n} m_{pq} \tag{4-67}$$

式中：v_q 为第 q 相的速度；m_{pq} 为第 p 相到第 q 相之间的传递质量，且满足如下关系：

$$m_{pq} = - m_{qp} \tag{4-68}$$

$$m_{pp} = 0 \tag{4-69}$$

（3）动量方程：

$$\frac{\partial \alpha_q \rho_q \bar{v}_q}{\partial t} + \nabla \alpha_q \rho_q \bar{v}_q \bar{v}_q = - \alpha_q \nabla P + \nabla \bar{\tau}_q + \sum_{p=1}^{n} (R_{pq} + m_{pq} \bar{v}_{pq}) + \alpha_q \rho_q (\bar{F}_q + \bar{F}_{fq} + \bar{F}_{sq}) \tag{4-70}$$

式中：$\bar{\tau}_q$ 为第 q 相的压力应变张量；R_{pq} 为第 p 相到第 q 相之间的相互作用力；$\bar{v}_{pq}$ 为第 p 相到第 q 相之间的速度；$\bar{F}_q$ 为第 q 相的外部体积力；$\bar{F}_{fq}$ 为第 q 相的升力；$\bar{F}_{sq}$ 为第 q 相的虚拟质量力。

$$\bar{\tau}_q = \alpha_q \mu_q (\nabla \bar{v}_q + \nabla \bar{v}_q^{\mathrm{T}}) + \alpha_q (\lambda_q - \frac{2}{3} \mu_q) \nabla \bar{v}_q \bar{I} \tag{4-71}$$

式中：μ_q 为第 q 相的剪切；λ_q 为第 q 相的体积黏度。

此外，欧拉模型在数学模型中存在一些限制。譬如无法使用二阶隐式时间步算法，无法模拟可压缩流和无黏性流动，相与相之间的质量传输仅适用于气穴类研究问题，对于蒸发及压缩无法适用。

4.5.3　VOF 模型

VOF 模型主要适用于研究重点在自由表面类型的工况，如明渠流、气泡流、射流、分层流等。

VOF 模型通过处理所穿越的网格结构的每一块流体体积分数来模拟多种组分的流体。模型对互不相容的多相采用欧拉方法，并通过求解单独的动量方程处理瞬态和稳态的流体运动，具体方程如下：

（1）体积分数方程：

$$\frac{\partial \alpha_q}{\partial t} + v_q \nabla \alpha_q = \frac{S_{\alpha_q}}{\rho_q} + \frac{1}{\rho_q} \sum_{p=1}^{n} (m_{pq} - m_{qp}) \tag{4-72}$$

式中：m_{pq} 为第 p 相到第 q 相之间的传递质量；m_{qp} 为第 q 相到第 p 相之间的传递质量；α_q 为第 q 相所包含的各相体积分数占比；v_q 为第 q 相内流体速度；S_{α_q} 为第 q 相内所包含的各相体积分数的质量源项。

(2)动量方程:

$$\frac{\partial \rho \bar{v}}{\partial t} + \nabla \rho \bar{v}\bar{v} = - \nabla P + \nabla \mu (\nabla \bar{v} + \nabla \bar{v}^{\mathrm{T}}) + \rho \bar{g} + \bar{F} \tag{4-73}$$

式中:$\bar{v}$ 为各相平均速度;P 为流体的应力张量;μ 为黏滞系数;$\bar{F}$ 为相的外部体积力。

(3)能量方程:

$$\frac{\partial \rho E}{\partial t} + \nabla \bar{v}(\rho E + P) = \nabla k_{\mathrm{eff}} \nabla T + S_h \tag{4-74}$$

式中:E 为能量;T 为温度;k_{eff} 为有效热传导系数;S_h 为源项。

针对多相流交接面的模拟,VOF 模型通过显式方程、隐式方程进行插值求解,目前常用的有 4 种插值方法,分别为 Geometric Reconstruction、Donor Acceptor、Compressive Interface Capturing Scheme for Arbitrary Meshes 及 The Compressive Scheme and Interface Model Based Variants 方法。

(1)Geometric Reconstruction 方法。

该种方法通过单元格内各相的体积分数及其导数信息,采用分段逼近的方式进行模拟求解。该种方法适用于一般的非结构网格,并且有着较高的模拟精度,是现在使用较为普遍的多相界面插值方法。

(2)Donor Acceptor 方法。

该种方法将某一单元格内的流体定义为供体,将邻近单元格相同大小的流体定义为受体,进而防止多相交接界面上的数值扩散。由于多相交接界面的特殊性,该方法在求解计算中过度依赖时间的解,致使只能适用于四边形或六面体网格。目前,已有研究人员开发出混合网格的求解计算模式,即需保证计算流体域内共用界面网格节点应对齐,共用网格界面应无厚度,无其他计算属性。

(3)Compressive Interface Capturing Scheme for Arbitrary Meshes 方法。

该种方法注重黏度差距较大的多相流,通过高分辨率差分方程模拟的多相流交界面精度与 Geometric Reconstruction 方法保持一致。但该种方法只能用于 VOF 模型的显式方程中。

(4)The Compressive Scheme and Interface Model Based Variants 方法。

该种方法是基于相间的斜率限制提出的一种二阶重构方法。斜率限制范围为 0~2,对于小于 1 的单元格区域,该种方法采用低分辨率的空间离散化计算求解方式;对于 1~2 的单元格区域,该种方法采用高分辨的空间离散化计算求解格式。因此,该种方法针对不同相间交接界面状态类型需选择不同的界面状态建模。

此外,VOF 模型在数学模型中存在一些限制。譬如必须采用离散求解器,并且大涡模拟湍流模型、二阶隐式的 time stepping 公式、壁面壳传导模型无法用于该种模型,在模拟的多相中仅有一相是可压缩的。

5 长距离有压输水管路系统的水力计算

Bentley Hammer 软件提供的友好界面可以方便用户更直接地进行模拟,可以与 CAD、GIS 等应用进行相互转化,形成很好的链接,更便于用户编辑管线,还能较好地识别相关风险,对管路进行拓扑,并进行简单的风险评估。它的目的是:①从水锤的机理出发,软件可以帮助分析整个水锤产生过程,可以帮助用户熟悉各种水锤防护措施,将水锤的破坏影响降到最低,大大减少了水泵机组及管线的维修成本;②通过模拟多种水锤过程,可以精确计算出相应的管线水锤压力,为管线设计的优化提供最佳方案,还可以为其他算法(如图解法)提供参考;③通过模拟突然掉电等情况给水泵机组及管线带来的影响,采取最佳的防护。

5.1 Bentley Hammer 软件建模

5.1.1 数据导入

Bentley Hammer 在图形方面有很强的功能,用户可以根据需求自行在界面建立各类水力组件,通过点击管道可以随意地进行拖曳,还可以通过 CAD 图形直接建立管网,极大地减少了重复操作,如需设置参数,直接点击水力组件即可,操作极其方便,可以与其他图形软件实现连接。

5.1.2 数据管理

Bentley Hammer 软件通过建立统一的数据管理平台,集中对各类水力组件进行管理,用户可以很方便地处理各管件的数据,也可以直接在组件栏里建立原型,只要是相同的模型,所设置的参数只需设置一次即可,如建立管道原型,通过设置原型管道的管材、直径,此后所建立的管道与原型参数一致,这样就大大减少了模型的重复设置。用户在建立所有的组件后还可以通过创建综合图表来宏观地查看各组件的参数,便于查询漏编辑的组件参数,还可以将整个管网系统分为多个子模型,分别对这几个子模型进行编辑,最后再进行合并,不用一次性完成,提高了模型的建立效率。

5.1.3 模型简化

Bentley Hammer 软件自身可以实现模型的简化,将复杂的支管进一步地优化,但不会改变原有的基本属性,也可以根据具体需求进行人工控制,还可以根据设置参数来进行自动简化,如管道直径小于 400 mm 进行简化等。用户在建立模型前设置简化条件,确保在简化过程中各节点计算的准确性,保证与简化前的计算结果一样。

5.1.4　节点划分

为了进一步提高软件的灵活性,系统可以实现根据节点的多少自动划分范围。用户在建立管网模型后会产生多个节点,各节点处会根据后面的管道进行流量的分配,系统还可以根据用户的用水量进行分配或者是根据节点流量分配器进行流量分配,也可以根据实际的用水量和人口密度进行分配,使模型的流量分配更加接近于实际工程。

5.1.5　平差计算

平差计算是整个水锤软件计算最核心的部分。建模过程占整个水锤分析的大部分工作量,通过平差计算可以检验建模中是否存在参数设置错误或者是漏掉水力组件等,可以分为静态分析和动态分析两种水锤计算方式。前者的计算过程比较短,通过设置参数后可以根据计算结果以及界面的提示来检查是否存在漏设置或者是设置错误的水力构件,或者是在特定的水泵运行方案、水库水位保持某种状态等情况下进行计算,是动态模拟的前提条件。而动态分析是指多时段分析,用户通过设定一定的时间步长,模拟管网的整个变化情况,可以了解管网中水流的流速变化情况以及能量损耗情况。在进行瞬态计算前必须要进行平差计算,这是确保有较高的计算结果准确度的关键。

5.2　建立模型的基本步骤

5.2.1　管网参数设置

在联合输水过程系统中,管网的水力组件比较复杂,基本上包括上下游水库、中间的连接管道、管道的镇墩,还包括提供动力的水泵及各种水锤防护设备等。

在进行管网参数设计时,各元素要单独设置,比如管道需要设定长度、粗糙程度、管材、管径,节点需要设定高程,水库需要设定水位等。正确设置管网参数是正确计算瞬态的重要保证。

5.2.2　水泵的参数设置

水泵的参数设置是整个瞬态计算的核心。根据工程设计选型确定水泵参数,在水泵的模拟过程中主要根据一个标准点的设计水头和设计流量来确定,输入相应的流量和扬程后会自动生成相应的曲线,再根据水泵的效率进行运行效率的设置,会生成效率与水头及流量的曲线。水泵另一个核心参数是转动惯量,是水泵和电机的转动惯量之和。在模拟过程中通过双击水泵元素,可以新建水泵并输入相应的参数,根据实际的工程来确定水泵的类型,以及是否为变频泵,设置好水泵的高程,确保整个管网的高程参数符合工程实际。

5.2.3　阀门的设置

在实际的供水工程中,阀门是整个管网的重要水力组件,更是水锤防护必不可少的设备，结构简单，造价低，防护效果好。在水锤防护过程中，大多数使用两阶段控制阀，通过一快一慢地关闭可以很好地控制管中的水流冲击，将倒转流量降到允许值内，避免管道受到过大的压力冲击。前 1/3 时间线性关闭阀门的 70%，后 2/3 时间线性关闭阀门剩余的 30%。在快关阶段主要是截断大部分水流，防止水流失去动力发生倒流，大大减小水泵倒转的速度，避免机组发生飞逸；在慢关阶段主要是进一步缓解由于快关造成的水锤压力过快上升，合理地确定快关和慢关的时间及关阀程度可以很好地起到防护作用，对实际供水系统的水锤防护有重要意义。

5.2.4 空气阀及调压井的设置

在管线的布置过程中要尽量避免出现“膝点”，因为在输水工程中一旦发生突然掉电的情况很容易发生危害较大的弥合性水锤。然而在管道铺设的过程中，由于地形复杂多变，管线避免不了会存在局部高点，这就需要在此处布设空气阀，及时补气减少水锤的危害。当管段内部水流由于水锤发生波动时，会产生多余的空气，一定要及时地排除，而空气阀可以实现这一目的；在局部高点发生水柱分离时，管道会产生负压现象，这就容易造成管道干瘪的情况，必须要通过空气阀及时为管道补充足够多的空气，防止管道的破坏。在实际的模拟中，必须要设置好空气阀的进出孔径以及空气体积，这关乎到空气阀能否在水锤防护中起到理想的效果，是否能成功破坏真空。但毕竟空气阀的体积有限，单一地靠空气阀不能起到很好的水锤防护效果，必须要结合调压井来弥补这一不足，可以在水锤发生时为管道补充水，保证水流的连续性。在布设调压井时，也要对井内的初始水位及最高水位进行设置，并保证井内有足够的水来为管道提供水源。如果输水管线较长，可以设立多个调压井来防护水锤。

5.2.5 管线的静态模拟

上述水力组件进行参数设置成功后，再设置管道的管材、曼宁系数以及管道中液体的属性，选择管道的厚度，确定管网为整个锚固的特性后就可以通过波速计算器来计算波速，检查整个管网各节点的高程设置是否正确，以及管道长度是否符合实际工程后，就可以进行静态模拟。根据设置的参数初步计算初始条件，这个计算过程只需几秒就可以完成，如用户须知处没有提示错误，就可以进行下一步的水锤计算。确定好计算时间以及剖面，计算完成后，根据所确定的剖面来展示计算结果。可以根据计算结果来判断是否产生过高的压力或者破坏性较大的弥合水锤，再根据计算结果来采取相应的防护措施。如果在静态模拟中提示出现错误，必须要根据所提示的信息进行纠正，更改之后方可进行水锤计算。

5.2.6 输水管线的水锤工况分析

在正常的输水过程中，阀门保持在关闭的状态时更加便于水泵的启动，这样可以减少水泵自身的启动负荷。当水泵的转速逐渐提高到某一个稳定的转速后，再逐渐打开阀门，向管道中供水。水泵一旦发生正常停机，必须要按照水泵关机流程进行，要迅速关闭管道中的阀门，然后断电切断水泵的动力。正常启动或正常停泵所产生的水锤影响较小，基本上是由关阀造成的，只需保证阀门有效地关闭，或者是两阶段关闭就可以很好地缓解水锤压力，将水锤的影响降到最低。如果管路系统发生事故停机，水泵突然断电失去动力，且没有采取一定的防护措施，水流会由于水泵失去动力而发生倒流。由于水泵的惯性比较小，远远小于水流的惯性，会产生正负压力波向管道的两端传播，正压力波向上游，负压力波向下游，管道中的液体产生倒流后会导致水泵逐渐减速，直到转速降为零，最后发生倒转，严重的话会使管道的局部产生负压，破坏整个管道甚至威胁水泵的安全。对多泵联合的输水系统来说，管道一般比较长，在南方地区由于地形的原因还会存在管线起伏较大的情况，必须要高度重视在局部制高点的防护，避免产生弥合性水柱分离现象，通过采取综合性的防护措施来提高水锤的防护效果，减少水锤对管道及泵站机组的影响。

5.3　模型参数和模型验证

本书基于 Bentley Hammer 建立了一维数学模型，模型的基本参数设置如下：管材设置为 PCCP；糙率分为近期(0.014)与远期(0.018)；海森-威廉系数为 110.0；杨氏模量为 2×10^7 N/m^2；泊松比为 15%；管道的长度、节点高程、节点间长度由设计图纸提供的数据确定；模拟液体为水(4 ℃)；运动黏度为 1.566e$^{-0.006}$ m^2/s；体积弹性模量为 2 188.128 N/m^2。各管段加压泵站的参数如表 5-1 所示，水泵的流量和扬程关系见图 5-1。

表 5-1　各管段加压泵站的参数

参数	后陈楼加压泵站/m	七里桥加压泵站（夏邑出水方向）	七里桥加压泵站（新城调蓄水库方向）
水泵型号	GS1400-19/14B	GS1200-13M/12B	GS1400-19/14
额定扬程(水泵)/m	31	35	42
额定流量(水泵)/(m^3/s)	5.942	6.389	3.67
转速(水泵)/(r/m)	425	425	495
转动惯量(水泵)/(kg · m^2)	340	340	200
电机型号	YSPKK1000-14 (2 240 kW)	YSPKK1000-12 (2 000 kW)	YSPKK1000-12 (2 000 kW)
转动惯量(电机)/ (kg · m^2)	1 199	1 209	1 209

一维数学模型的模拟时间设定为：后陈楼至七里桥有压输水管线：3 000 s；七里桥至商丘有压输水管线：3 000 s；七里桥至夏邑有压输水管线：3 000 s。此外，根据库朗数限制条件[见式(4-34)]，在本次数值模拟中，所有有压输水管线的模拟步长均设置为 0.01 s。

一维数学模型的空气阀设置：各个管线所设置的空气阀为复合式排气阀，具有快速排气、高速进气、水气相间排气和微量排气的功能，其中，各个排气阀的微量排气孔口直径均为 5 mm。引江济淮（河南段）各条有压输水管线的空气阀规格尺寸及数量如表 5-2 所示。

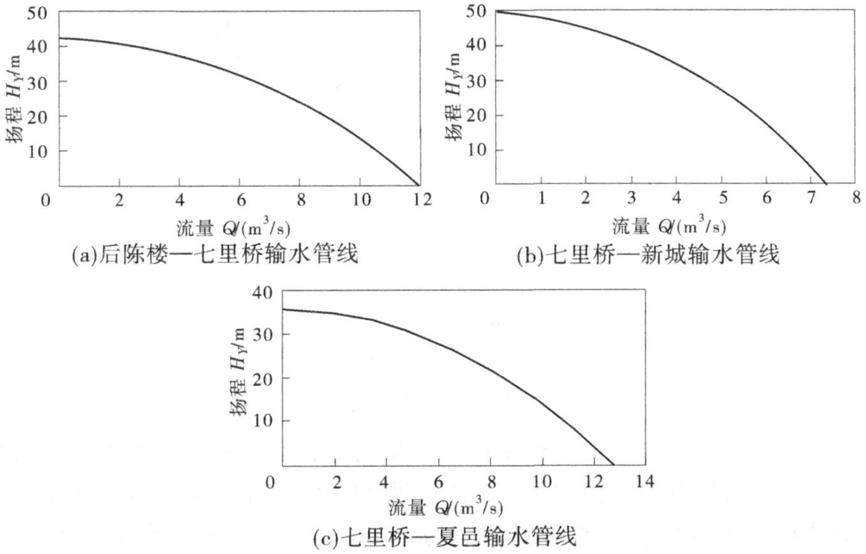

图 5-1　输水管线加压泵站流量-扬程关系

表 5-2　各管段空气阀规格尺寸及数量　　单位:套

管径	有压输水管线		
	后陈楼—七里桥	七里桥—夏邑	七里桥—新城
DN50	44	—	12
DN100	16	334	—
DN150	—	—	76
DN300	284	—	—

本书采用沙毅等于 2007 年在《实验力学》发表的《圆管流动水击压力波测量及水力计算》中对水锤的实测数据进行验证。通过对比不同关阀时间下管道测量的最大水头和模型计算的最大水头来验证由 Bentley Hammer 建立的一维数学模型的准确性、可行性、适用性。本书通过建立与沙毅等试验模型相同的数学建模,并通过不断修正参数设置以获取更为精准的模拟结果,数值模拟计算结果与沙毅等的试验数据对比见图 5-2 所示。

本书基于纳什效率系数对模拟结果进行验证,纳什效率系数计算公式如下:

$$\mathrm{NSE} = 1 - \frac{\sum_{t=1}^{T}(p_0^t - p_m^t)^2}{\sum_{t=1}^{T}(p_0^t - \bar{p}_0)^2} \tag{5-1}$$

式中:p_0^t 为模型试验在时间 t 时的实测压强;p_m^t 为数值模拟结果在时间 t 时的模拟压强;$\bar{p}_0$ 为沙毅等在模型试验过程中实测压强的均值。

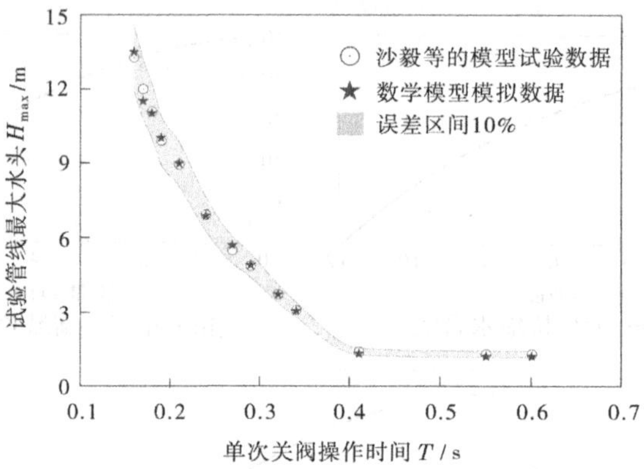

图 5-2　模型验证

沙毅等的模型试验数据与数学模型模拟结果的纳什效率系数为 0.92，表明数值模拟结果整体接近实测数据的平均值水平，数学模型可信度较高，模拟结果精度高。此外，沙毅等的模型试验数据与数学模型模拟结果的误差小于 10%，表明数学模型参数控制精准，求解公式选取得当，能精准地反映出有压管线的压强波动。

5.4　模拟工况

研究基于项目中的有压输水管线末端关阀及泵站因停电导致的水锤现象建立数学模型，并采用沙毅等的模型试验数据对一维数学模型进行验证，进而表明 Bentley Hammer 软件的准确性、可行性及适用性，从而按照以下的研究思路制定相应的模拟工况，具体模拟工况见表 5-3。

表 5-3　模拟工况

工况	模拟情景	水泵关阀时间 /s	相邻水泵关闭时间 /s
WT	事故断电停机	—	—
LC-1	线性关阀策略	90	30
LC-2		90	60
LC-3		90	120
LC-4		180	30
LC-5		180	60
LC-6		180	120
LC-7		360	30
LC-8		360	60
LC-9		360	120

续表 5-3

工况	模拟情景	水泵关阀时间 /s	相邻水泵关闭时间 /s
NC-1	非线性关阀策略	90	30
NC-2		90	60
NC-3		90	120
NC-4		180	30
NC-5		180	60
NC-6		180	120
NC-7		360	30
NC-8		360	60
NC-9		360	120

5.4.1 有压输水管线正常关机工况(关阀策略)

关阀水锤通常可根据关阀时间 T 的大小以区分水锤种类,即直接水锤和间接水锤。当 $T \leqslant 2L/a$(L 为管路长度,a 为水击波波速)时,关阀水锤为直接水锤;当 $T > 2L/a$ 时,关阀水锤为间接水锤。在本书中,经研究计算得出两种水锤的临界关阀时间 T,为满足管线运行需求,计算了关阀时间 T = 90 s、180 s、360 s 的直接与间接水锤,用于研究长距离有压输水管线的水力过渡。

同时,关阀方式同样会对长距离有压输水管线的压强波动造成巨大的影响。在本项目中,研究引入线性关阀和非线性关阀两种关阀方式。在线性关阀方式中,阀门的关闭程度伴随着关阀时间线性减小,而在非线性关阀方式中,阀门的关闭程度在整个关阀过程中体现为“先快后慢”。为了统一非线性关阀方式在不同关阀时间中的模拟方式,阀门在前 1/3 的关阀时间线性关闭 70%,在后 2/3 的关阀时间线性关闭剩余的 30%。

此外,泵站内各条压水管路同时停止供水将引发强烈的水锤现象,为保证输水管线的安全性,泵站内各条压水管路应依次停止供水。在本项目的模拟方案中,设定相邻输水管线的停水间隔时间为 30 s、60 s、120 s。

5.4.2 有压输水管线泵站断电停泵工况

长距离输水管线的加压泵站供电机组突然断电极易引发停泵水锤,该种水锤强度远大于其他工况。研究针对本项目中后陈楼—七里桥有压输水管线、七里桥—夏邑有压输水管线、七里桥—商丘有压输水管线的断电停泵水锤均制定了相应的模拟工况。

5.4.3 对称输水与不对称输水条件下的水锤现象

由于后陈楼—七里桥有压输水管线是双线供水,且两条输水管线的长度、空气阀及其他附属设施的安装位置基本相同,可认为两条输水管线在停泵、关阀、正常运行等情况下的水力条件一致,该种输水方式可认为是对称输水。后陈楼—七里桥有压输水管线作为引江济淮(河南段)起始有压输水管线,其重要性不言而喻,局部输水管线因事故、检修等因素将会导致无法供水,须通过启闭连通阀井才能达到供水目标。此时,局部管线将存在单根管线供给较高的水量,当管线发生停泵、关阀、正常运行等工况时,有必要针对单根管线的承载能力进一步分析。

根据《室外给水设计标准》(GB 50013—2018)可知:城镇供水的事故水量应为设计水量的 70%。原水输水管道应采用 2 条以上,并应按事故用水量设置连通管。多水源或设置了调蓄设施并能保证事故用水量的条件下,可采用单管段输水。因此,在本项目中,由于单管段输水仍需保证输水流量,研究从输水安全方面考虑,单管段输水量可满足双管段输水流量的 70%,即可认为满足工程输水流量需求。为此,研究针对单管线输水(不对称输水)在不同输水流量下的停泵及关阀水锤,将进一步开展相应的数值模拟。

引江济淮(河南段)工程科研服务项目包含后陈楼—七里桥、七里桥—商丘、七里桥—夏邑三条输水管线,其中模拟工况还包括由于局部输水管线因事故、检修等因素将会导致无法供水的后陈楼—七里桥不对称输水管线,该条输水管线包含 4 处连通阀井,因此,后陈楼—七里桥输水管线还包含 5 种情景下的事故管线,即不对称输水管线。此次模拟管线的名称如表 5-4 所示。

表 5-4　模拟管线

名称	模拟管线
HCL	后陈楼—七里桥输水管线
HCL1	后陈楼—七里桥输水管线第 1 段事故检修
HCL2	后陈楼—七里桥输水管线第 2 段事故检修
HCL3	后陈楼—七里桥输水管线第 3 段事故检修
HCL4	后陈楼—七里桥输水管线第 4 段事故检修
HCL5	后陈楼—七里桥输水管线第 5 段事故检修
SQ	七里桥—商丘输水管线
XY	七里桥—夏邑输水管线

5.5　后陈楼—七里桥输水管线(HCL)水锤模拟计算

5.5.1　管线平差(稳态)计算校核输水管线设计

后陈楼—七里桥输水管线为双管段加压供水,其中两条输水管线的长度、空气阀及其他附属设施的安装位置基本相同。因此,本项目选择两条管段(右线、东线)中的东线进行代表性研究,并基于 Bentley Hammer 建立的数学模型对该条输水管线在设计水位、设计流量(正常运行)下的工况进行模拟,管线在近期和远期糙率条件下的模拟结果见图 5-3。

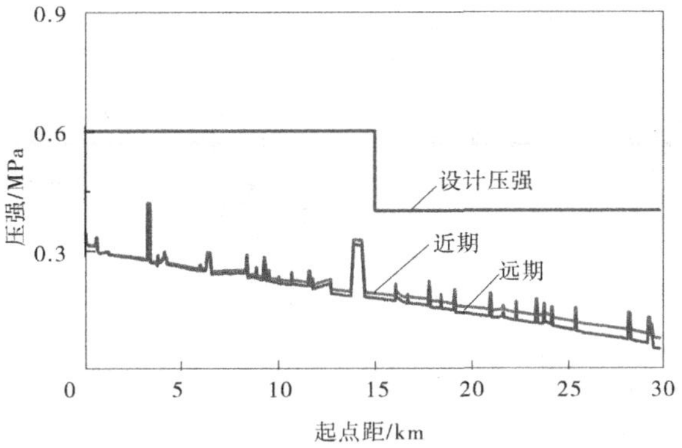

图 5-3　对称输水管线 HCL 的稳态压强校核

后陈楼—七里桥输水管线在不同糙率、正常运行条件(双线正常供水,即对称加压供水)下,管线沿程的最大工作压强不超过 0.450 MPa,并且整体管线在正常运行时的压强均小于管道设计压强,表明后陈楼—七里桥输水管线的设计合理,能够达到本项目的供水目标,可满足当地居民的用水需求。

5.5.2　空气阀等调保措施的必要性

后陈楼—七里桥输水管线在对称输水条件下采用 152 处空气阀井、20 处检修空气阀井、28 处排空阀井来保障输水管线的供水安全性。以下以工况 NC-9 为例,分析输水管线在正常停机(关阀策略)情景下的各个控制参数是否满足规范要求,以此来说明空气阀等调保措施的必要性。

输水管线在近期、远期两种糙率下的最大压强计算结果如图 5-4 所示,最小压强及最大空气容积的计算结果如图 5-5 所示。其中,输水管线将 1.5 倍的设计压强视为水力过渡过程中的校核压强。

输水管线在不采用任何调保措施的条件下,输水管线的最大压强在近期、远期两种糙率下均大于校核压强,即在 0~15 km 内均大于 0.9 MPa,在 15~29.88 km 内均大于 0.6 MPa。输水管线的最小压强在 4 ℃水的汽化条件下形成较大的空气容积,输水管线的最大空气容积可达到 150 m^3。

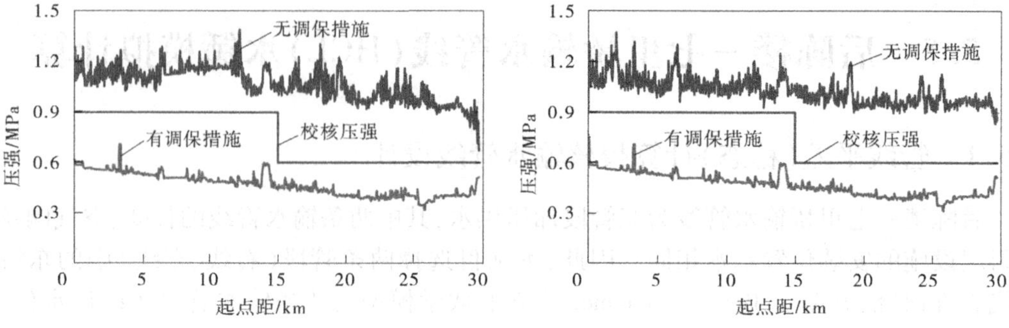

(a)近期　　(b)远期

图 5-4　NC-9 的沿线最大压强

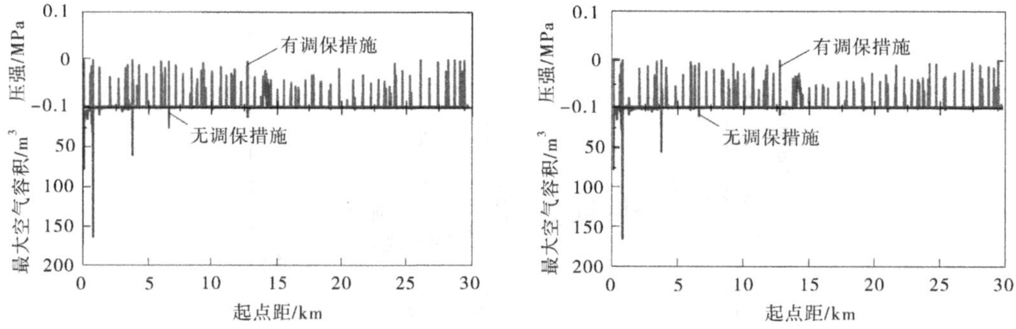

(a)近期　　(b)远期

图 5-5　NC-9 的沿线最小压强及最大空气容积

输水管线在采用空气阀等调保措施的条件下，输水管线的最大压强在近期、远期两种糙率下均小于校核压强，即在 0~15 km 内均小于 0.9 MPa，在 15~29.88 km 内均小于 0.6 MPa。此外，输水管线的最小压强进一步得到了削弱，整体管线并未出现由汽化产生的空气。

5.5.3　输水管线的关阀策略

为进一步探究线性关阀与非线性关阀两种策略下的水泵最小关阀时间及最小相邻水泵关闭时间，以下根据表 5-3 的模拟工况进行探讨：

输水管线在线性关阀策略下，水泵最小关阀时间及最小相邻水泵关闭时间分别为 90 s 和 30 s，即模拟工况 LC-1。在该种关阀策略下，输水管线在近期和远期两种糙率下的最大压强如图 5-6 所示，不利节点处的压强、流量及空气容积随时间的变化如图 5-7 所示。

输水管线在近期糙率下，东线于桩号 HQY0+020.000 处产生了最大压强 0.812 MPa，该桩号在 475.80 s 产生压强突变，此时的流量为 6.912 m^3/s，管内空气容积在 496.40 s 达到最大值 0.1 m^3。

输水管线在远期糙率下，东线于桩号 HQY0+000.000 处产生了最大压强 0.710 MPa，该桩号在 475.60 s 产生压强突变，此时的流量为 6.681 m^3/s，管内空气容积在 497.8 s 达到最大值 0.1 m^3。

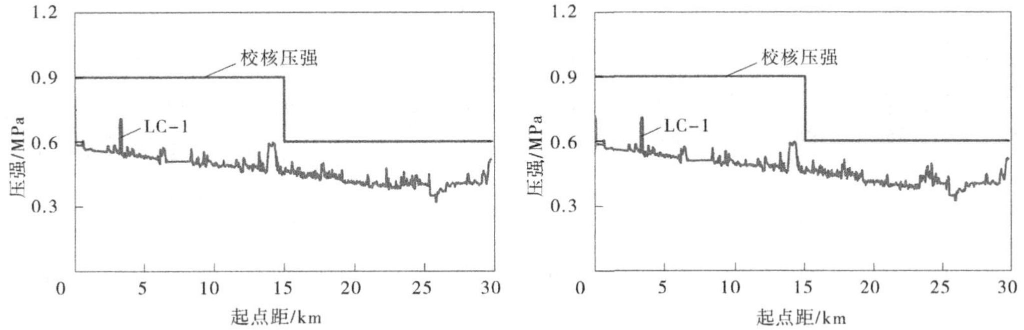

(a)近期　(b)远期

图 5-6　LC-1 的沿线最大压强

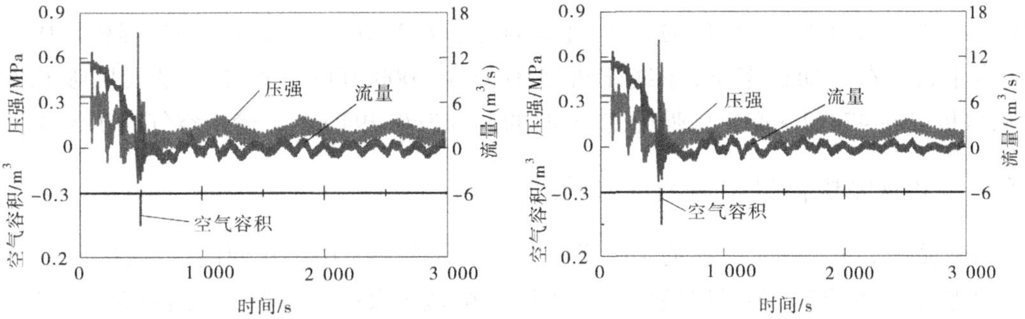

(a)近期　(b)远期

图 5-7　不利节点处的压强、流量及空气容积变化

输水管线在非线性关阀策略下，水泵最小关阀时间以及最小相邻水泵关闭时间分别为 90 s 和 30 s，即模拟工况 NC-1。在该种关阀策略下，输水管线在近期和远期两种糙率下的最大压强如图 5-8 所示，不利节点处的压强、流量及空气容积随时间的变化如图 5-9 所示。

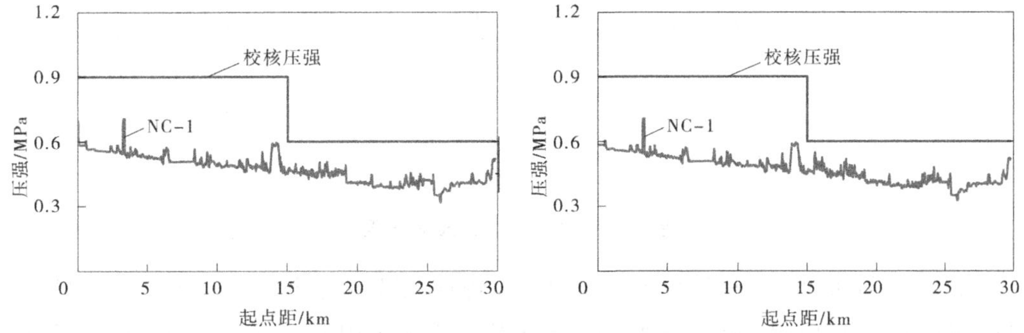

(a)近期　(b)远期

图 5-8　NC-1 的沿线最大压强

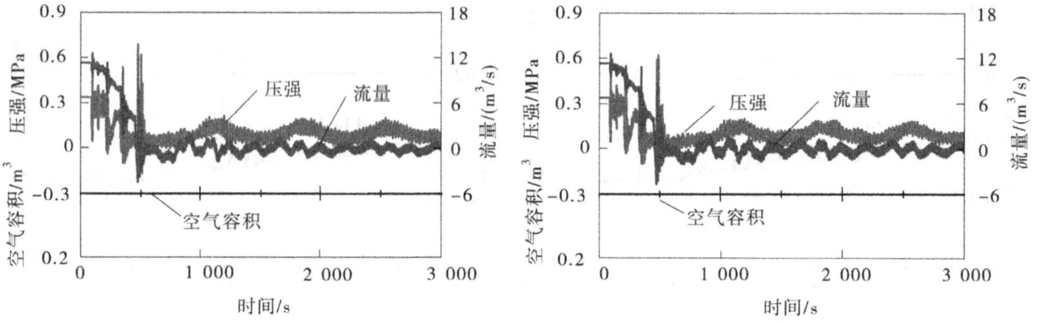

(a)近期　(b)远期

图 5-9　不利节点处的压强、流量及空气容积变化

输水管线在近期糙率下，东线于桩号 HQY 0+000. 000 处产生了最大压强 0. 697 MPa，该桩号在 474. 8 s 产生压强突变，此时的流量为 2. 273 m^3/s，管内空气容积为 0。

输水管线在远期糙率下，东线于桩号 HQY 0+000. 000 处产生了最大压强 0. 630 MPa，该桩号在 473. 2 s 产生压强突变，此时的流量为 0. 494 m^3/s，管内空气容积为 0。

5. 5. 4　事故停机情景下的管线压强波动

后陈楼—七里桥输水管线的泵站机组在压水管路中采用了止回阀，故此次模拟计算中不再考虑泵机倒转。项目以模拟工况 WT 为例，假定泵站机组在正常运行 3 s 后突然断电的情景，图 5-10 给出了输水管线（东线）在整个数值模拟过程（0～3 000 s）中的最大压强。

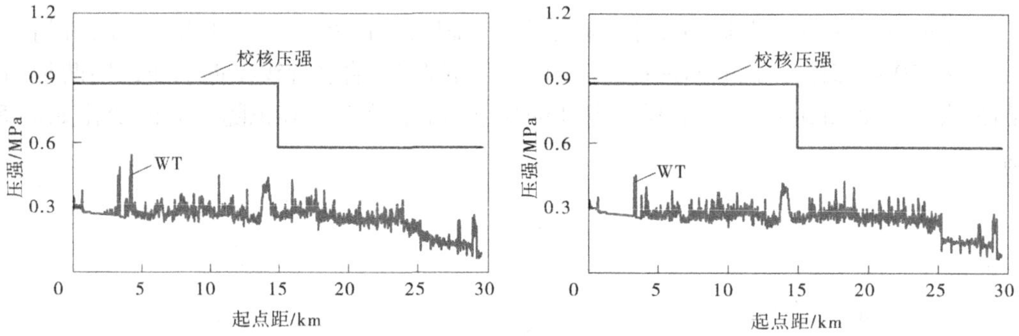

(a)近期　(b)远期

图 5-10　WT 的沿线最大压强

东线在近期和远期两种糙率下发生停泵水锤均能满足设计管线的校核压强，即在 0～15 km 内均大于 0. 9 MPa，在 15～29. 88 km 内均大于 0. 6 MPa。其中，在近期糙率条件下，输水管线（东线）于桩号 HQY4+224. 250 处产生了最大压强 0. 565 MPa；在远期糙率条件下，输水管线（东线）于桩号 HQY3+532. 062 处产生了最大压强 0. 470 MPa。

5.6 后陈楼—七里桥输水管线事故检修(HCL1~HCL5)水锤计算

后陈楼—七里桥输水管线在发生事故检修时应当通过启闭连通阀井供给70%设计水量的用水。在下文的模拟研究中,假定所有发生事故检修的管线均处于右线,东线不存在任何事故检修。

结合后陈楼—七里桥输水管线的连通阀井的桩号可知,输水管线中的4处连通阀井将输水管线划分为5段,各段输水管线的桩号及长度见表5-5。

表5-5 各段输水管线的桩号与长度

名称	起始桩号	截止桩号	管线长度/km
HCL1	HQZ0+000.000	HQZ6+778.282	6.778
HCL2	HQZ6+778.282	HQZ12+617.370	5.84
HCL3	HQZ12+617.370	HQZ18+109.732	5.49
HCL4	HQZ18+109.732	HQZ24+730.866	6.62
HCL5	HQZ24+730.866	HQZ29+875.769	5.14

此外,“5.5.2 空气阀等调保措施的必要性”对比了输水管线在有、无调保措施下的沿线最大压强是否满足管线校核压强可知,后陈楼—七里桥输水管线必须采用空气阀等调保措施才能够满足正常停机及事故停机两种工况。因此,以下将不再分析后陈楼—七里桥输水管线在不对称输水条件下的空气阀等调保措施的必要性。

尽管后陈楼—七里桥输水管线在不对称供水条件下仅需要供给70%的设计水量,但对于局部单一管线来说,该管线在正常运行期间将承载更大的压强,进而导致后陈楼—七里桥输水管线在正常停机(关阀策略)和事故停机下的压强波动更为剧烈。

因此,有必要针对后陈楼—七里桥输水管线在不对称输水条件下开展不对称输水管线在近期、远期两种糙率作用下的关阀及停泵水锤的数值模拟。

5.6.1 管线平差(稳态)计算校核输水管线设计

为研究后陈楼—七里桥输水管线在不对称输水条件下形成局部管线超压承载70%设计流量的问题,对输水管线HCL1~HCL5在近期和远期糙率条件下的平差(稳态)进行了计算,结果见图5-11。

后陈楼—七里桥输水管线在不同糙率、局部检修运行条件下,管线的压强整体抬升,且管线沿程的最大工作压强超过0.45 MPa,但整体管线在供给70%设计流量时的压强均小于管道设计压强,进一步证实后陈楼—七里桥输水管线设计合理,能够达到本项目的最低供水目标,可满足当地居民的最低用水需求。

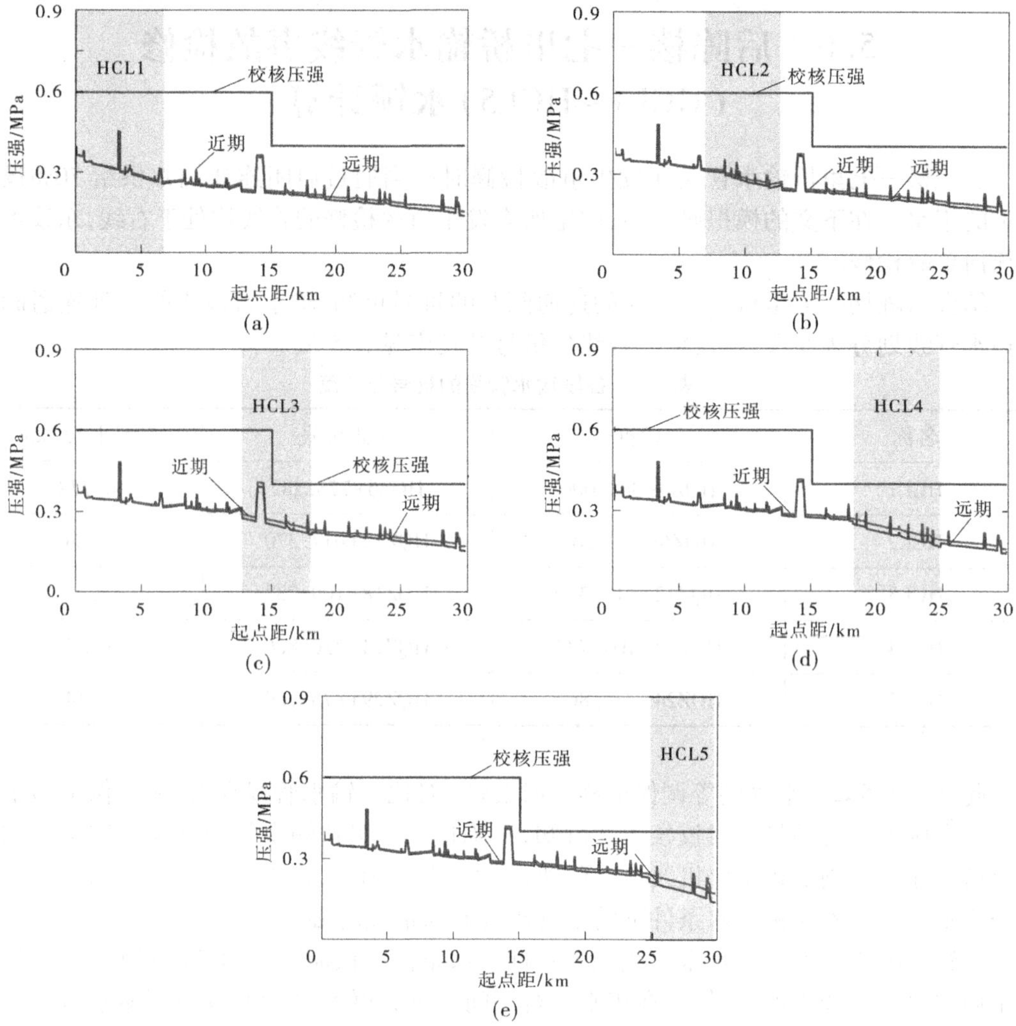

图 5-11 不对称输水管线 HCL1～HCL5 的压强校核

5.6.2 输水管线的关阀策略

为进一步探究线性关阀与非线性关阀两种策略下的水泵最小关阀时间及最小相邻水泵关闭时间,以下根据表 5-3 的模拟工况及表 5-4 的模拟管线进行探讨。

5.6.2.1 后陈楼—七里桥输水管线第 1 段事故检修

输水管线 HCL1 在线性关阀策略下,水泵最小关阀时间以及最小相邻水泵关闭时间分别为 90 s 和 30 s,即模拟工况 LC-1。在该种关阀策略下,输水管线在近期和远期两种糙率下的最大压强如图 5-12 所示,不利节点处的压强、流量及空气容积随时间的变化如图 5-13 所示。

输水管线在近期糙率下,东线于桩号 HQY0+000.000 处产生了最大压强 0.680 MPa,该桩号在 470.80 s 产生压强突变,此时的流量为 6.210 m^3/s,管内空气容积为 0。

输水管线在远期糙率下,东线于桩号 HQY0+000.000 处产生了最大压强 0.672 MPa,该

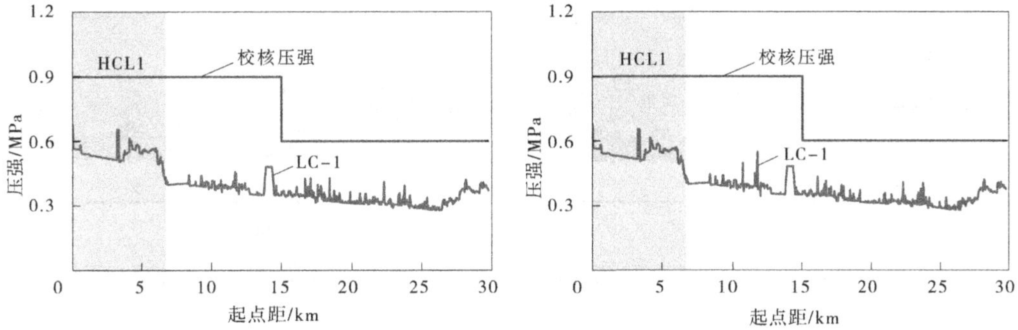

(a)近期 (b)远期

图 5-12 LC-1 的沿线最大压强

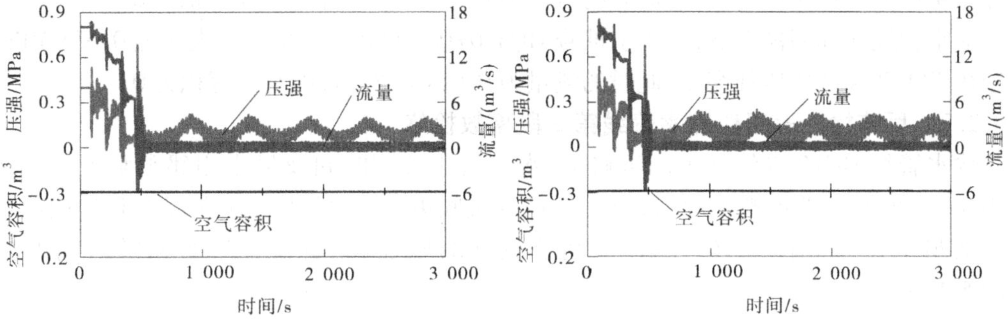

(a)近期 (b)远期

图 5-13 不利节点处的压强、流量及空气容积变化

桩号在 470.80 s 产生压强突变,此时的流量为 6.220 m^3/s,管内空气容积为 0。

输水管线 HCL1 在非线性关阀策略下,水泵最小关阀时间及最小相邻水泵关闭时间分别为 90 s 和 30 s,即模拟工况 NC-1。在该种关阀策略下,输水管线在近期和远期两种糙率下的最大压强如图 5-14 所示,不利节点处的压强、流量及空气容积随时间的变化如图 5-15 所示。

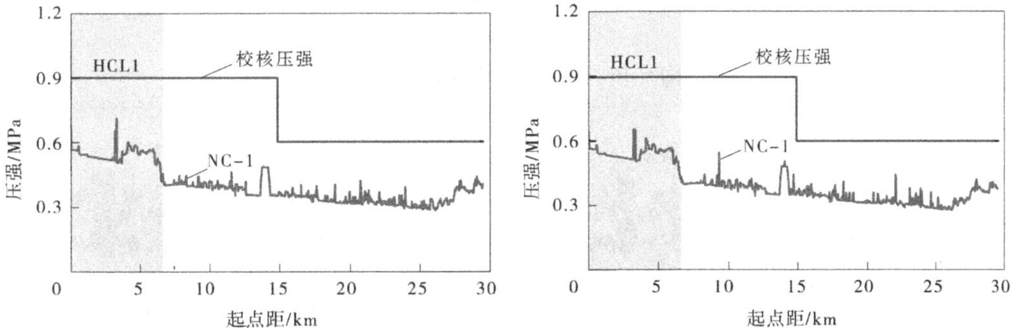

(a)近期 (b)远期

图 5-14 NC-1 的沿线最大压强

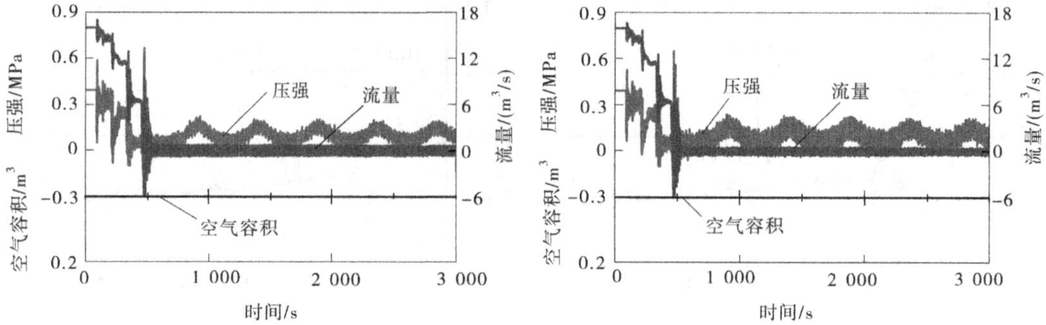

(a)近期　　(b)远期

图 5-15　不利节点处的压强、流量及空气容积变化

输水管线在近期糙率下，东线于桩号 HQY 0+000.000 处产生了最大压强 0.670 MPa，该桩号在 470.80 s 产生压强突变，此时的流量为 6.303 m^3/s，管内空气容积为 0。

输水管线在远期糙率下，东线于桩号 HQY 0+000.000 处产生了最大压强 0.654 MPa，该桩号在 470.20 s 产生压强突变，此时的流量为 0.654 m^3/s，管内空气容积为 0。

5.6.2.2　后陈楼—七里桥输水管线第 2 段事故检修

输水管线 HCL2 在线性关阀策略下，水泵最小关阀时间及最小相邻水泵关闭时间分别为 90 s 和 30 s，即模拟工况 LC-1。在该种关阀策略下，输水管线在近期和远期两种糙率下的最大压强如图 5-16 所示，不利节点处的压强、流量及空气容积随时间的变化如图 5-17 所示。

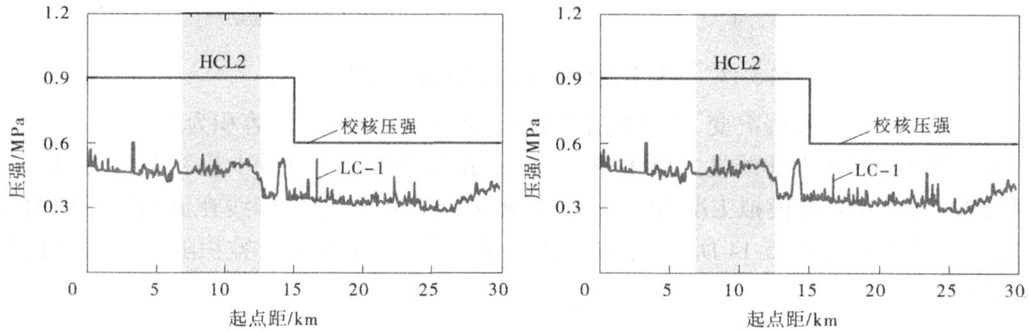

(a)近期　　(b)远期

图 5-16　LC-1 的沿线最大压强

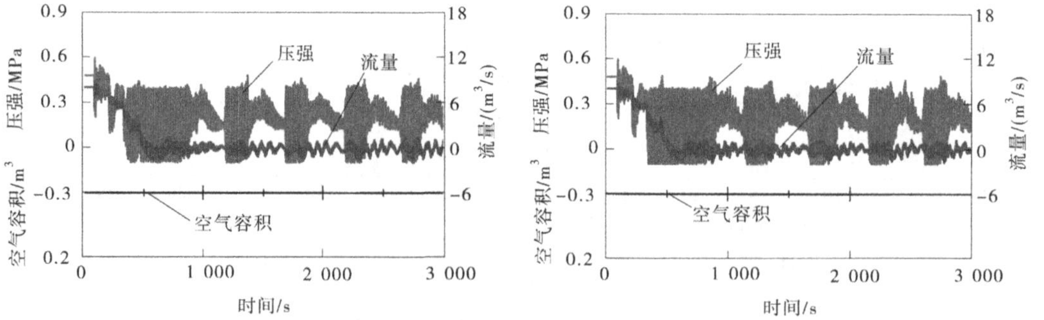

(a)近期　　(b)远期

图 5-17　不利节点处的压强、流量及空气容积变化

输水管线在近期糙率下，东线于桩号 HQY 3+217.695 处产生了最大压强 0.606 MPa，该桩号在 97.40 s 产生压强突变，此时的流量为 8.721 m^3/s，管内空气容积为 0。

输水管线在远期糙率下，东线于桩号 HQY 3+217.695 处产生了最大压强 0.603 MPa，该桩号在 97.40 s 产生压强突变，此时的流量为 8.708 m^3/s，管内空气容积为 0。

输水管线 HCL2 在非线性关阀策略下，水泵最小关阀时间及最小相邻水泵关闭时间分别为 90 s 和 30 s，即模拟工况 NC-1。在该种关阀策略下，输水管线在近期和远期两种糙率下的最大压强如图 5-18 所示，不利节点处的压强、流量及空气容积随时间的变化如图 5-19 所示。

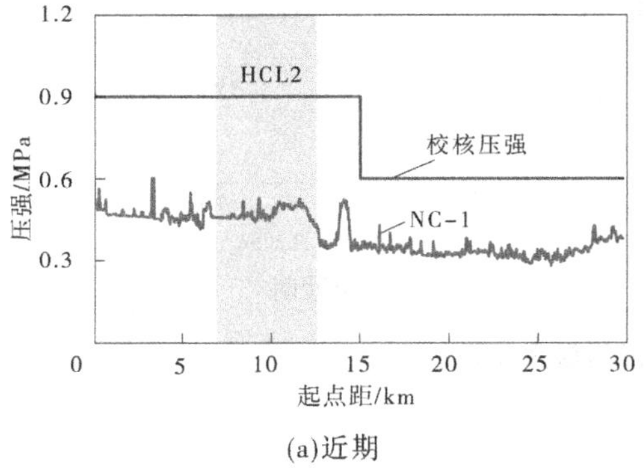

图 5-18 NC-1 的沿线最大压强

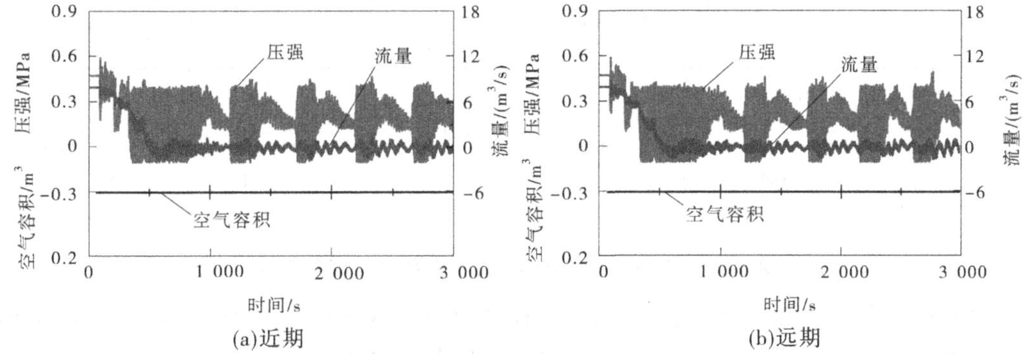

图 5-19 不利节点处的压强、流量及空气容积变化

输水管线在近期糙率下，东线于桩号 HQY 3+217.695 处产生了最大压强 0.598 MPa，该桩号在 97.40 s 产生压强突变，此时的流量为 8.610 m^3/s，管内空气容积为 0。

输水管线在远期糙率下，东线于桩号 HQY 3+217.695 处产生了最大压强 0.591 MPa，该桩号在 97.40 s 产生压强突变，此时的流量为 8.690 m^3/s，管内空气容积为 0。

当后陈楼—七里桥输水管线右线发生第 2 段事故检修，即连通阀井 1 和连通阀井 2 打开，连通阀井 3 和连通阀井 4 关闭时，东线的穿河管线（桩号 HQY 3+202.695～HQY 3+547.062）受管线近、远期糙率和非线性、线性关阀方式的影响较小，均在同一位置（桩号 HQY 3+217.695）发生了压强突变。穿河管线内发生压强突变的时间在第一次关阀后的 7.40 s，受相邻水泵关闭时间影响较小。

5.6.2.3　后陈楼—七里桥输水管线第 3 段事故检修

输水管线 HCL3 在线性关阀策略下，水泵最小关阀时间以及最小相邻水泵关闭时间分别为 90 s 和 30 s，即模拟工况 LC-1。在该种关阀策略下，输水管线在近期和远期两种糙率下的最大压强如图 5-20 所示，不利节点处的压强、流量及空气容积随时间的变化如图 5-21 所示。

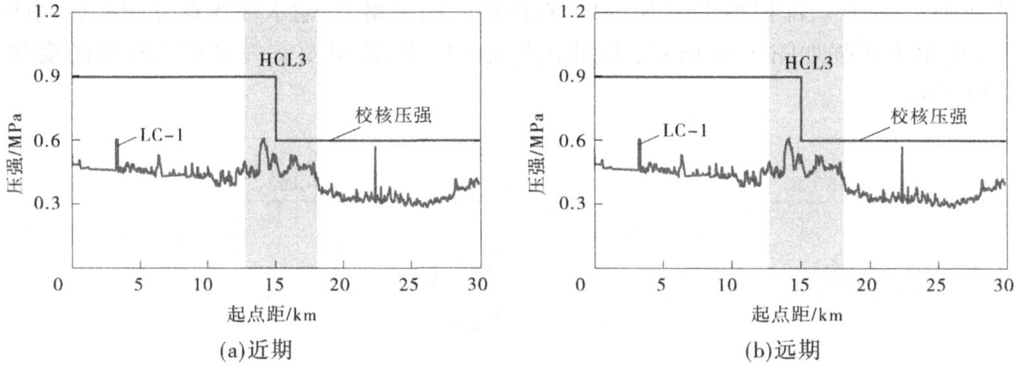

图 5-20　LC-1 的沿线最大压强

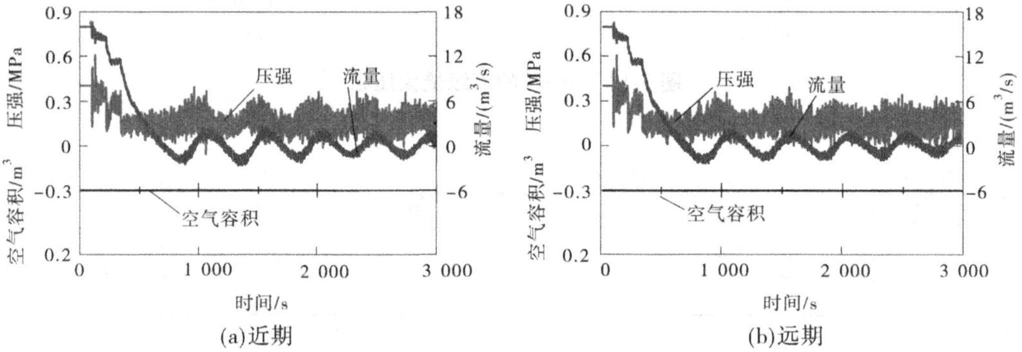

图 5-21　不利节点处的压强、流量及空气容积变化

输水管线在近期糙率下，东线于桩号 HQY 14+034.135 处产生了最大压强 0.611 MPa，该桩号在 128.60 s 产生压强突变，此时的流量为 14.902 m^3/s，管内空气容积为 0。

输水管线在远期糙率下，东线于桩号 HQY 14+034.135 处产生了最大压强 0.606 MPa，该桩号在 128.60 s 产生压强突变，此时的流量为 14.931 m^3/s，管内空气容积为 0。

输水管线 HCL3 在非线性关阀策略下，水泵最小关阀时间及最小相邻水泵关闭时间分别为 90 s 和 30 s，即模拟工况 NC-1。在该种关阀策略下，输水管线在近期和远期两种糙率下的最大压强如图 5-22 所示，不利节点处的压强、流量及空气容积随时间的变化如图 5-23 所示。

输水管线在近期糙率下，东线于桩号 HQY 14+034.135 处产生了最大压强 0.602 MPa，该桩号在 128.60 s 产生压强突变，此时的流量为 14.923 m^3/s，管内空气容积为 0。

输水管线在远期糙率下，东线于桩号 HQY 14+034.135 处产生了最大压强 0.591 MPa，该桩号在 128.60 s 产生压强突变，此时的流量为 14.901 m^3/s，管内空气容积为 0。

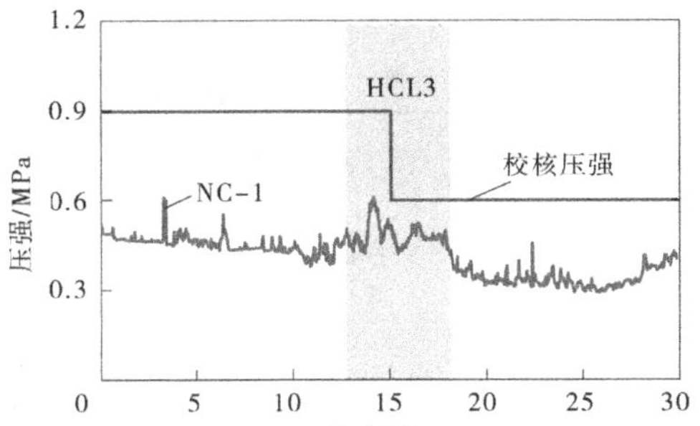

(a)近期

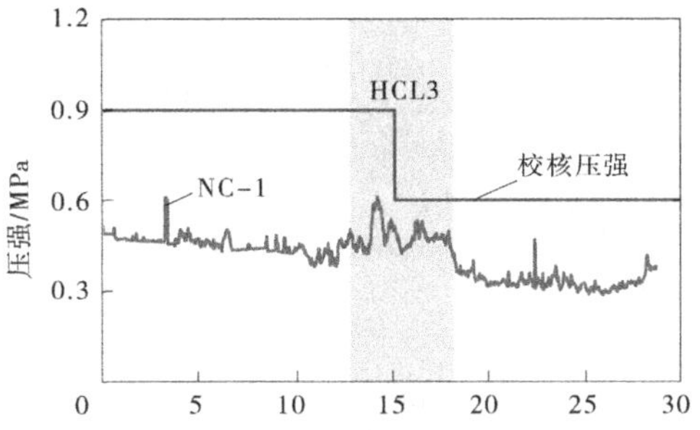

(b)远期

图 5-22 NC-1 的沿线最大压强

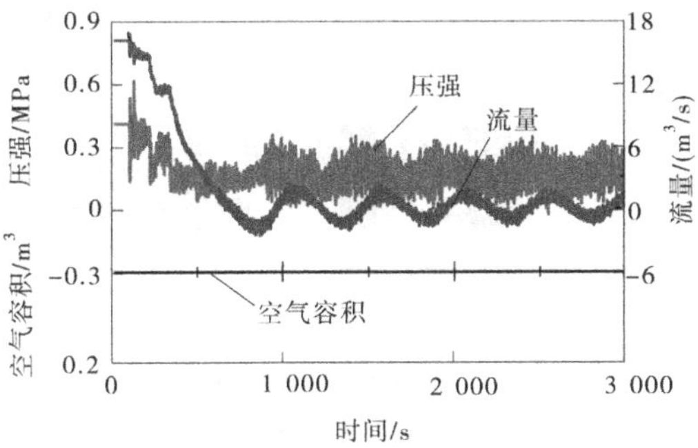

(a)近期

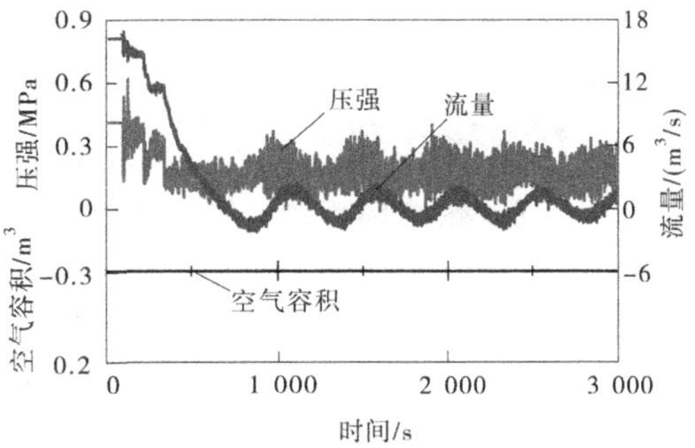

(b)远期

图 5-23 不利节点处的压强、流量及空气容积变化

当后陈楼—七里桥输水管线右线发生第 3 段事故检修,即连通阀井 2 和连通阀井 3 打开,连通阀井 1 和连通阀井 4 关闭时,东线的穿河管线(桩号 HQY 13+894. 345~HQY 14+639. 973)受管线近、远期糙率和非线性、线性关阀方式的影响较小,均在同一位置(桩号 HQY 14+034. 135)发生了压强突变。穿河管线内发生压强突变的时间在第一次关阀后的 38. 60 s,受相邻泵机关阀时间影响较小。

5. 6. 2. 4 后陈楼—七里桥输水管线第 4 段事故检修

输水管线 HCL4 在线性关阀策略下,水泵最小关阀时间及最小相邻水泵关闭时间分别为 90 s 和 30 s,即模拟工况 LC-1。在该种关阀策略下,输水管线在近期和远期两种糙率下的最大压强如图 5-24 所示,不利节点处的压强、流量及空气容积随时间的变化如图 5-25 所示。

输水管线在近期糙率下,东线于桩号 HQY 3+532. 062 处产生了最大压强 0. 644 MPa,该桩号在 97. 20 s 产生压强突变,此时的流量为 8. 661 m^3/s,管内空气容积为 0。

输水管线在远期糙率下,东线于桩号 HQY 3+532. 062 处产生了最大压强 0. 640 MPa,该桩号在 97. 20 s 产生压强突变,此时的流量为 8. 581 m^3/s,管内空气容积为 0。

输水管线 HCL4 在非线性关阀策略下,水泵最小关阀时间及最小相邻水泵关闭时间分别为 90 s 和 30 s,即模拟工况 NC-1。在该种关阀策略下,输水管线在近期和远期两种糙率下的最大压强如图 5-26 所示,不利节点处的压强、流量及空气容积随时间的变化如

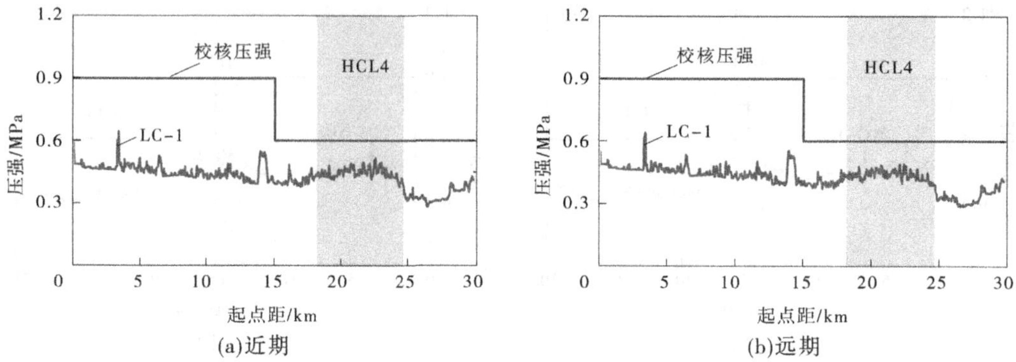

图 5-24　LC-1 的沿线最大压强

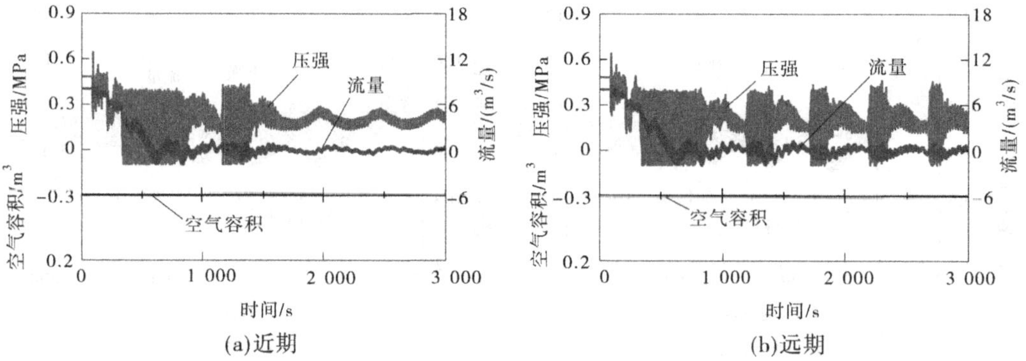

图 5-25　不利节点处的压强、流量及空气容积变化

图 5-27 所示。

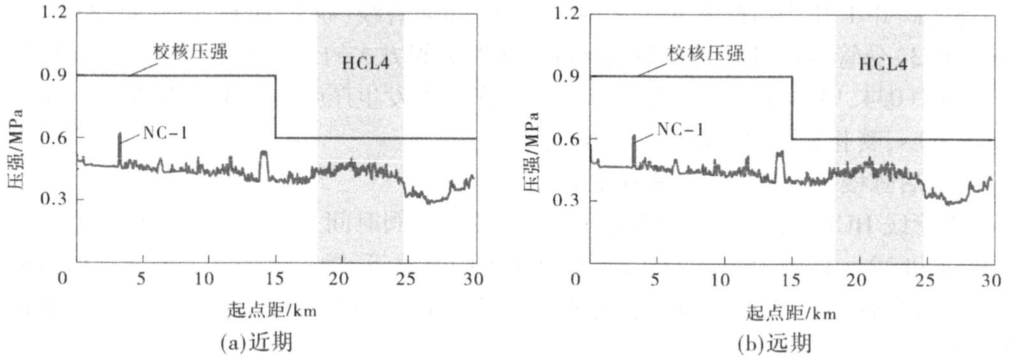

图 5-26　NC-1 的沿线最大压强

输水管线在近期糙率下，东线于桩号 HQY 3+532.062 处产生了最大压强 0.624 MPa，该桩号在 97.20 s 产生压强突变，此时的流量为 8.586 m^3/s，管内空气容积为 0。

输水管线在远期糙率下，东线于桩号 HQY 3+532.062 处产生了最大压强 0.617 MPa，该桩号在 97.20 s 产生压强突变，此时的流量为 8.586 m^3/s，管内空气容积为 0。

当后陈楼—七里桥输水管线右线发生第 4 段事故检修，即连通阀井 3 和连通阀井 4 打开，连通阀井 1 和连通阀井 2 关闭时，东线的穿河管线(桩号 HQY 3+202.695～HQY 3+

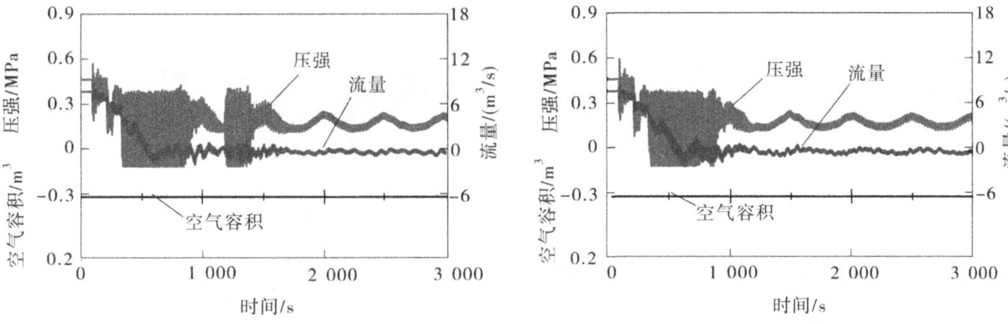

(a)近期 (b)远期

图 5-27 不利节点处的压强、流量及空气容积变化

547.062)受管线近、远期糙率和非线性、线性关阀方式的影响较大,且均在同一位置(桩号 HQY 3+217.695)发生了压强突变。穿河管线内发生压强突变的时间在第一次关阀后的 7.20 s,受相邻泵机关阀时间影响较小。

5.6.2.5 后陈楼—七里桥输水管线第 5 段事故检修

输水管线 HCL5 在线性关阀策略下,水泵最小关阀时间及最小相邻水泵关闭时间分别为 90 s 和 30 s,即模拟工况 LC-1。在该种关阀策略下,输水管线在近期和远期两种糙率下的最大压强如图 5-28 所示,不利节点处的压强、流量及空气容积随时间的变化如图 5-29 所示。

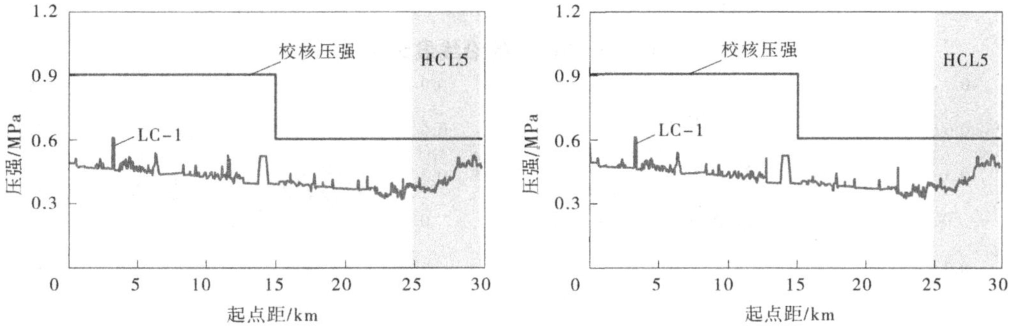

(a)近期 (b)远期

图 5-28 LC-1 的沿线最大压强

输水管线在近期糙率下,东线于桩号 HQY 3+532.062 处产生了最大压强 0.606 MPa,该桩号在 97.20 s 产生压强突变,此时的流量为 8.575 m^3/s,管内空气容积为 0。

输水管线在远期糙率下,东线于桩号 HQY 3+532.062 处产生了最大压强 0.605 MPa,该桩号在 97.20 s 产生压强突变,此时的流量为 8.575 m^3/s,管内空气容积为 0。

输水管线 HCL5 在非线性关阀策略下,水泵最小关阀时间及最小相邻水泵关闭时间分别为 90 s 和 30 s,即模拟工况 NC-1。在该种关阀策略下,输水管线在近期和远期两种糙率下的最大压强如图 5-30 所示,不利节点处的压强、流量及空气容积随时间的变化如图 5-31 所示。

输水管线在近期糙率下,东线于桩号 HQY 3+532.062 处产生了最大压强 0.603 MPa,该桩

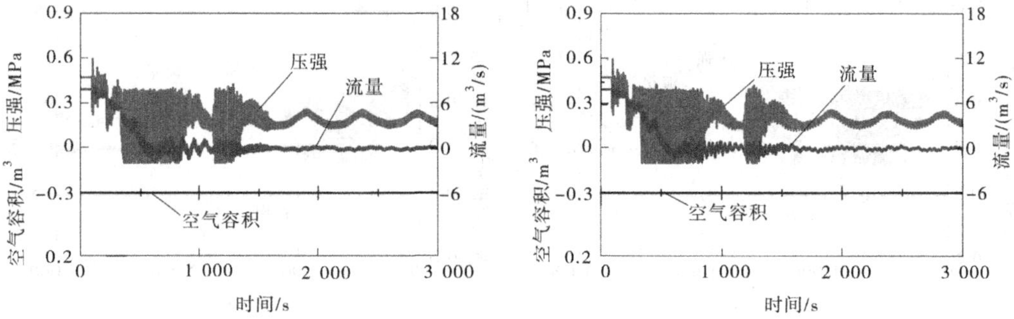

(a)近期　　(b)远期

图 5-29　不利节点处的压强、流量及空气容积变化

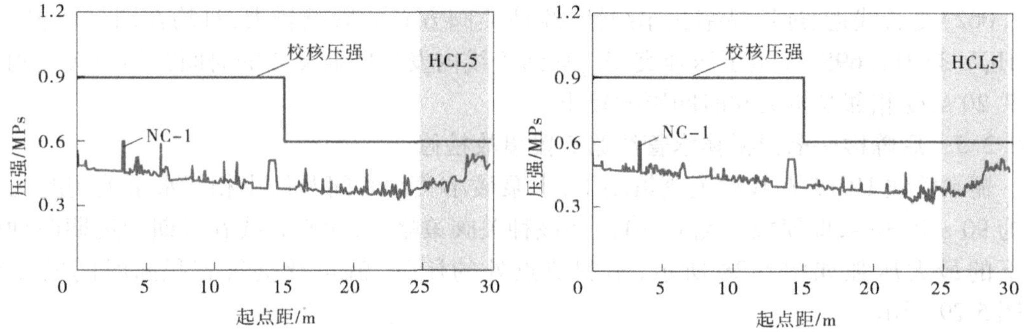

(a)近期　　(b)远期

图 5-30　NC-1 的沿线最大压强

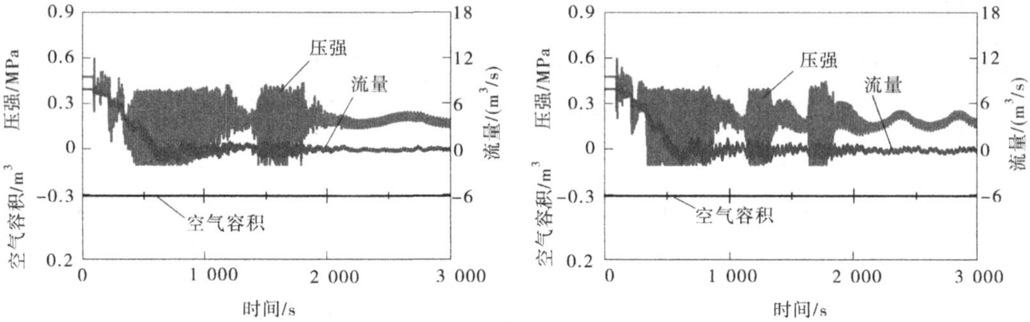

(a)近期　　(b)远期

图 5-31　不利节点处的压强、流量及空气容积变化

号在 97.20 s 产生压强突变,此时的流量为 8.580 m^3/s,管内空气容积为 0。

输水管线在远期糙率下,东线于桩号 HQY 3+532.062 处产生了最大压强 0.600 MPa,该桩号在 97.20 s 产生压强突变,此时的流量为 8.580 m^3/s,管内空气容积为 0。

当后陈楼—七里桥输水管线右线发生第 5 段事故检修,即连通阀井 4 打开,连通阀井 1~3 关闭时,东线的穿河管线(桩号 HQY 3+202.695~HQY 3+547.062)受管线近、远期糙率和非线性、线性关阀方式的影响较大,且均在同一位置(桩号 HQY 3+217.695)发生了压强突变。穿河管线内发生压强突变的时间处于第一次关阀后的 7.20 s,受相邻泵机关阀时间影响较小。

5.6.3　事故停机情景下的管线压强波动

后陈楼—七里桥输水管线的泵站机组中在压水管路中采用了止回阀，故此次模拟计算中不再考虑泵机倒转。项目以模拟工况 WT 为例，假定泵站机组在正常运行 3 s 后突然出现断电的情景，图 5-32 给出了输水管线（东线）在整个数值模拟过程（0~3 000 s）中的最大压强。

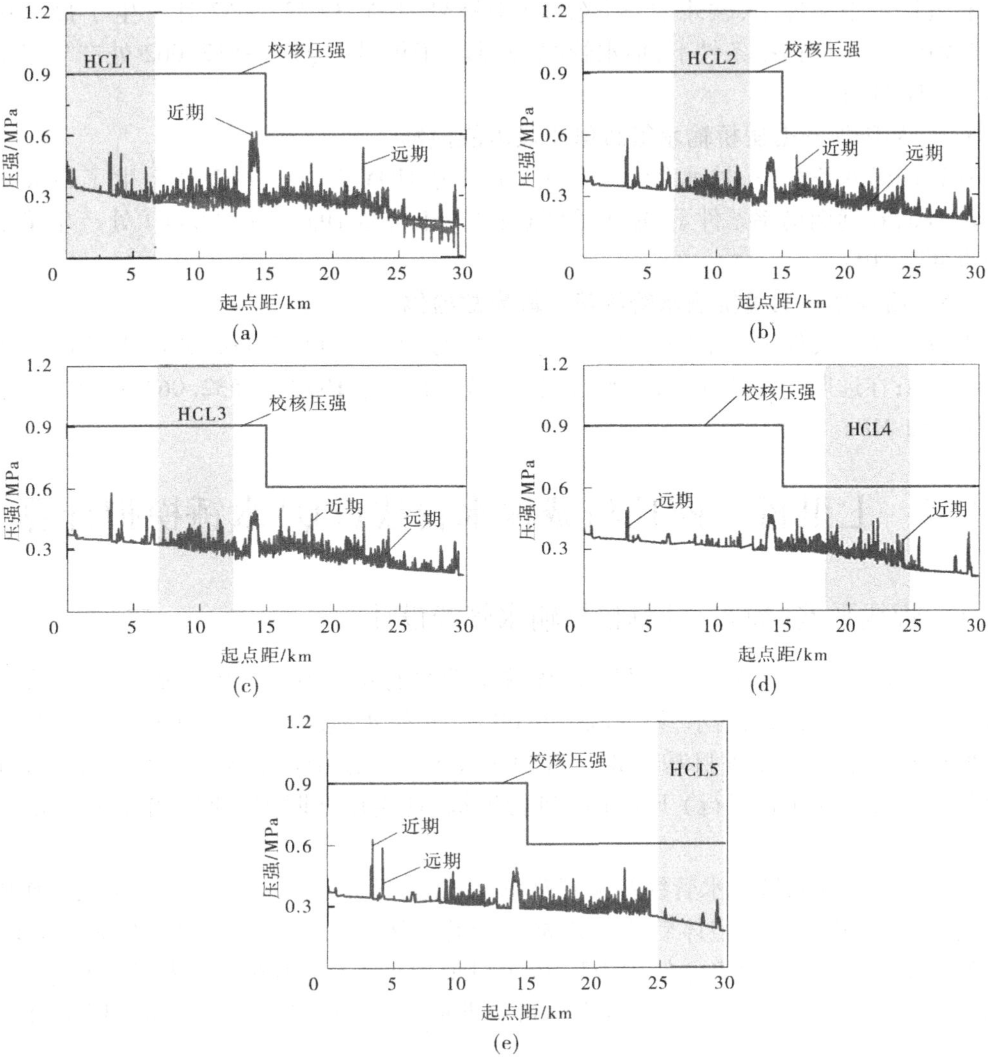

图 5-32　WT 的沿线最大压强

HCL1~HCL5 输水管线（东线）在近期和远期糙率下发生停泵水锤均能满足设计管线的校核压强，即在 0~15 km 内均大于 0.9 MPa，在 15~29.88 km 内均大于 0.6 MPa。

5.6.3.1　后陈楼—七里桥输水管线第 1 段事故检修

在近期糙率条件下，输水管线（东线）于桩号 HQY 14+284.550 处产生了最大压强

0.614 MPa；在远期糙率条件下，输水管线（东线）于桩号 HQY 13+978.100 处产生了最大压强 0.562 MPa。

5.6.3.2　后陈楼—七里桥输水管线第 2 段事故检修

在近期糙率条件下，输水管线（东线）于桩号 HQY 3+532.062 处产生了最大压强 0.573 MPa；在远期糙率条件下，输水管线（东线）于桩号 HQY 3+532.062 处产生了最大压强 0.542 MPa。

5.6.3.3　后陈楼—七里桥输水管线第 3 段事故检修

在近期糙率条件下，输水管线（东线）于桩号 HQY 3+532.062 处产生了最大压强 0.576 MPa；在远期糙率条件下，输水管线（东线）于桩号 HQY 3+532.062 处产生了最大压强 0.551 MPa。

5.6.3.4　后陈楼—七里桥输水管线第 4 段事故检修

在近期糙率条件下，输水管线（东线）于桩号 HQY 3+532.062 处产生了最大压强 0.482 MPa；在远期糙率条件下，输水管线（东线）于桩号 HQY 3+532.062 处产生了最大压强 0.472 MPa。

5.6.3.5　后陈楼—七里桥输水管线第 5 段事故检修

在近期糙率条件下，输水管线（东线）于桩号 HQY 3+532.062 处产生了最大压强 0.624 MPa；在远期糙率条件下，输水管线（东线）于桩号 HQY 3+532.062 处产生了最大压强 0.582 MPa。

5.7　七里桥—商丘新城输水管线（SQ）水锤模拟计算

5.7.1　管线平差（稳态）计算校核输水管线设计

七里桥调蓄水库—商丘新城调蓄水库输水管线的起点为七里桥泵站，出口为商丘新城调蓄水库，为泵站加压输水，设计流量 6.60 m^3/s，输水线路长度为 39.92 km，采用单管 DN2200 PCCP 输水。本项目基于 Bentley Hammer 建立的数学模型对该条输水管线在设计水位、设计流量（正常运行）下的工况进行模拟，管线在近期和远期糙率条件下的模拟结果见图 5-33。

七里桥—商丘新城输水管线在不同糙率、正常运行条件下，管线沿程的最大工作压强不超过 0.500 MPa，并且整体管线在正常运行时的压强均小于管道设计压强，即在 0～19.97 km 内小于 0.800 MPa，在 19.97～39.92 km 内小于 0.600 MPa。表明七里桥—商丘新城输水管线的设计合理，能够达到本项目的供水目标，可满足当地居民的用水需求。

5.7.2　空气阀等调保措施的必要性

七里桥—商丘新城输水管线在正常运行条件下采用 86 处空气阀井、16 处检修空气阀井、18 处排空阀井来保障输水管线的供水安全性。下文以工况 NC-9 为例，分析输水管线在正常停机（关阀策略）情景下的各个控制参数是否满足规范要求，以此来说明空气阀等调保措施的必要性。

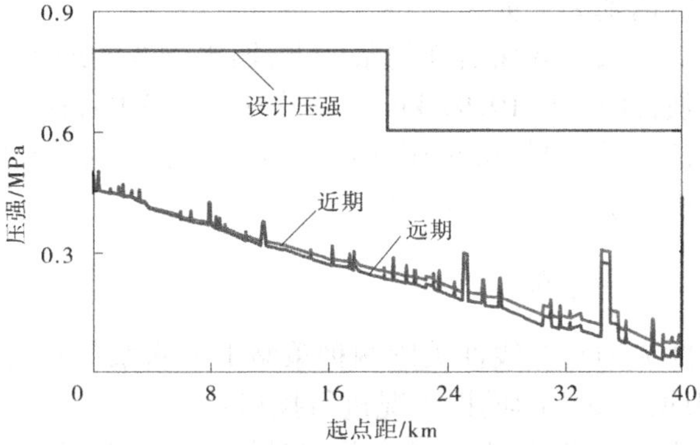

图 5-33　七里桥—商丘新城输水管线(SQ)的稳态压强校核

输水管线在近期、远期两种糙率下的最大压强计算结果如图 5-34 所示,最小压强及最大空气容积的计算结果如图 5-35 所示。其中,输水管线将 1.5 倍的设计压强视为水力过渡过程中的校核压强。

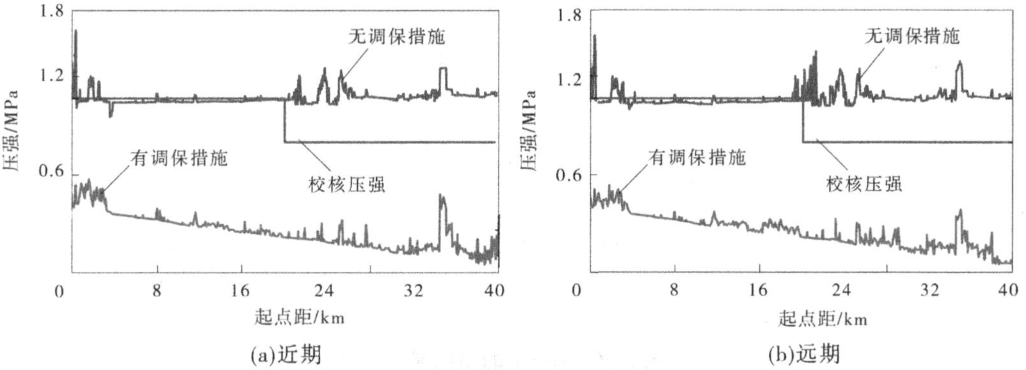

图 5-34　NC-9 的沿线最大压强

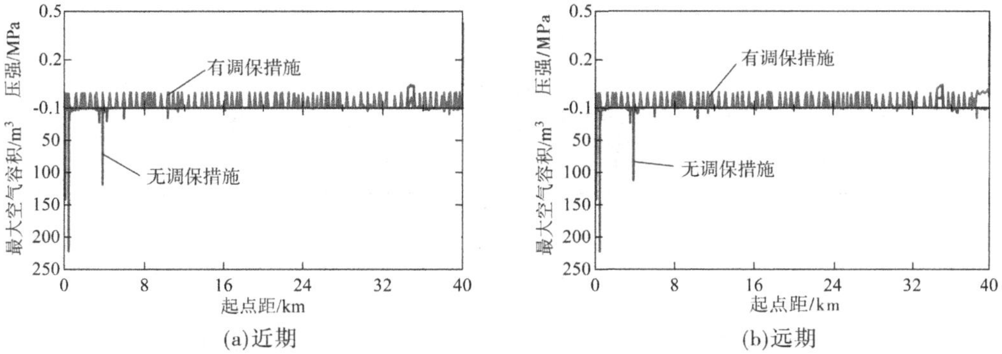

图 5-35　NC-9 的沿线最小压强及最大空气容积

输水管线在不采用任何调保措施的条件下,输水管线的最大压强在近期、远期两种糙率下均大于校核压强,即在 0~19.97 km 内局部大于 1.2 MPa,在 19.97~39.92 km 内均大于 0.9 MPa。输水管线的最小压强在 4 ℃水的汽化条件下形成较大的空气容积,输水管线的最大空气容积可达到 222 m^3。

输水管线在采用空气阀等调保措施的条件下，输水管线的最大压强在近期、远期两种糙率下均小于校核压强，即在 0~19.97 km 内均小于 1.2 MPa，在 19.97~39.92 km 内均小于 0.9 MPa。此外，输水管线的最小压强进一步得到了削弱，整体管线近期、远期两种糙率下的最大空气容积分别为 9.84 m^3 和 15.83 m^3。

5.7.3　输水管线的关阀策略

为进一步探究线性关阀与非线性关阀两种策略下的水泵最小关阀时间以及最小相邻水泵关闭时间，后文根据表 5-3 的模拟工况进行探讨：

输水管线在线性关阀策略下，水泵最小关阀时间及最小相邻水泵关闭时间分别为 90 s 和 30 s，即模拟工况 LC-1。在该种关阀策略下，输水管线在近期和远期两种糙率下的最大压强如图 5-36 所示，不利节点处的压强、流量及空气容积随时间的变化如图 5-37 所示。

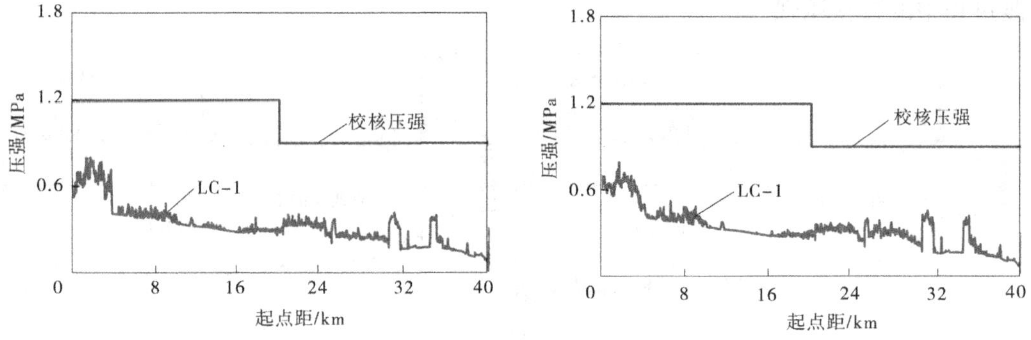

(a)近期　　(b)远期

图 5-36　LC-1 的沿线最大压强

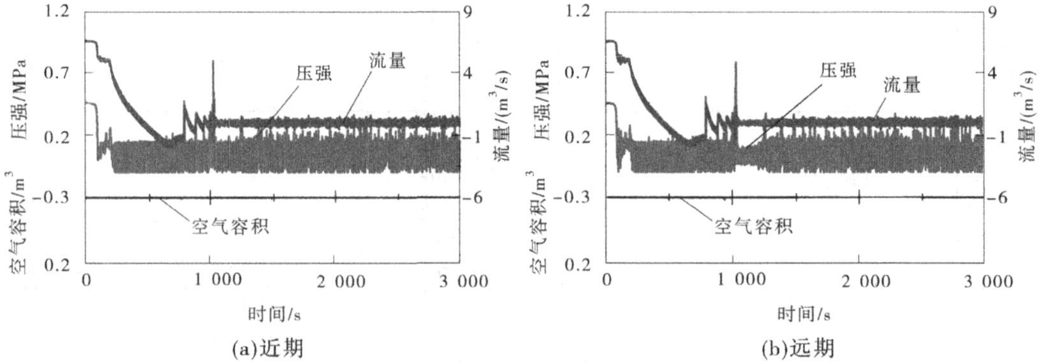

(a)近期　　(b)远期

图 5-37　不利节点处的压强、流量及空气容积变化

在近期糙率下，输水管线于桩号 QS 1+757.771 处产生了最大压强 0.803 MPa，该桩号在 1 024.60 s 产生压强突变，此时的流量为 0.608 m^3/s，管内空气容积在此期间的最大值为 0.005 m^3。

在远期糙率下，输水管线于桩号 QS 1+757.771 处产生了最大压强 0.790 MPa，该桩号在 1 030.00 s 产生压强突变，此时的流量为 0.682 m^3/s，管内空气容积在此期间的最大值为 0.007 m^3。

输水管线在非线性关阀策略下，水泵最小关阀时间及最小相邻水泵关闭时间分别为 90 s 和 30 s，即模拟工况 NC-1。在该种关阀策略下，输水管线在近期和远期两种糙率下的最大压强如图 5-38 所示，不利节点处的压强、流量及空气容积随时间的变化如图 5-39 所示。

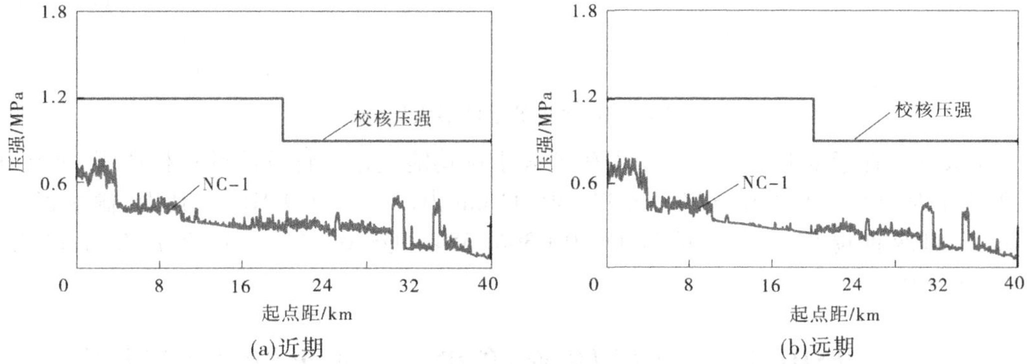

图 5-38 NC-1 的沿线最大压强

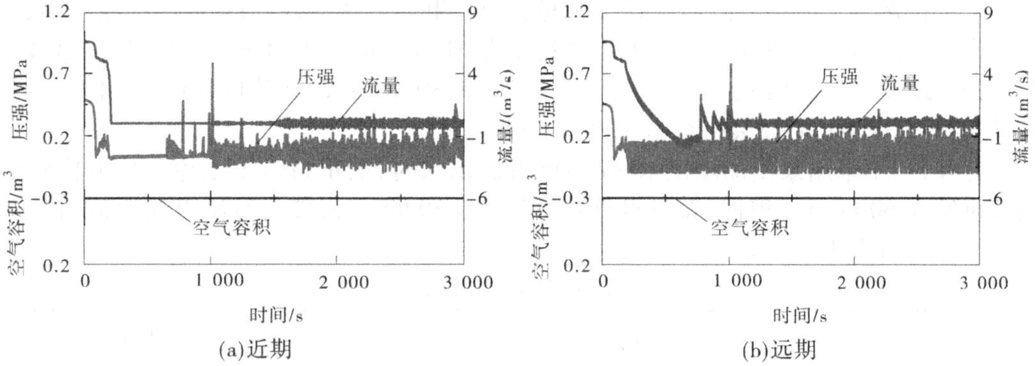

图 5-39 不利节点处的压强、流量及空气容积变化

在近期糙率下，输水管线于桩号 QS 1+757.771 处产生了最大压强 0.782 MPa，该桩号在 1 014.80 s 产生压强突变，此时的流量为 0.608 m^3/s，管内空气容积为 0。

在远期糙率下，输水管线于桩号 QS 1+757.771 处产生了最大压强 0.773 MPa，该桩号在 1 012.60 s 产生压强突变，此时的流量为 0.682 m^3/s，管内空气容积为 0。

5.7.4 事故停机情景下的管线压强波动

七里桥—商丘输水管线的泵站机组在压水管路中采用了止回阀，故此次模拟计算中不再考虑泵机倒转。项目以模拟工况 WT 为例，假定泵站机组在正常运行 3 s 后突然出现断电的情景，图 5-40 给出了七里桥—商丘输水管线在整个数值模拟过程（0~3 000 s）中的最大压强。

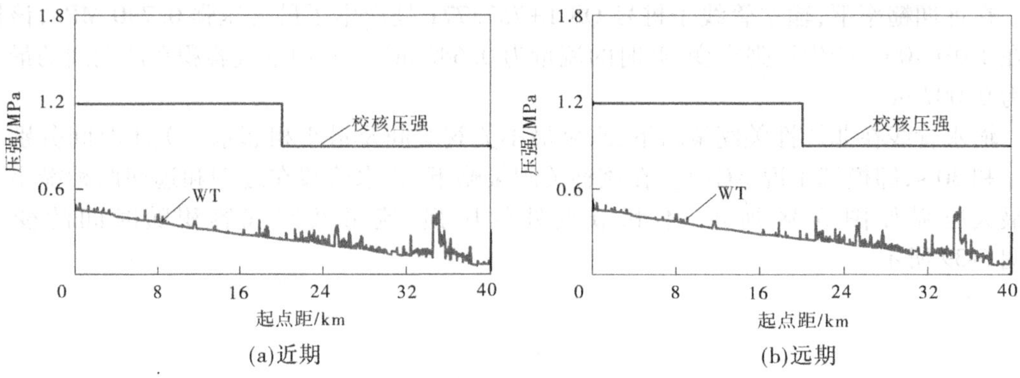

图 5-40　WT 的沿线最大压强

输水管线在近期和远期糙率下发生停泵水锤均能满足设计管线的校核压强，即在 0~19.97 km 内均大于 1.2 MPa，在 19.97~39.92 km 内均大于 0.9 MPa。其中，输水管线在近期、远期两种糙率下均在桩号 QS 0+306.554~QS 0+438.638 处产生了最大压强 0.500 MPa。

5.8　七里桥—夏邑输水管线(XY)水锤模拟计算

七里桥调蓄水库—夏邑输水管线的起点为七里桥泵站，出口为夏邑出水池，为泵站加压输水，设计流量 13.80 m^3/s，输水线路长度为 61.62 km，采用 1 根 DN3200 PCCP 输水。七里桥泵站夏邑机组向夏邑输水，设计流量为 13.80 m^3/s，设计装机 4 台，3 用 1 备，泵站设计扬程为 37.06 m，总装机容量 4×2 600 kW。

此外，当不采用泵站加压供水，仅靠重力流供水时，七里桥调蓄水库—夏邑输水管线仍可供给 5.60 m^3/s。根据《泵站设计标准》(GB 50265—2022)，泵站更新改造后的主要参数指标应符合表 5-6 所示规定。

表 5-6　泵站参数指标

产品类别		模型泵效率/%
轴流泵或混流泵	净扬程<3 m	≥81.0
	净扬程 3~5 m	≥81.5
	净扬程 5~7 m	≥82.0
	净扬程>7 m	≥82.5

结合表 5-1 所示各管段加压泵站参数、图 5-1 所示输水管线加压泵站流量-扬程特性、表 2-4 所示进出口特征水位以及重力流管线设计资料可知，当七里桥调蓄水库—夏邑输水管线设计流量为 13.80 m^3/s、采用"加压泵站+重力流"共同给水方式时，七里桥调蓄水库—夏邑输水管线不仅无法满足《泵站设计标准》(GB 50265—2022)，即采用 3 用 1 备的泵站无法使每个泵的运行效率在 80%以上，并且输水管线(桩号 QS 0+000.000~QS 61+620.752)的上游重力流引水管线(桩号 ZLL 0-000.000~ZLL 0-165.590)将会在高扬

程、低流量的泵站供水方式下发生回流,进而无法满足设计水位及设计流量的需求。因此,七里桥—夏邑输水管线在设计流量与设计水位下仅存在泵站加压的供水方式。

5.8.1 管线平差(稳态)计算校核输水管线设计

本项目基于 Bentley Hammer 建立的数学模型对该条输水管线在设计水位、设计流量(正常运行)下的工况进行模拟,管线在近期和远期糙率条件下的模拟结果见图 5-41。

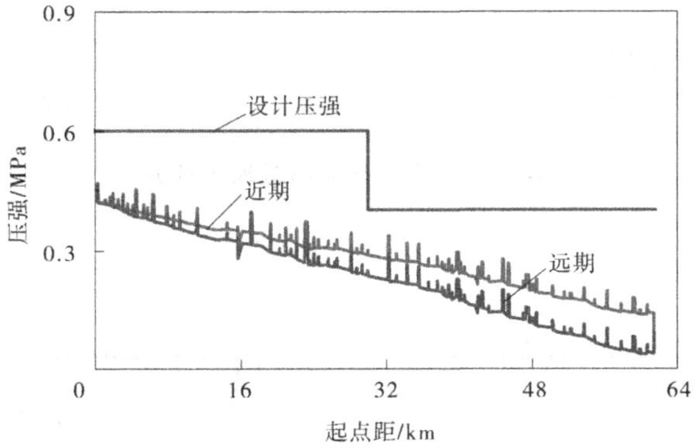

图 5-41 七里桥—夏邑输水管线(XY)的稳态压强校核

七里桥—夏邑输水管线在不同糙率、正常运行条件下,管线沿程的最大工作压强不超过 0.500 MPa,并且整体管线在正常运行时的压强均小于管道设计压强,即在 0~30.00 km 内小于 0.600 MPa,在 30.00~61.62 km 内小于 0.400 MPa。表明七里桥—夏邑输水管线的设计合理,能够达到本项目的供水目标,可满足当地居民的用水需求。

5.8.2 空气阀等调保措施的必要性

七里桥—夏邑输水管线在正常运行条件下采用 144 处空气阀井、23 处检修空气阀井、39 处排空阀井来保障输水管线的供水安全性。下文以工况 NC-9 为例,分析输水管线在正常停机(关阀策略)情景下的各个控制参数是否满足远期供水要求,以此来说明空气阀等调保措施的必要性。

输水管线在近期、远期两种糙率下的最大压强计算结果如图 5-42 所示,最小压强及最大空气容积的计算结果如图 5-43 所示。其中,输水管线将 1.5 倍的设计压强视为水力过渡过程中的校核压强。

输水管线在不采用任何调保措施的条件下,输水管线的最大压强在近期、远期两种糙率下均大于校核压强,即在 0~30 km 内局部大于 0.9 MPa,在 30~61.62 km 内局部大于 0.6 MPa。输水管线的最小压强在 4 ℃水的汽化条件下形成较大的空气容积,整体管线近期、远期两种糙率下的最大空气容积分别为 428 m^3 和 240 m^3。

输水管线在采用空气阀等调保措施的条件下,输水管线的最大压强在近期、远期两种糙率下均小于校核压强,即在 0~30 km 内均小于 1.2 MPa,在 30~61.62 km 内均小于 0.9 MPa。此外,输水管线的最小压强进一步得到了削弱,整体管线近期、远期两种糙率下的最大空气容积分别为 33 m^3 和 34 m^3。

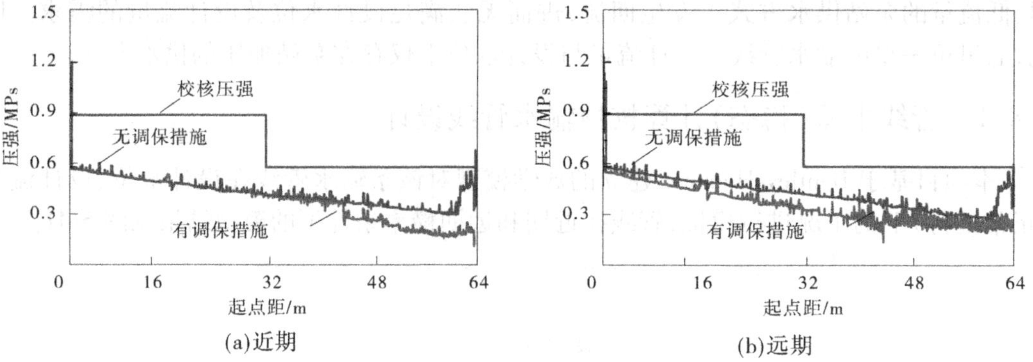

图 5-42　NC-9 的沿线最大压强

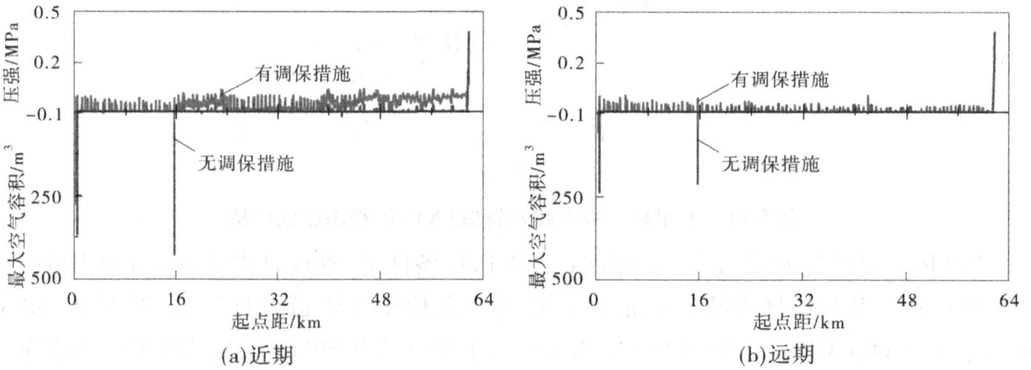

图 5-43　NC-9 的沿线最小压强及最大空气容积

5.8.3　输水管线的关阀策略(泵站加压)

为进一步探究线性关阀与非线性关阀两种策略下的水泵最小关阀时间及最小相邻水泵关闭时间,下文根据表 5-3 的模拟工况进行探讨:

输水管线在线性关阀策略下,水泵最小关阀时间及最小相邻水泵关闭时间分别为 360 s 和 120 s,即模拟工况 LC-9。在该种关阀策略下,输水管线在近期和远期两种糙率下的最大压强如图 5-44 所示,不利节点处的压强、流量及空气容积随时间的变化如图 5-45 所示。

在近期糙率下,输水管线于桩号 QX 0+000.000 处产生了最大压强 0.769 MPa,该桩号在 1 333.60 s 产生压强突变,此时的流量为-1.328 m^3/s,管内空气容积在此期间的最大值为 1.0 m^3。

在远期糙率下,输水管线于桩号 QX 0+000.000 处产生了最大压强 0.732 MPa,该桩号在 1 333.60 s 产生压强突变,此时的流量为 8.402 m^3/s,管内空气容积在此期间的最大值为 0.8 m^3。

输水管线在非线性关阀策略下,水泵最小关阀时间以及最小相邻水泵关闭时间分别为 360 s 和 120 s,即模拟工况 NC-9。在该种关阀策略下,输水管线在近期和远期两种糙率下的最大压强如图 5-42 所示,不利节点处的压强、流量及空气容积随时间的变化如图 5-46 所示。

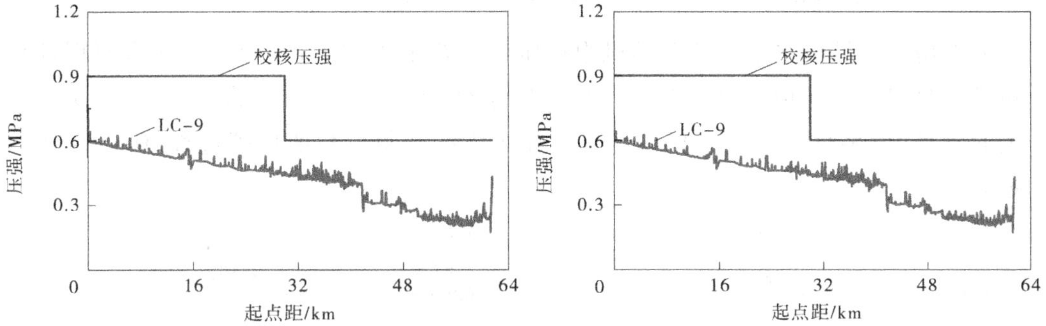

(a)近期 (b)远期

图 5-44 LC-9 的沿线最大压强

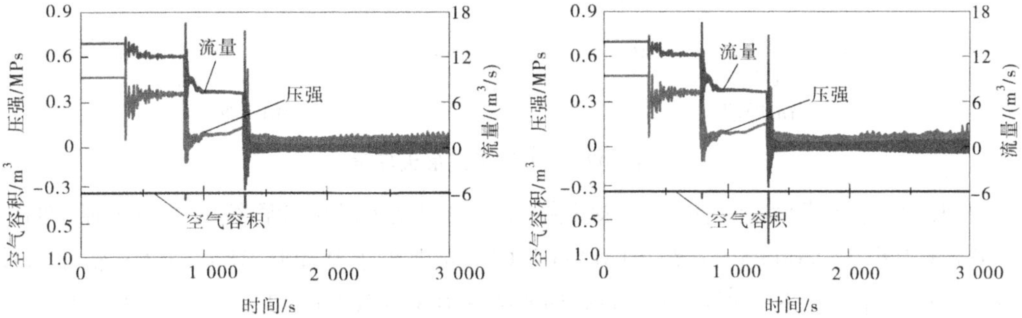

(a)近期 (b)远期

图 5-45 不利节点处的压强、流量及空气容积变化

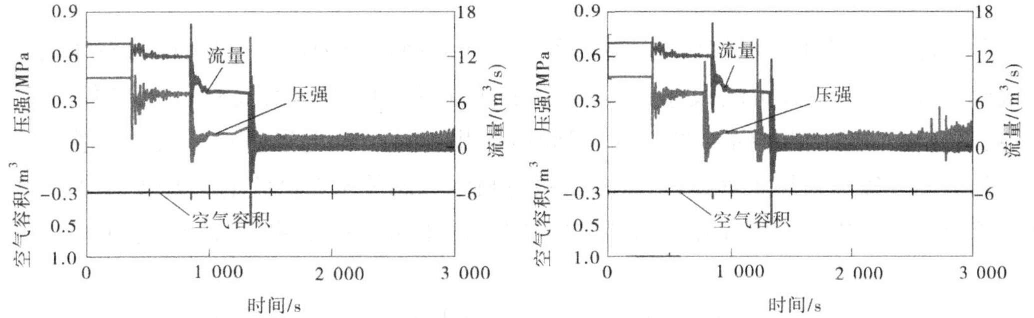

(a)近期 (b)远期

图 5-46 不利节点处的压强、流量及空气容积变化

在近期、远期的糙率下，输水管线均在桩号 QX 0+000.000 处产生了最大压强，分别为 0.732 MPa 和 0.711 MPa，该桩号均在 1 333.80 s 产生压强突变，此时的流量分别为 -1.066 m^3/s 和 -1.300 m^3/s，管内空气容积在此期间的最大值分别为 0.5 m^3 和 0.4 m^3。

5.8.4 事故停机情景下的管线压强波动(泵站加压)

七里桥—夏邑输水管线的泵站机组在压水管路中采用了止回阀,故此次模拟计算中不再考虑泵机倒转。项目以模拟工况 WT 为例,假定泵站机组在正常运行 3 s 后突然出现断电的情景,图 5-47 给出了七里桥—夏邑输水管线在整个数值模拟过程(0~3 000 s)中的最大压强。

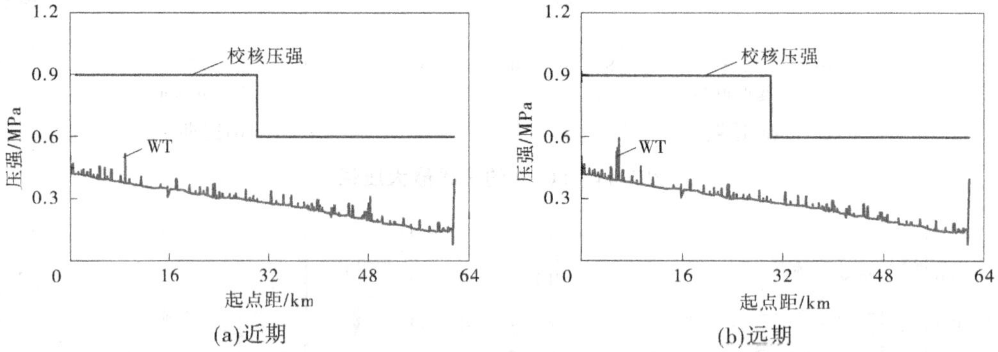

图 5-47 WT 的沿线最大压强

输水管线在近期和远期糙率下发生停泵水锤均能满足设计管线的校核压强,即在 0~30.00 km 内小于 0.600 MPa,在 30.00~61.62 km 内小于 0.400 MPa。其中,输水管线在近期、远期两种糙率下分别在桩号 QX 5+854.820 和 QX 8+740.910 处产生了最大压强 0.596 MPa 和 0.515 MPa。

5.8.5 输水管线的关阀策略(重力流)

前文详细地探讨了七里桥—夏邑输水管线在泵站机组加压供水条件下,输水管线中空气阀的必要性、关阀策略及事故停泵的压强脉动。由于重力流供给流量仅有 5.60 m^3/s,不足泵站加压供水的一半流量,因此后文将不再探讨七里桥—夏邑输水管线在稳态下的平差计算校核输水管线设计,也不再分析空气阀等调保措施的必要性,并且输水管线在重力流的作用下也不存在泵机断电的情景,故不再分析事故停机情景下的管线压强波动。

考虑到七里桥—夏邑输水管线在泵站加压供水条件下采用 LC-9 及 NC-9 两种关阀策略可满足输水管线的设计压强,后文对七里桥—夏邑输水管线在重力流供水条件下的关阀策略中,项目将计算关阀时间为 360 s 的线性及非线性关阀的关阀策略(LC-9 及 NC-9),以保证前后文的统一性。

输水管线在近期、远期两种糙率下的最大压强计算结果如图 5-48 所示,最小压强及最大空气容积的计算结果如图 5-49 所示。不利节点处的压强、流量及空气容积随时间的变化如图 5-50 所示。其中,输水管线将 1.5 倍的设计压强视为水力过渡过程中的校核压强。

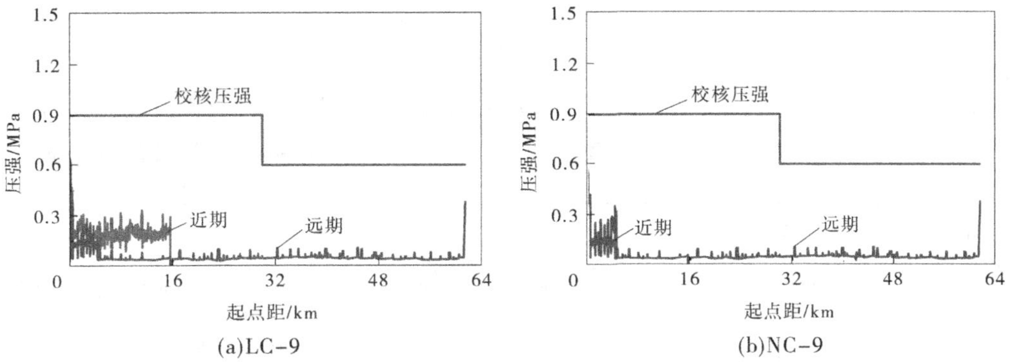

图 5-48 LC-9 及 NC-9 的沿线最大压强

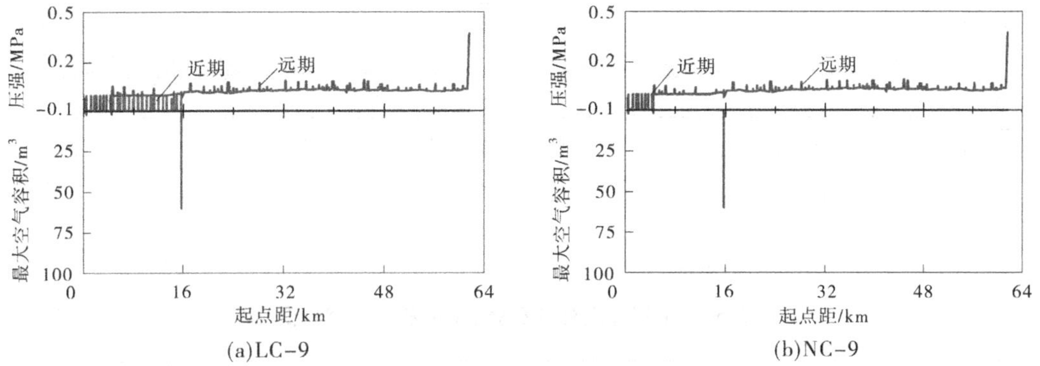

图 5-49 LC-9 及 NC-9 的沿线最小压强及最大空气容积

输水管线在 LC-9 关阀策略条件下，输水管线的最大压强在近期、远期两种糙率下均大于校核压强，即在 0～30 km 内局部大于 0.9 MPa，在 30～61.62 km 内局部大于 0.6 MPa。输水管线的最小压强在 4 ℃水的汽化条件下形成较大的空气容积，整体管线近期、远期两种糙率下的最大空气容积分别为 59.81 m^3 和 59.78 m^3。

在近期糙率下，输水管线于桩号 QX 0+020.000 处产生了最大压强 0.638 MPa，该桩号在 363.70 s 产生压强突变，此时的流量为-0.559 m^3/s，管内空气容积在此期间均为 0。

在远期糙率下，输水管线于桩号 QX 0+020.000 处产生了最大压强 0.634 MPa，该桩号在 363.40 s 产生压强突变，此时的流量为 0.017 m^3/s，管内空气容积在此期间均为 0。

输水管线在 NC-9 关阀策略条件下，输水管线的最大压强在近期、远期两种糙率下均小于校核压强，即在 0～30 km 内均小于 1.2 MPa，在 30～61.62 km 内均小于 0.9 MPa。输水管线的最小压强在 4 ℃水的汽化条件下形成较大的空气容积，整体管线近期、远期两种糙率下的最大空气容积分别为 59.78 m^3 和 59.77 m^3。

在近期糙率下，输水管线于桩号 QX 0+020.000 处产生了最大压强 0.579 MPa，该桩号在 366.80 s 产生压强突变，此时的流量为 1.912 m^3/s，管内空气容积在此期间均为 0。

在远期糙率下，输水管线于桩号 QX 0+020.000 处产生了最大压强 0.570 MPa，该桩号在 363.70 s 产生压强突变，此时的流量为-0.472 m^3/s，管内空气容积在此期间均为 0。

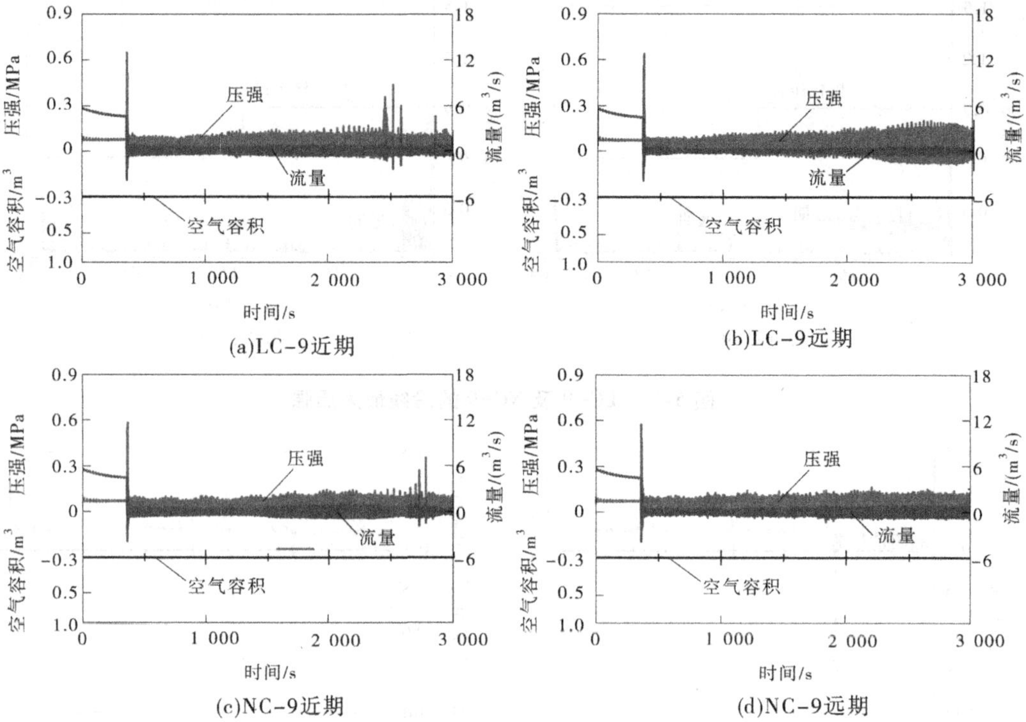

图 5-50　不利节点处的压强、流量及空气容积变化

6 穿河管线概化模型试验

本部分分别对引江济淮中后陈楼调蓄水库—七里桥调蓄水库、七里桥调蓄水库—商丘新城调蓄水库的穿河有压管线建立了概化物理模型。基于实际工程中采用的三段式弯管，研究了管内气泡运动对充水时间、管内压强的影响。此外，在原有概化模型的基础上，通过引入弧度弯管进一步丰富了研究内容。

6.1 试验装置尺寸

模型整体为管径 DN110（管内径 $D=10$ cm）的自循环试验装置，试验水体储存在模型下方水池，池内水体通过泵机传输至管路系统，最终流回水池。该模型分为供水模块以及试验模块，具体如图 6-1 所示。其中，图 6-1(a)及图 6-1(b)分别给出了模型中管道、管件及测量仪器的布置，图 6-1(e)～(h)分别给出了 90°弧度弯管、90°三段式弯管、45°弧度弯管及 45°三段式弯管管件的大样图。此外，考虑到气泡的压缩、溃灭等现象涉及能量方程，此次模型采用温度计控制，试验均在同一室温（20 ℃）下进行。

通过预实验可知连续性弯管管路的充水时长从几分钟到几小时不等，若长时间通过单一管路系统控制单频泵机供给的流量大小，轻则致使试验数据出现较大误差，重则烧坏泵机、破坏物理模型。因此，供水模块通过三通管件将管流分为两部分，通过阀门 F1 和 F2 以及电磁流量计 S 控制试验模块的充水流速。在此过程中，管道 PIP2 充当溢流管的作用，阀门 F1 在试验各阶段全开，主要是利用阀门对管道变径的特点进而保证流量计 S 在试验阶段处于满管流的状态。试验模块由阀门 F1 下游的管线及尾水塔 W 组成，并且整体采用白色幕布作为背景。由图 6-1(e)～(h)可知，弯管进出口均有长 10 cm 的直管段。因此，在试验模块中，进口直管 L1 及出口直管 L5 长 110 cm，河底直管 L3 长 120 cm，并且管底连有一根泄水软管 X 用于试验结束后排出管内滞留的水体。试验模块中的垂直直管分为 4 种长度，L2 与 L4 长度一致，在图 6-1(a)～(d)中分别为 30 cm、53.2 cm、102.4 cm 及 119.7 cm，即模型垂直高度均为 100 cm（包含管径）。尾水塔 W 底面为 15 cm×15 cm 的正方形，塔内挡板的顶部与出口直管 L5 管内底平齐，通过读取塔外侧标尺识别出口直管 L5 是否为有压流。而尾水塔底部处于出口直管 L5 下方，是为了防止充水初期管内水流冲击挡板导致的回流波干扰管内气泡运动。

物理模型进口流速直接决定了试验数据的可信度，因此为保证流量计读数的稳定性，流量计 S 进出直管的长度按照操作手册分别选取 $5D$ 和 $3D$。管路系统压强由测压计 P1～P8、无纸记录仪 REC 以及笔记本电脑 PC 联合测定，其中测压计 P1、P3、P5 及 P7 均设置在弯管外侧，测压计 P2、P4、P6 及 P8 均设置在弯管内侧，测压计 P1～P8 在模型 1 以及模型 2 中均设置在弯管 45°断面处，在模型 3 及模型 4 中均设置在弯管 22.5°断面处。由于此次研究将重点分析管内气泡在弯管内的形成、融合、破裂、排出的过程，因此数码相机 M 主要采集了模型中弯管 B1 上游 10 cm 至弯管 B4 下游 10 cm 的试验现象。此外，直管 L1 进口处连入一根软管，主要用于研究不同弯管种类、不同偏转角度对穿河管线上游的憋压程度，并且该数据还可以用于数学模型的搭建。

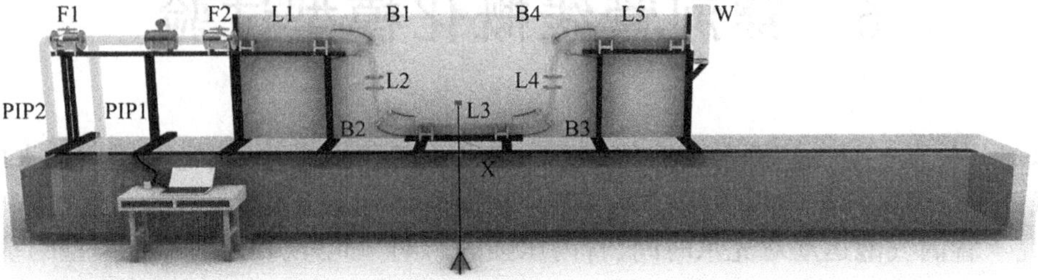

(a)模型1:(90° 连续性弧度弯管模型)

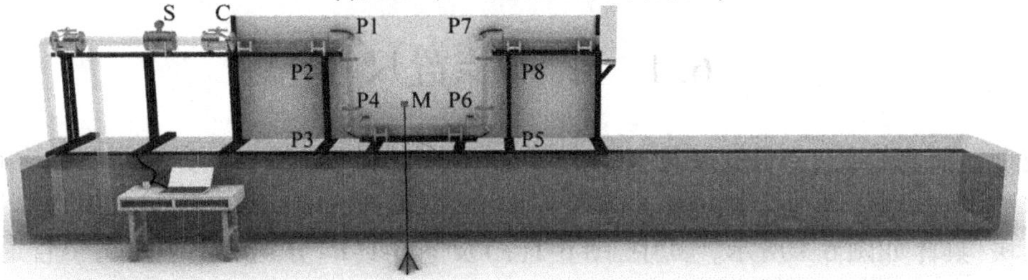

(b) 模型2:(90° 连续性三段式弯管模型)

(c) 模型3:(45° 连续性弧度弯管模型)

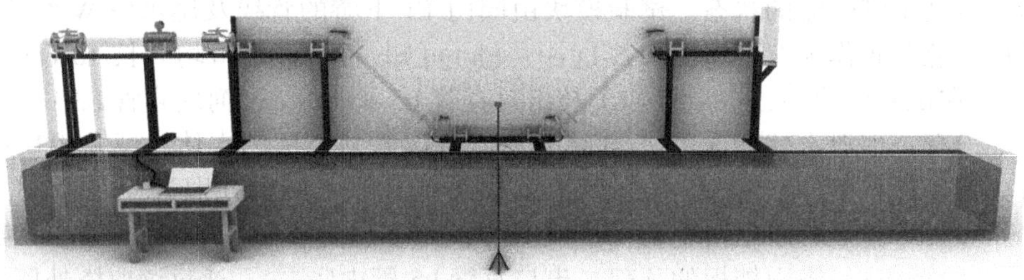

(d) 模型4:(45° 连续性三段式弯管模型)

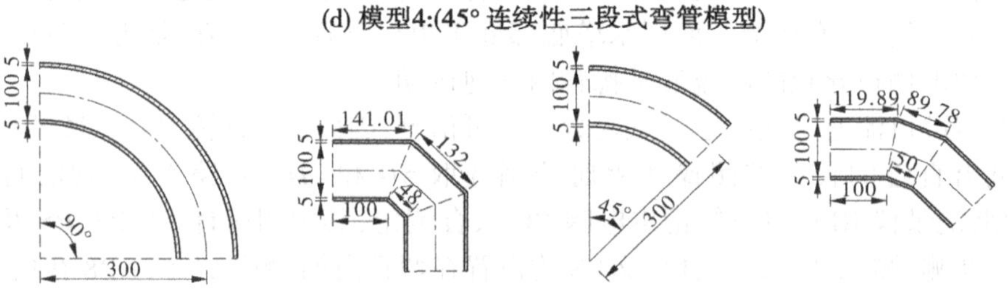

(e)90°弧度弯管　(f)90° 三段式弯管　(g)45°弧度弯管　(h)45°三段式弯管

图 6-1　物理模型及仪器布置　（单位：mm）

6.2 试验数据测量

前文简单叙述了测量仪器在物理模型中的空间布置，本节将逐一介绍此次物理模型试验中所重点采用的管路测压系统及气泡轮廓识别方法。

6.2.1 管路测压系统

管路测压系统由测压计（扩散硅压力变送器）P1～P8、无纸记录仪 REC 以及笔记本电脑 PC 中 Data Manager Tool V3.09.2 软件组成，如图 6-2 所示。

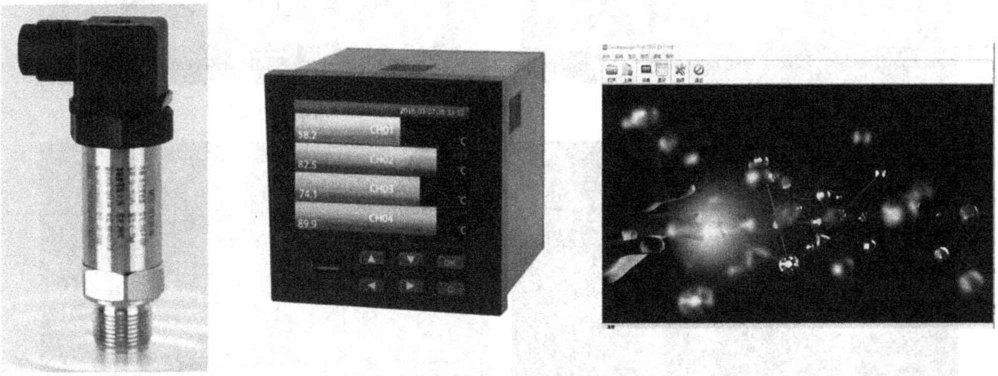

(a) 测压计　　(b) 无纸记录仪　　(c) Data Manager Tool V3.09.2

图 6-2 管路测压系统

6.2.1.1 测压计

扩散硅压力变送器选用进口高精度、高稳定性压力敏感芯片。敏感芯片采用先进的微机械刻蚀加工工艺，通过在硅片上扩散 4 个具有温度补偿作用的高精度电阻，从而形成惠斯通电桥。由于压阻效应，4 个桥臂电阻的阻值发生变化，电桥失衡，敏感元件输出一个对应压力变化的电信号。输出的电信号通过放大和非线性矫正电路的补偿，产生与输入压力成线性对应关系的电压、电流信号。

6.2.1.2 无纸记录仪

该仪器集各种工业场合中数据的测量、显示、处理、运算、报警、记录等多种功能于一体，具有 18 路模拟量信号输入通道、4 路继电器报警输出、150 mA 配电输出（可接 6 路两线制变送器，或者 2 路四线制变送器），1 路 RS-485 通信接口，并拥有 1 个 USB 数据转存接口。增强型记录仪硬件上减少 6 路模拟量输入功能，替换为 4 路模拟量输出和一路 RS-485 输入功能。软件上增加了 4 路流量、4 路累积和 4 路 PID 运算功能。此外，该仪器还增加了一个自定义画面，用户可以自由配置画面中的通道。

6.2.1.3 Data Manager Tool V3.09.2

Data Manager Tool V3.09.2 是与记录仪相配套的数据管理软件。该软件可通过数据文件导入、历史数据上传、实时数据采集三种方式获取仪表数据，并支持多台仪表使用 RS-485 进行数据通信。使用该软件，用户可对记录仪数据进行多样显示、转存、分析、打印等操作。

6.2.2　气泡轮廓识别方法

试验采用数码相机 M 记录了管内气泡运动过程,并基于 Python 编写了针对大尺度气泡轮廓识别的程序,气泡轮廓主要识别过程如图 6-3 所示。

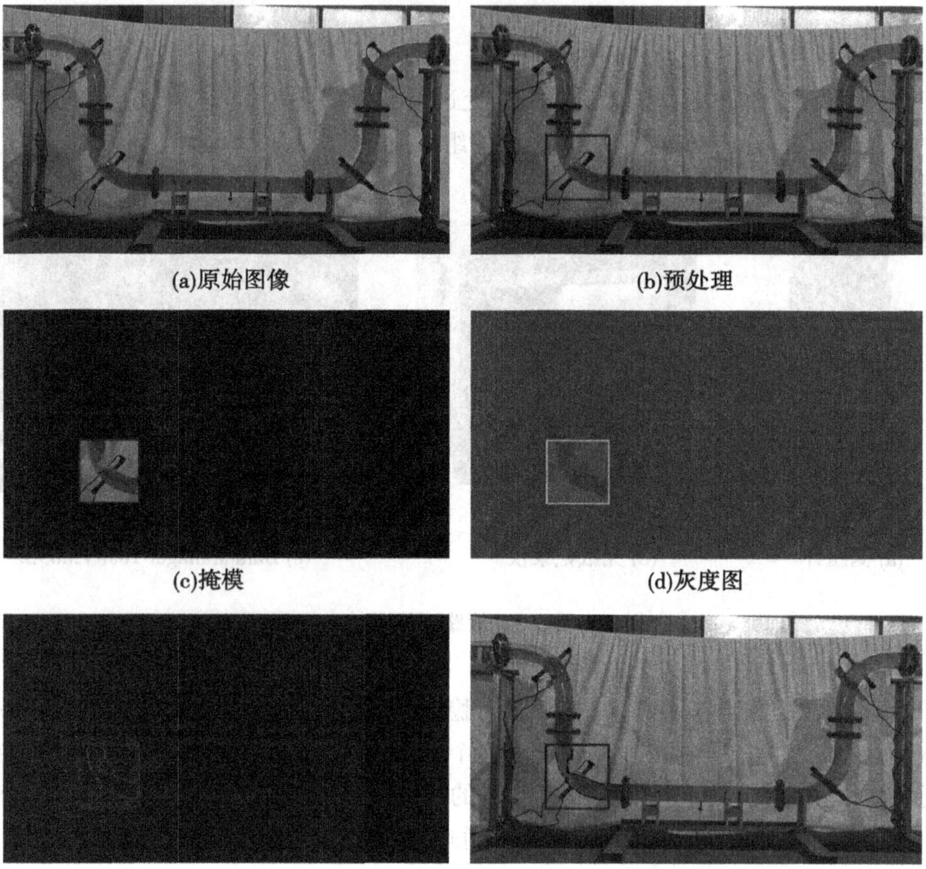

(a)原始图像　(b)预处理

(c)掩模　(d)灰度图

(e)Canny检测　(f)图像运算

图 6-3　气泡轮廓识别

6.2.2.1　视频数据预处理

数码相机 M 提供了 1 920×1 080、2 560×1 440 及 3 840×2 160 三种分辨率,支持视频帧数 30 FPS、60 FPS 以及 120 FPS(视频帧速率可以表示为帧/秒,也称为 FPS)。基于视频的帧速率每隔 0.1 s 取出一张数据图像,并保存在程序设置的目标文件夹中。

6.2.2.2　气泡图像掩模

以某次试验中某一时刻存在的大尺度气泡为例[见图 6-3(a)],管路系统中除弯管 B2 中存在大尺度气泡外,直管 L3 中存在着少量气泡。为识别模型中存在的大尺度气泡,需对目标图像进行掩模操作。

首先在原始照片上绘制蓝色边框框选目标检测区域,其中蓝色所采用的 BGR 值为

(255,0,0),如图6-3(b)所示。随后循环遍历图像中每一个像素所包含的BGR,如某像素的BGR值属于蓝色,则证明已经捕捉到目标检测区域。最终再次循环遍历目标图像中非检测区域,并将该区域内的BGR值统一修改为黑色,其BGR值为(0,0,0),如图6-3(c)所示。

6.2.2.3　图像色彩空间转换

Opencv中的cvtColor可直接指定目标图像转换为其他的色彩空间,譬如常见的BGR、HSV、LUV、GRAY、HLS、LAB等色彩空间。

为增强管内液相与气相的对比度,需对掩模后的图像进行色彩空间转换,进而增强两相流色彩之间的对比度。虽然常用的转换方式为BGR转HSV,但在此次研究中,经对比多种色彩空间的转换效果,选择BGR转LUV。此外,为便于后续的气泡轮廓监测,需将图像的LUV色彩空间转换为灰度图,最终转换完成的数据图像如图6-3(d)所示。

6.2.2.4　数据图像平滑处理

图像经由色彩空间转换后形成的灰度图极易存在与周围像素灰度差异较大的个别像素,这种像素即为“椒盐噪声”或“雪花噪声”。为削弱噪声对气泡轮廓监测的干扰,需采用滤波器对灰度图像进行平滑处理。

常用的滤波器有均值滤波器、中值滤波器、高斯滤波器及双边滤波器。均值滤波器将每一个像素都视为滤波核心,进而求解核内各像素的均值,最后修改核内像素为均值。中值滤波器则是取核内各像素的中值,最终进行赋值操作。高斯滤波在均值滤波的基础上引入了像素权重,该种计算方式促使邻近像素之间色彩更为平滑,该种滤波方式也是目前使用最为广泛的平滑(模糊)处理算法。双边滤波与其他滤波算法的不同之处在于,该种求解方式可以保护图像中边缘区域的数据信息不被模糊,该种算法与高斯滤波算法较为相似,通过求解核内像素差异判定核内像素是否为边缘区域。若核内像素值被判定为平坦区域,则采用类似于高斯滤波的计算方式进行滤波操作;若核内像素值被判定为边缘区域,则加大边缘区域像素的权重值,进而保护边缘区域像素值不受破坏。

6.2.2.5　Canny边缘轮廓监测

在图像边缘轮廓监测中,一般将图像中的像素及像素值视为二维离散函数,对二维离散函数进行求导便是图像的梯度。二维函数$F(x,y)$在(x,y)处的图像梯度如式(6-1)所示:

$$\begin{cases} F(x,y) = \mathrm{d}x(i,j) + \mathrm{d}y(i,j) \\ \mathrm{d}x(i,j) = I(i+1,j) - I(i,j) \\ \mathrm{d}y(i,j) = I(i,j+1) - I(i,j) \end{cases} \tag{6-1}$$

式中:I为图像中的像素值,譬如BGR、HSV、灰度值等;(i,j)为图像中的像素点坐标,其中i代表行,j代表列;$\mathrm{d}x(i,j)$和$\mathrm{d}y(i,j)$分别为图像在x、y方向上的梯度,通常采用中值差分的计算方法进行求解,具体如式(6-2)所示。

$$\begin{cases} \mathrm{d}x(i,j) = \dfrac{I(i+1,j) - I(i-1,j)}{2} \\ \mathrm{d}y(i,j) = \dfrac{I(i,j+1) - I(i,j-1)}{2} \end{cases} \tag{6-2}$$

Canny 算子基于式(6-1)、式(6-2)可求解出水平及垂直方向上的一阶导数 F_x 以及 F_y,再根据 F_x、F_y 捕捉求解轮廓的梯度及方向,具体如式(6-3)所示。

$$\begin{cases} \text{Gradient} = \sqrt{F_x^2 + F_y^2} \\ \theta_{\text{Gradient}} = \arctan\left(\dfrac{F_y}{F_x}\right) \end{cases} \tag{6-3}$$

式中:Gradient 为图像梯度;θ_{Gradient} 为图像梯度方向。

图像的梯度方向经式(6-3)计算一般为 0°、45°、90°以及 135°,即图像的轮廓与梯度方向一般处于水平、垂直、对角线的二维平面关系。随后需对梯度图像进行循环遍历,判断当前像素梯度是否为相同梯度方向的邻近像素的最大值,进而对轮廓的宽度进行修正,采用 Canny 算子对图 6-3(d)识别的数据图像如图 6-3(e)所示。

6.2.2.6 图像运算

图像运算分为位运算、形态学运算。位运算主要为两个图像之间的交集、并集、差集及单个图像的反运算。形态学运算以腐蚀运算,膨胀运算为基础,在引入图像位运算后开发出了梯度运算、顶帽运算及黑帽运算,其中,梯度运算为膨胀运算图像减去腐蚀运算图像,顶帽运算为原始图减去先腐蚀再膨胀的图,黑帽运算为先膨胀再腐蚀的图减去原始图。

由于图 6-3(e)存在较多其他轮廓以及噪点,需对图像中的轮廓数据进行修正调整。首先,需对图 6-3(d)中的灰度图中的掩模区域进行循环遍历,通过人工输入某一参数调整灰度阈值进而捕捉不同灰度阈值下的像素点坐标;其次,根据不同阈值下的像素点坐标对图 6-3(e)进行灰度值修正,即可得出多张气泡轮廓数据图;再次,采用图像的位运算中的异或运算裁剪修正气泡的轮廓数据,对于不连续的轮廓点坐标需进行形态学运算,譬如顶帽运算、梯度运算、闭运算、腐蚀运算;最后,将修正的轮廓坐标数据绘制到预处理图像中,即可得到图 6-3(f)。

此外,由于此次气泡的轮廓数据是基于视频读取采集的,并且相机的摆放致使读取的轮廓数据与实际气泡尺寸存在偏差,因此需进一步对采集的轮廓数据进行缩放、拉伸、旋转等运算才能继续分析气泡的运动规律。由于该种求解运算较为简单,本节不再赘述。

6.3 试验工况及步骤

6.3.1 试验工况

由于长距离输水工程充水工况较为复杂,本次研究仅针对充水种类及充水流速制定了如下试验工况,具体如图 6-4 所示,其中图 6-4(a)(b)对应物理模型 1,图 6-4(c)(d)对应物理模型 2,图 6-4(e)(f)对应物理模型 3,图 6-4(g)(h)对应物理模型 4。

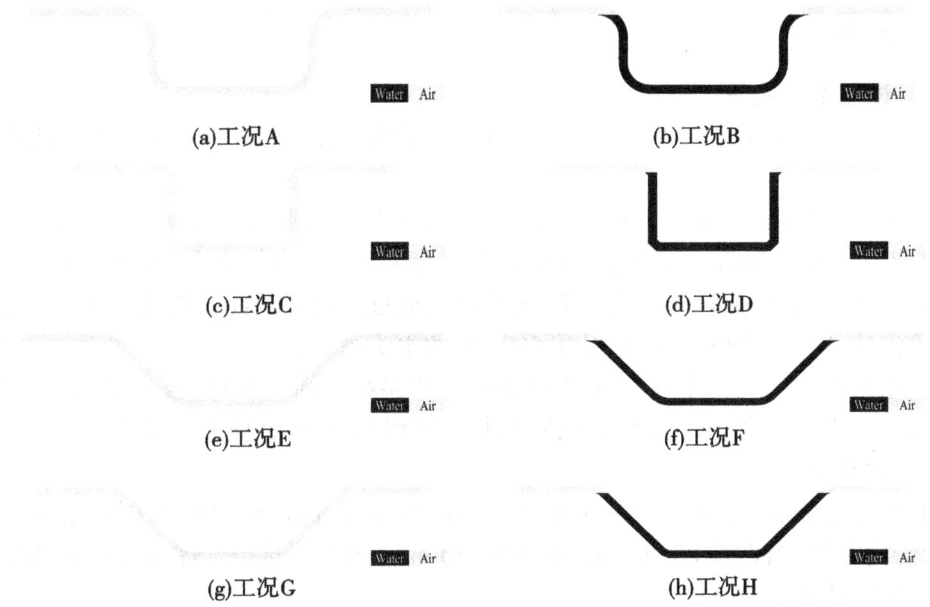

图 6-4 模型试验工况

6.3.1.1 首次充水与二次充水

穿河管线在首次运行时须对完全空管的管路系统进行充水操作，基于此，研究制定了首次充水工况，具体如图 6-4(a)、(c)、(e)、(g)所示。当管路系统出现停泵、停阀等其他检修时，管流在穿河管线中无法依靠重力流下泄其他管路，进而在穿河管线中形成了存水弯的现象。当管路系统检修完毕，须对含水的穿河管线进行二次充水，基于此，研究制定了二次充水工况，具体如图 6-4(b)、(d)、(f)、(h)所示。

6.3.1.2 正常充水与快速充水

根据前文所述，国内外长距离有压管路在充水工况中常依据 AWWA 给定的建议充水流速，即充水流速小于管路系统满管流流速。本书所搭建的概化物理模型经水力计算可知，其临界满管流速 v_0 为

$$v_0 = \frac{Q}{A} = \frac{1}{n} R^{\frac{2}{3}} i^{\frac{1}{2}} \tag{6-4}$$

式中：n 为物理模型管路的糙率，模型管路选用有机玻璃管，其糙率为 0.008；R 为水力半径，当管路达到满管流时，水力半径 $R = D/4 = 0.025$ m；i 为物理模型管路的坡降，由于物理模型为人工搭建，存在一定误差，模型坡降取值为 0.003。

经式(6-4)计算可知，物理模型的临界满管流速 $v_0 = 0.585$ m/s。基于此，此次研究制定两种充水流速用以研究充水时长、管内气泡运动规律以及压强的波动变化，其中正常充水流速选定为 0.3 m/s、0.4 m/s、0.5 m/s，快速充水流速选定为 0.6 m/s、0.7 m/s、0.8 m/s、0.9 m/s、1.0 m/s。由于此次物理模型试验中未架设排气阀等排气装置，因此 AWWA 建议的充水流速将导致该模型管内存在滞留气泡。

6.3.2　试验步骤

6.3.2.1　试验准备阶段

(1)为了更为清晰地辨识管内气泡运动及流型的转化,需采用高锰酸钾对池内水体进行染色。

(2)为防止物理模型试验管路漏水,需采用夹子关闭泄水软管 X 防止管流下泄。

(3)打开泵机对管路进行充水,首先给定较大流速将管内气泡完全排出,使管路系统处于满管流状态,随后全开阀门 F1,调节阀门 F2,通过读取流量计示数以保证管路充水流速为试验流速,同时读取测压管 C 及尾水塔 W 的水头高度。

(4)关闭泵机,打开泄水软管 X 用以排出管路系统中滞留水体,拔出尾水塔内挡板,用于释放滞留水体。当管内水体完全排出时,关闭泄水软管 X,插入尾水挡板。

6.3.2.2　试验阶段

试验准备完成后,打开摄像机 M 以及 Data Manager Tool V3. 09. 2 自动测量压强软件,随后开启泵机,当直管 L5 在较长时间(5~30 min)内不再排出气体或管内无明显气体时,试验结束,数据记录完毕。

6.3.2.3　试验结束

数据记录完毕后,若下一组试验为二次充水工况,则需等待较长时间使管内滞留水体稳定,随后拔出尾水塔 W 内插板即可;若下一组试验为首次充水重复试验,则重复试验准备阶段(4)以及试验阶段操作;若下一组试验需调整进口流速,则需重复试验准备阶段(3)(4)以及试验阶段操作。

6.4　试验的可重复性

物理模型试验易受到其他干扰因素影响,致使试验数据容易出现误差,具体误差来源如下:

(1)物理模型在搭建期间选用了 PE 管作为进水管 PIP1 及泄流管 PIP2 的材料,该种管材在泵机开启后会立即膨胀,管流的形态、能量在膨胀过程极易受到干扰,进而致使物理模型在试验期间存在误差。

(2)模型由于受到场地限制,泄流管 PIP2 离泵机较近,尽管池内水深满足泵机要求的淹没水深,但泄流管 PIP2 的管流对泵机的水体输送仍存在干扰。

(3)管路测压系统最快仅能每隔 1 s 输出一次压强数据,而物理模型试验中需测定急剧变化的瞬态流动,其输出的压强数据无法精细地体现出管路系统在各个充水流速、各个充水工况中的压强波动变化。

此外,在气液两相表面折算流速较大的条件下,试验需测定管内瞬时压强变化剧烈及气泡运动复杂的充水过程,致使物理模型试验数据结果相同的可能性较小。综上所述,模型试验为确保试验结果的真实性以及可重复性,各试验工况均重复两次以上。

从前文可知,本次物理模型试验工况种类及试验充水流速均有 8 种,为体现试验数据整体的真实有效性,图 6-5 给出了两种充水流速在各个充水工况中,物理模型的各个测压计 P1～P8 两次试验的相关性结果，其中横、纵坐标分别为重复性试验中两次相关性较好的实测压强数据。并且所选取的两种充水流速 0.3 m/s、1.0 m/s 分别属于正常充水流速、快速充水流速，同时也是本次模型试验流速中最小、最大的流速。因此，该种流速的选取分析能较好地反映出试验数据整体的相关性。

结合图 6-5 可知，各个测压计 P1～P8 在不同充水工况中的相关性系数 R^2 均大于 0.800，并且两次的实测压强数据在部分试验组次中均达到了 0.950 以上，譬如工况 A 在充水流速 v=0.3 m/s 条件下，测压计 P5 及 P6 的相关性系数 R^2 均达到了 0.990 以上，相关性系数 R^2 最低也仅为 0.972。并且从整体上看，进口流速 0.3 m/s 以及 1.0 m/s 在不同工况中的相关性 R^2 系数差异较小，表明其他流速在不同工况中的相关性较好。因此，物理模型试验中的试验条件控制精准，试验过程可重复，试验结果真实有效。

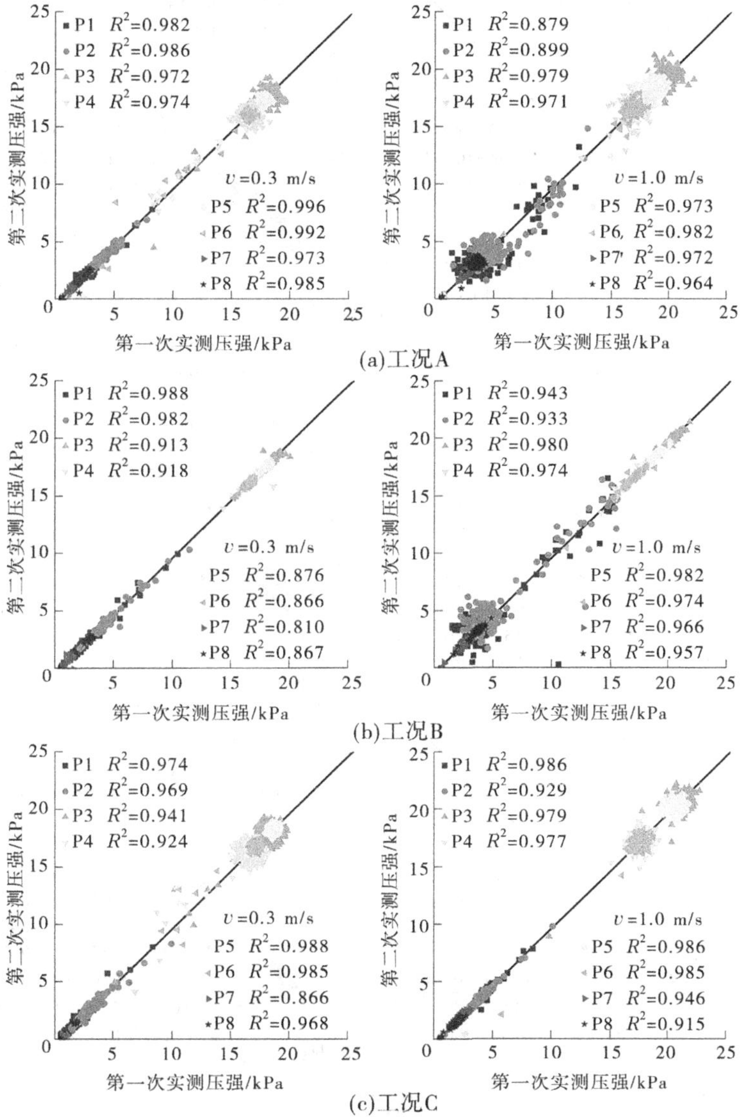

(a)工况A

(b)工况B

(c)工况C

图 6-5　试验的重复性

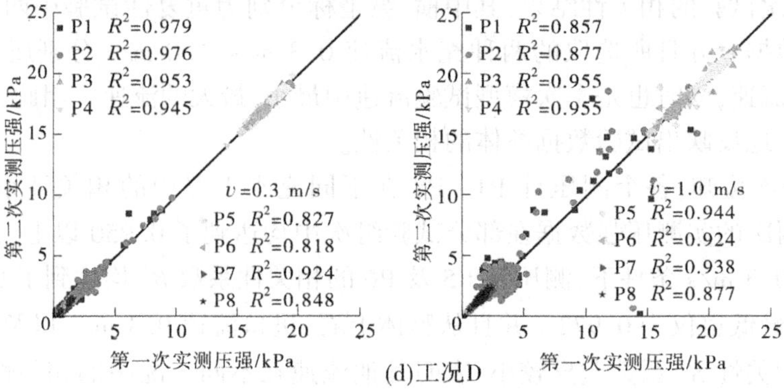

(d)工况D

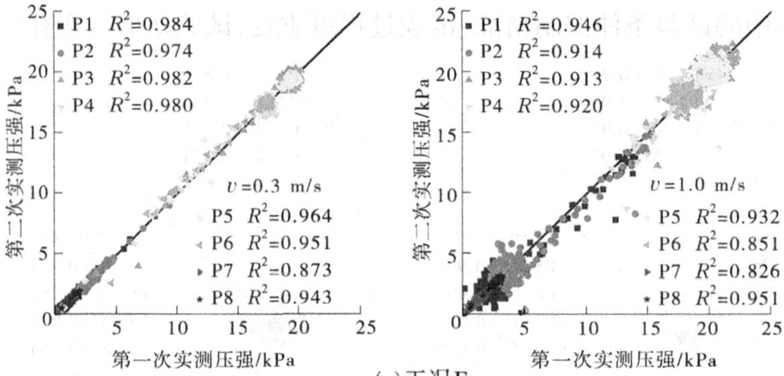

(e)工况E

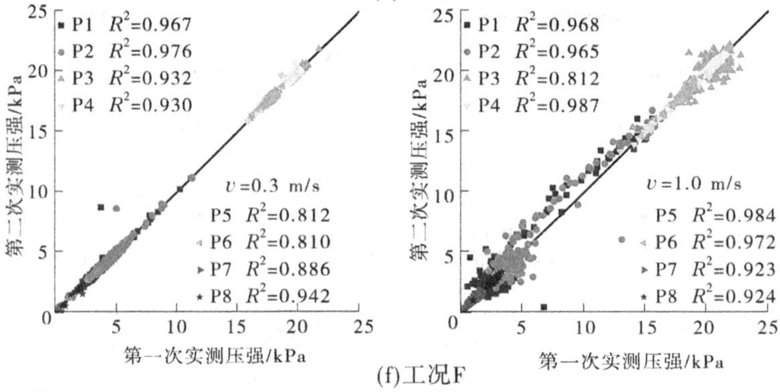

(f)工况F

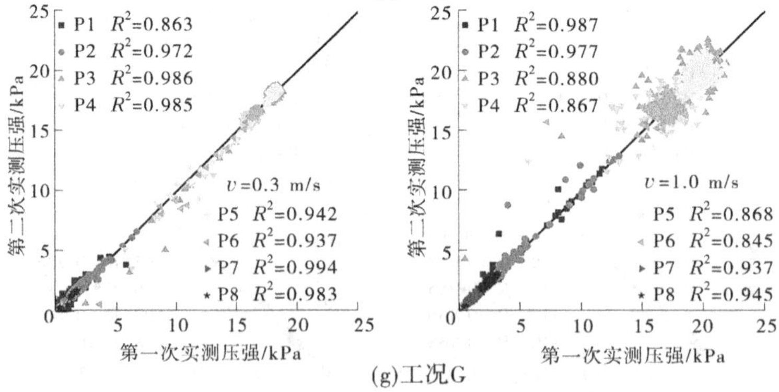

(g)工况G

续图 6-5

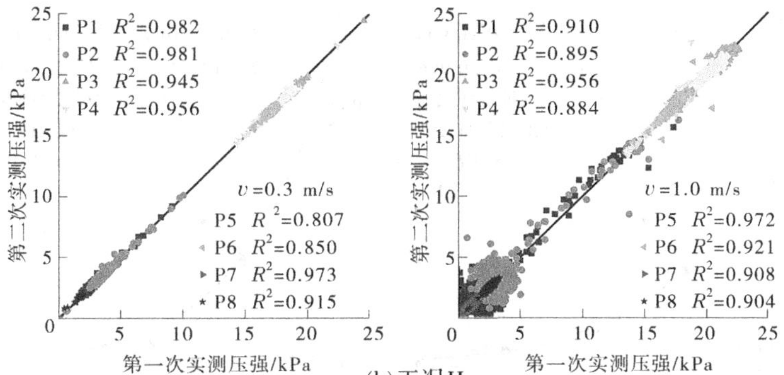

(h)工况H

续图 6-5

6.5 试验结果及分析

多次试验数据的相关性分析结果说明本次概化模型实测数据的真实性和有效性。下文进一步结合管路系统充水时长、管内流型演变、管内大尺度气泡运动及管内压强波动变化,分析不同种类的管路系统在不同充水模式下的气泡运动机理。

6.5.1 管路系统充水时长

根据前文可知,模型管路在正常充水流速(0.3 m/s、0.4 m/s 和 0.5 m/s)以及快速充水流速(0.6 m/s、0.7 m/s、0.8 m/s、0.9 m/s 和 1.0 m/s)下分别为非满管流以及满管流。基于此,针对不同快速充水流速 v 下所需的充水时长 T 绘制了图 6-6。由图 6-6 可知:

(1)充水时长 T 随着充水流速 v 的增大而减小。譬如在模型 1 中,当充水流速 v=0.6 m/s 时,管路达到最大充水时长 107 min;当充水流速 v=1.0 m/s 时,管路仅需 1.93 min 完成充水。

(2)连续性三段式弯管相对于连续性弧度弯管在同种充水流速 v 下所需更长时间 T 才能完成充水工况。譬如在模型 1 以及模型 2 中,当充水流速 v=0.7 m/s 时,模型 1 和模型 2 的充水时长在首次充水工况中分别为 41.2 min 和 147 min,在二次充水工况中分别为 41.25 min 和 123 min。

(3)当模型中弯管种类为弧度弯管时,若充水流速 0.6 m/s≤v≤0.7 m/s,充水时长 T 随着弯管的偏转角度 θ 的减小而增大,反之亦然。譬如,当充水流速 v=0.8 m/s 时,模型 1 的充水时长 T 在首次充水及二次充水工况分别为 16.5 min 和 20.5 min,模型 3 的充水时长 T 在首次充水及二次充水工况分别为 8.03 min 和 8.25 min。

(4)当模型中弯管种类为三段式弯管时,充水时长 T 随着弯管的偏转角度 θ 的减小而增大。譬如,当充水流速 v=0.9 m/s 时,模型 2 的充水时长 T 在首次充水及二次充水工况分别为 3.92 min 和 4.17 min,模型 4 的充水时长 T 在首次充水及二次充水工况分别为 8.18 min 和 9.27 min。

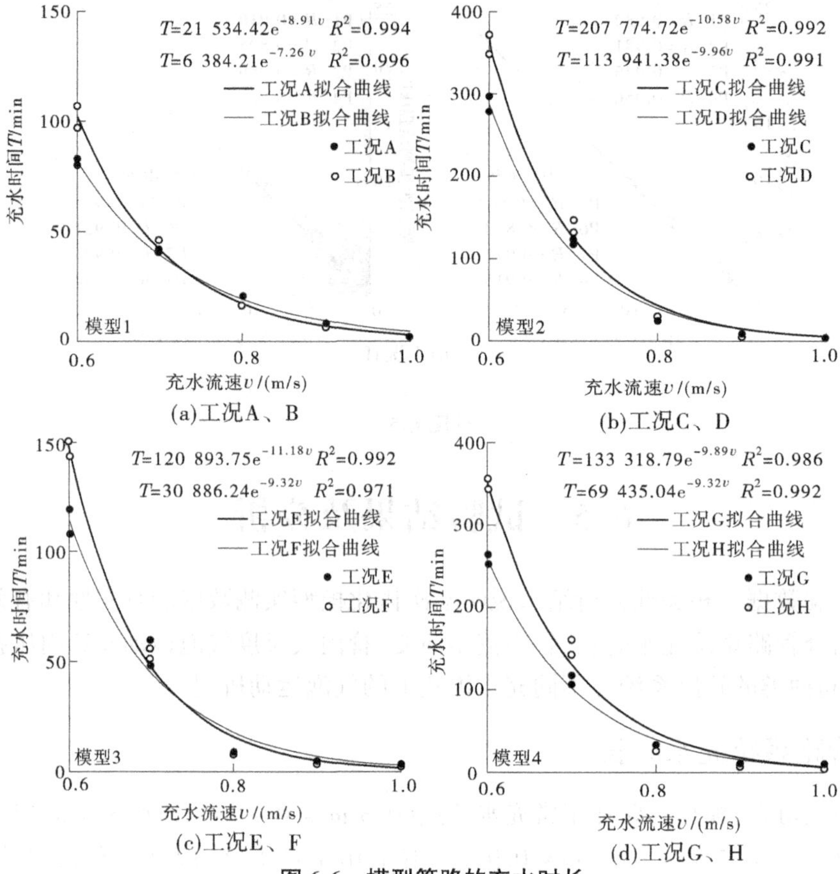

(a)工况A、B　(b)工况C、D　(c)工况E、F　(d)工况G、H

图 6-6　模型管路的充水时长

(5)当充水流速 0.6 m/s≤v≤0.7 m/s，首次充水时长 T 相对于二次充水时长 T 较大，反之亦然。譬如，当充水流速 v=1.0 m/s 时，模型 4 的充水时长 T 在首次充水及二次充水工况分别为 5.22 min 和 11.15 min。

基于上述分析，研究发现充水流速 v 以及充水时长 T 呈指数函数关系，各个工况的拟合曲线具体如表 6-1 所示。结合表 6-1 可知，各工况拟合曲线的相关性良好，均为 0.95 以上，进一步揭示了各工况中充水流速与充水时长的关系，具体如下：

表 6-1　各工况拟合曲线

工况	拟合曲线	相关性系数 R^2
A	$T=21\ 534.42e^{-8.91v}$	0.994
B	$T=6\ 384.21e^{-7.26v}$	0.996
C	$T=207\ 774.72e^{-10.58v}$	0.992
D	$T=113\ 941.38e^{-9.96v}$	0.991
E	$T=120\ 893.75e^{-11.18v}$	0.992
F	$T=30\ 886.24e^{-9.32v}$	0.971
G	$T=133\ 318.79e^{-9.89v}$	0.986
H	$T=69\ 435.04e^{-9.32v}$	0.992

(1)模型1、模型2和模型3分别在充水流速 v=0.737 m/s、0.969 m/s 和 0.734 m/s 条件下，首次充水工况以及二次充水工况的充水时长 T 一致，分别为 30.327 min、7.332 min 和 33.129 min。

(2)首次充水工况和二次充水工况在充水流速 v=0.760 m/s 和 0.765 m/s 条件下，模型1与模型3的充水时长 T 一致，分别为 24.672 min 和 24.674 min。

6.5.2　管路流型变化

为研究正常充水以及快速充水在不同模型中的充水过程，分别以充水流速 v=0.4 m/s、0.8 m/s 为例绘制了各个工况在该种进口流速下，管内流型随时间 t 变化的主要试验现象。

6.5.2.1　90°连续性弧度弯管模型

(1)模型在充水流速 v=0.4 m/s 条件下发生首次充水，如图6-7所示。

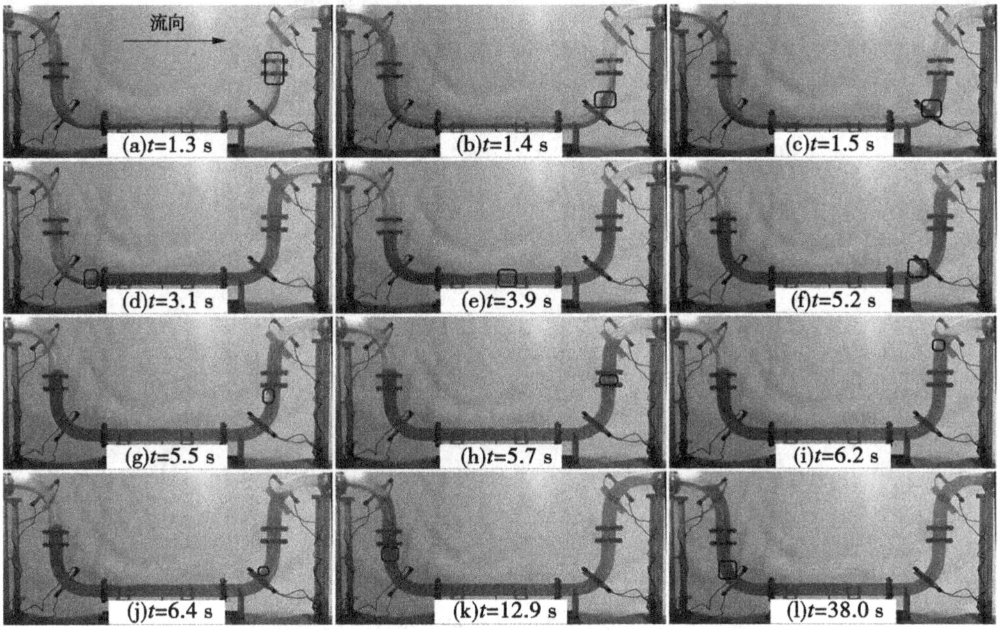

图6-7　在充水流速 v=0.4 m/s 条件下的工况 A

①模型管路系统在 t=1.3 s 时为无压流，此时管流主要贴合管壁流动，在弯管 B1 和直管 L3 中分别形成了分层平滑流及分层波浪流；当 t=1.4 s 时，直管 L4 中的管流能量完全转换为势能，管流此时沿横向运动并形成回流，最终在 1.5 s 时完全堵塞管路系统，此时 L4 上游管路系统形成半有压流。

②模型管路系统在 t=3.1 s 时，弯管 B1 在半有压条件下仍保持分层平滑流流型，此时下游管流已回流至弯管 B2 出口处，气泡在直管 L3 进口处形成了较为明显的气泡流；直管 L4 和弯管 B4 在 3.9 s 时，其管内水柱受管流回流排气的影响发生明显下降，表明管路系统气相流量大于液相流量，此时弯管 B2、B3 和 B4 及直管 L4 主要以气泡流为主，直管 L3 在半有压条件下形成了伴有气泡的波浪流。

③管路系统在回流过程中存在着大量排气的现象,譬如弯管 B3 中的大尺度气泡在 5.2 s 形成了段塞流流型,随后在 t=5.5 s、5.7 s 和 6.2 s 时,该气泡分别在弯管 B3 出口、直管 L4 中间和弯管 B4 进口处分别形成了段塞流、塞状流及段塞流,并在此过程中,直管 L4 及弯管 B4 管内水柱上升,表明管路系统气相流量小于液相流量。

④管路系统的排气速率随着充水时间的增加而减小,譬如弯管 B3 中存在着由较小尺度气泡组成的气泡流,并且直管 L2、L4 及弯管 B2、B3、B4 在同一时间(t=6.4 s)形成了由小气泡组成的气泡流流型。

⑤管路模型在充水 12.9 s 时,直管 L3 下游管路系统仅存在个别气泡排气,上游管路系统存在滞留气泡,主要积聚在直管 L2 中;当 t=38.0 s 时,管路系统不再排气,滞留气泡群主要积聚在弯管 B2 内侧,并以小尺度气泡的气泡流存在。

(2)模型在充水流速 v=0.8 m/s 条件下发生首次充水,如图 6-8 所示。

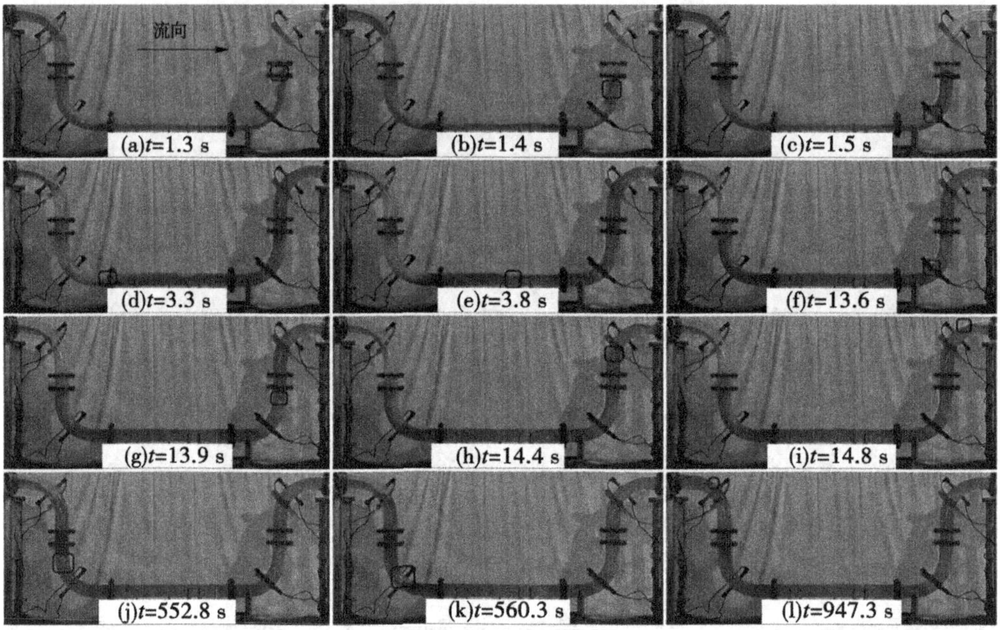

图 6-8　在充水流速 v=0.8 m/s 条件下的工况 A

①管路模型在充水 1.3 s、1.4 s 和 1.5 s 时,管流运动与充水流速 v=0.4 m/s 一致,表明管流在直管 L4 中的回流主要取决于模型参数,充水流速对其影响较小;由于直管 L3 管底流速相对充水流速 v=0.4 m/s 的工况较大,进而导致管流回流至弯管 B2 下游出口处相对延迟 0.2 s,其管流流型与前文一致。

②弯管 B3 内侧的气泡在 13.6 s 时发生脱离并进入管中心,并且气泡在弯管二次流的作用下贴合直管 L4 左侧管壁向上运动,如图 6-8(g)所示。随后气泡在 14.4 s 时运动至弯管 B4 进口处,最终在 14.8 s 时即将发生破裂,在此过程中,气泡恒定以气泡流的形式存在于管路系统。

③直管 L2 中的小尺度气泡在气液两相表面应力的作用下积聚形成大尺度气泡,并在 552.8 s 时以塞状流的形式存在于弯管 B2 进口处,随即于 560.3 s 时进入弯管 B2 内侧,

最终以空腔的形式存在于管路系统;随着充水时间 t 的延长,直管 L2 上游管路系统的气体逐渐排出,譬如弯管 B1 的管流流型在 947.3 s 时是由小尺度气泡组成的气泡流。

(3)模型在充水流速 v=0.4 m/s 条件下发生二次充水,如图 6-9 所示。

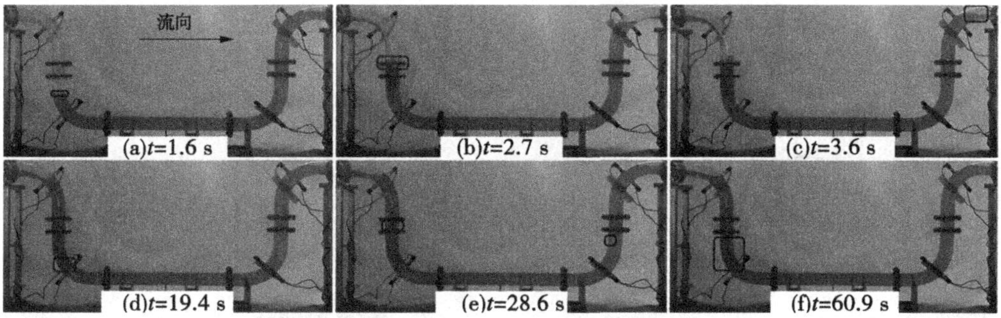

图 6-9 在充水流速 v=0.4 m/s 条件下的工况 B

①当模型管路系统发生二次充水时,弯管 B1 上游气体受到模型进口处液体挤压,致使直管 L2 中的水柱下降,并在 1.6 s 时达到最低点;随即在 2.7 s 时,管流掺和大量气体沿弯管 B1 内侧管壁流入滞留水体,致使直管 L2 形成气泡流。此外,由于上游部分气体掺入水体致使模型进出口压强条件发生变化,弯管 B4 中发生回流。

②随着模型进口不断充水,直管 L5 在 3.6 s 时再一次向下游泄水,此时直管 L2 中的气泡群运动至弯管 B2 的进口处,并在 19.4 s 时进入弯管内侧。气泡群在弯管内涡流的作用下,少量气泡运动至下游管路,譬如模型在 28.6 s 时,弯管 B3 出口处存在着小尺度气泡,直管 L2 以及弯管 B3 中的气泡群由均匀离散状态转为上疏下密状态。管路模型经长时间充水后不再向下游排气,譬如模型在 60.9 s 时,滞留气泡在直管 L2 以及弯管 B2 中形成气泡流,并且直管 L2 中的气泡尺度大于弯管 B2 的。

(4)模型在充水流速 v=0.8 m/s 条件下发生二次充水,如图 6-10 所示。

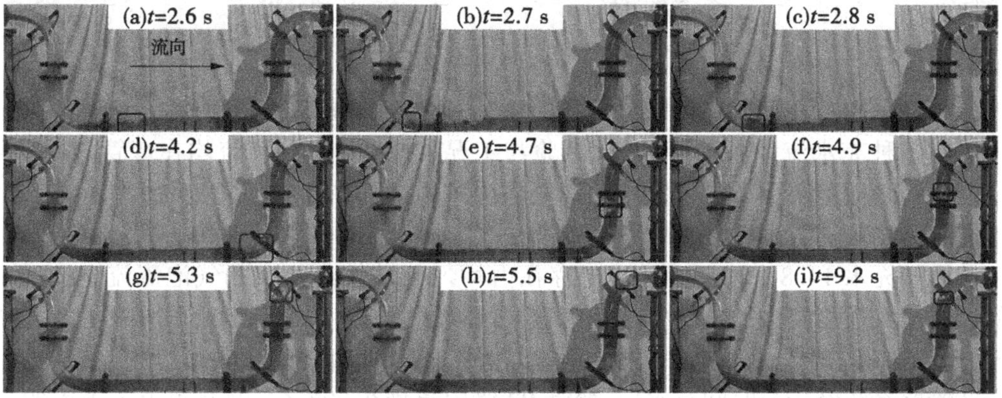

图 6-10 在充水流速 v=0.8 m/s 条件下的工况 B

①模型充水 2.6 s 时,直管 L3 上游的气体被压缩至直管 L3 管内,并在直管 L3 中形成波浪流。此外,管内大量气体进入直管 L3 中,从而导致弯管 B2 上下游压差发生变化,进而致使管流在弯管 B2 出口处形成大尺度气泡。

②直管 L3 中的气体在气液表面应力作用下流入弯管 B3 中,并在弯管 B3 中形成了

大尺度的段塞流，大尺度气泡的运动轨迹与前文表述类似。不同的是，由于气泡尺度较大，气泡前后在 4.7 s、4.9 s、5.3 s 及 5.5 s 时以弹状流的形式从直管 L4 运动至弯管 B4。该模型后续的管路流型现象与图 6-8 类似，此处不再赘述。

6.5.2.2　90°连续性三段式弯管模型

（1）模型在充水流速 v=0.4 m/s 条件下发生首次充水，如图 6-11 所示。

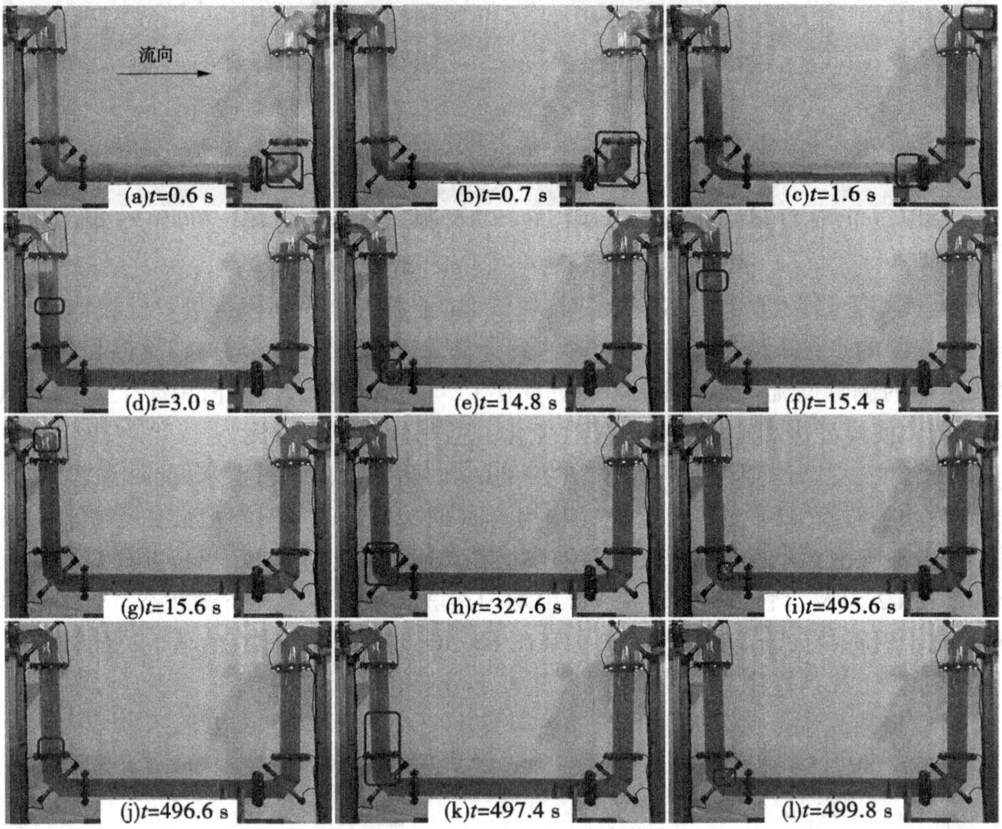

图 6-11　在充水流速 v=0.4 m/s 条件下的工况 C

①在该种充水流速条件下，此次试验与工况 A 相同的是，管流均在弯管 B3 发生回流，并且由于直管 L3 上下游管路系统在气体排出的过程中存在压差变化，进而导致直管 L2、L4 出现水柱波动的现象。

②模型充水 14.8 s 时，直管 L2 中存在由均匀分散气泡组成的气泡流流型，弯管 B2 内侧存在由大尺度气泡形成的空腔。弯管 B2 中的气泡随后在 15.4 s 和 15.6 s 时分别运动至直管 L2 管中心处及弯管 B1 中，且该气泡在弯管 B1 即将发生破裂。

③管路系统经较长时间充水后，弯管 B2 管内流型在 327.6 s 时是由上疏下密的气泡组成的气泡流，随后在 495.6 s 时出现由大尺度滞留气泡形成的空腔，此后该气泡分别在 496.6 s、497.4 s 及 499.8 s 出现破裂融合的循环运动现象。

（2）模型在充水流速 v=0.8 m/s 条件下发生首次充水，如图 6-12 所示。

①在该种充水流速条件下，此次试验现象与工况 A 相似。譬如管流在弯管 B3 中发生了回流，且在充水流速 v 较大的条件下，直管 L4 中尚未出现明显的水柱下降的现象。

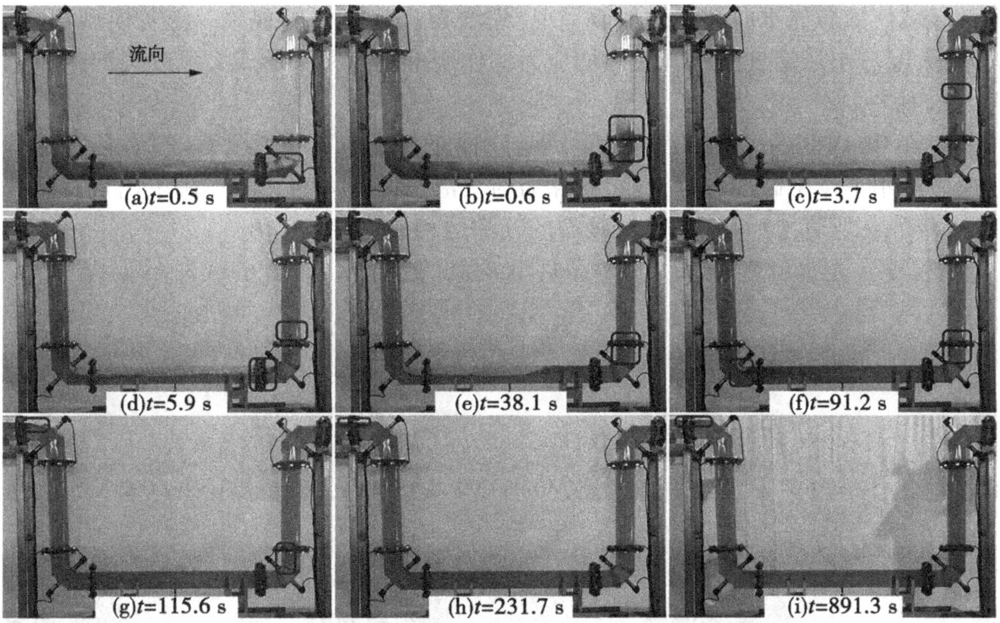

图 6-12　在充水流速 v=0.8 m/s 条件下的工况 C

②管流在回流过程中，直管 L4 所排出气泡的尺寸随充水时间的增大而减小，其管流流型恒为气泡流，并且表明管路在此期间由快速排气阶段转入缓慢排气阶段。

③模型充水 91.2 s 时，管流回流至弯管 B2 中并在其内侧形成较长时间的空腔气室。空腔气室在接下来的 24.4 s 中逐渐被水流冲散，并以气泡流的形式排出管路系统。此外，弯管 B1 进口处的滞留气体经管流 884.3 s 的冲刷后排出管路系统。

(3)模型在充水流速 v=0.4 m/s 条件下发生二次充水，如图 6-13 所示。

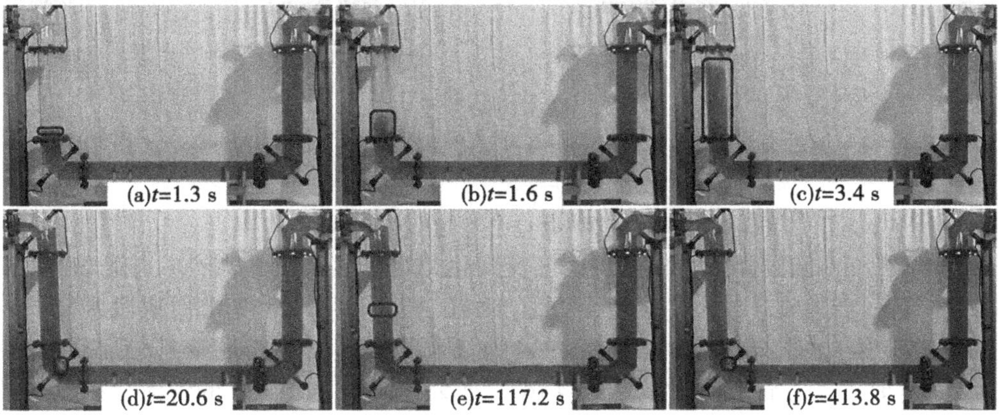

图 6-13　在充水流速 v=0.4 m/s 条件下的工况 D

①在该种充水流速条件下，此次试验现象与工况 B 略有差异。模型试验管路在泵机开启后，两种工况均存在直管 L2 水柱下降的现象，并且于 1.3 s 时达到最低点。不同的是，直管 L5 中在 1.3 s、1.6 s 及 3.4 s 均存在管流下泄的现象。

②由于管流掺气进入滞留水体，致使弯管 B2 进口处形成气泡流，并且直管 L2 中气

泡流的区域伴随着充水时间的增加而呈现“先增大,再减小”的现象。随着模型管路的不断充水,大部分小尺度气泡在气液表面应力的作用下逐渐积聚形成大尺度气泡,并滞留在弯管 B2 内侧。

③弯管 B2 内侧的大尺度气泡的运动与同种充水流速下的工况 C 类似,均在弯管 B2 的二次流作用下发生破裂,并且在自身浮力与气液表面应力的共同作用下出现在直管 L2 中上下浮动、在弯管 B2 循环融合及破裂的气泡运动。

(4)模型在充水流速 $v=0.8$ m/s 条件下发生二次充水,如图 6-14 所示。

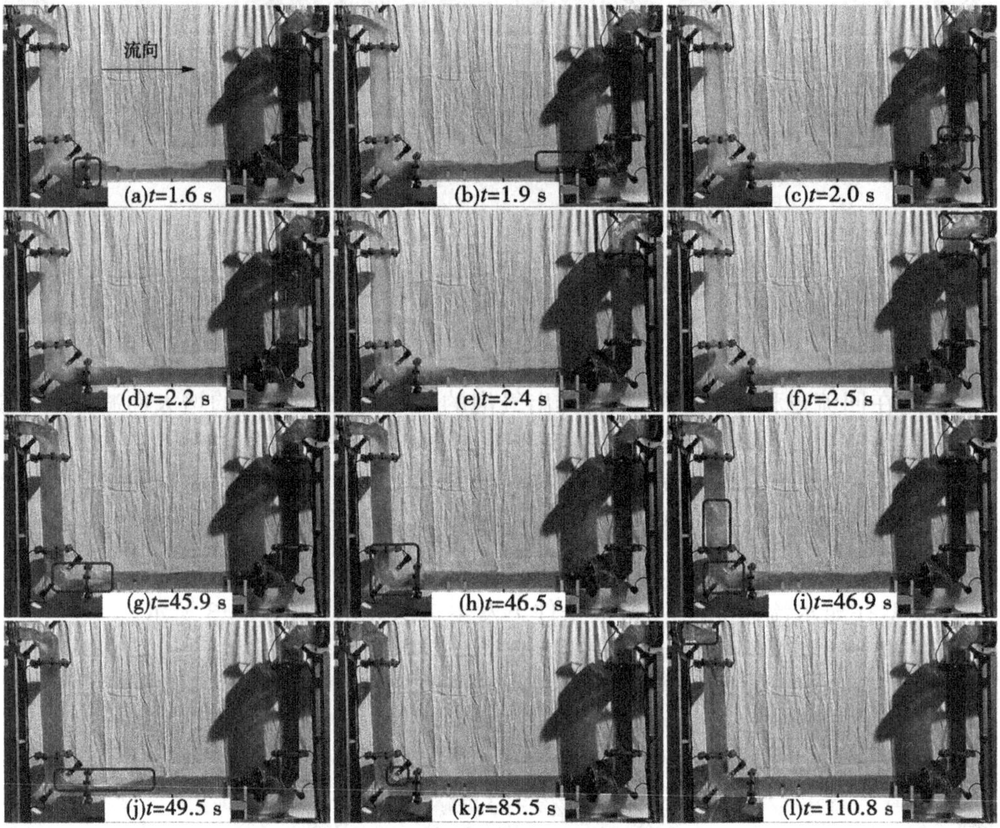

图 6-14　在充水流速 $v=0.8$ m/s 条件下的工况 D

①在该种充水流速条件下的管内瞬变流变化相对工况 B 更为剧烈。直管 L3 在 1.6 s 形成封闭气室,气室在 1.9 s 时运动至弯管 B3 中,随后在弯管 B3 中形成段塞流。弯管 B3 中的大尺度气泡随即进入弯管 L4 中以弹状流的形式向管路系统下游运动,分别在 2.4 s、2.5 s 时进入弯管 B4 并在弯管 B4 出口处发生破裂,弯管 B4 的管流充满度在破裂后急剧降低。

②管路系统再经历短时间充水后,弯管 B2 于 45.9 s 时形成巨大空腔气室,气泡随即在 46.5 s 时运动至弯管 B2 进口处,并在 46.9 s 完成分裂运动至直管 L2 中,最终排进直管 L2 上游管路系统。

③图 6-14(j)~图 6-14(l)给出了弯管 B2 中的气泡在分裂后的形态变化。气泡在 49.5 s 时再次运动至直管 L3 中,并伴随着充水时长的增加逐渐向弯管 B2 下游管路系统

排气。该气室在之后的49.5~85.5 s期间大量排气,并且其排气效率大于同种充水流速下的工况C。当t=110.8 s时,弯管B2中的气体完全排出,仅弯管B1存在少量气体,而弯管B1中的排气现象与工况C一致。

6.5.2.3 45°连续性弧度弯管模型

(1)模型在充水流速v=0.4 m/s条件下发生首次充水,如图6-15所示。

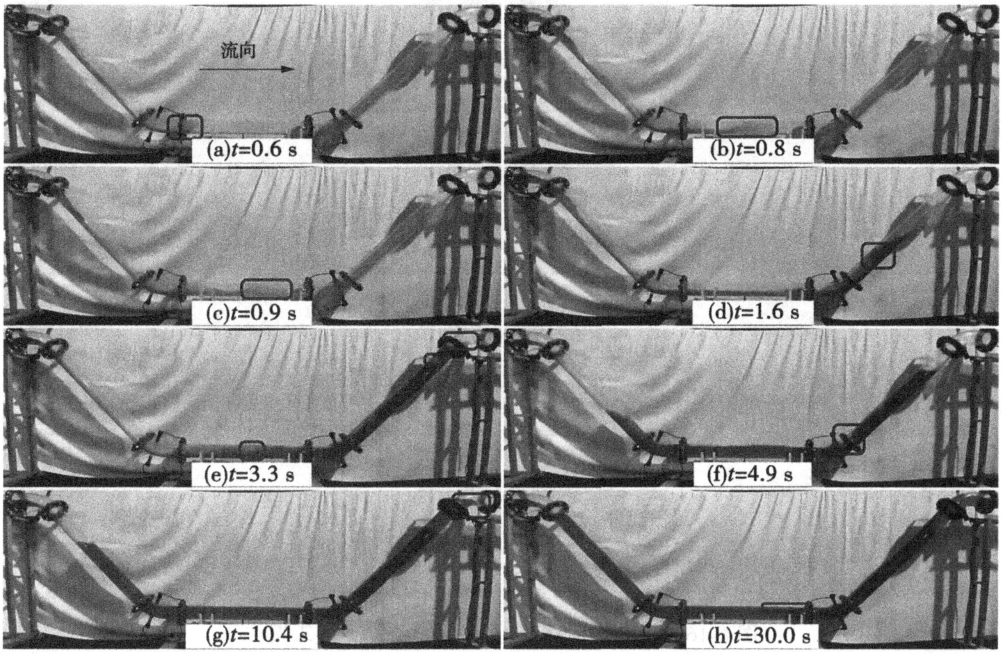

图6-15 在充水流速v=0.4 m/s条件下的工况E

①管流初次进入管路系统时在弯管B2出口处形成水跃,水跃区域经0.2 s后迁移至直管L3中间位置,并在0.1 s后消失。在此过程中,弯管B1、B2及直管L2、L3仅存在分层平滑流。

②管路经充水1.6 s后在直管L4中发生回流,并致使其上游管路系统形成有压气室,随即管流继续向管路下游运动。管流随后在3.3 s时运动至直管L5进口处并向下运动,此时管流回流至弯管B2出口处,直管L3由于弯管B2中存在管流掺气的现象形成大面积的气泡流,并且直管L3中小尺度气泡融合形成较大尺度气泡排出管路模型。

③与进口流速v=0.4 m/s条件下的工况A相同的是,管流在回流过程中快速排气,譬如当t=4.9 s时,直管L4进口处形成了大尺度的段塞流;管路模型经充水10.4 s后,直管L5再次向下游尾水塔供水;当t=30.0 s时,管路模型仅直管L2、L3存在少量气体,经长时间充水后,直管L3中的气体将被排出。

(2)模型在充水流速v=0.8 m/s条件下发生首次充水,如图6-16所示。

①管流在该试验中仍发生了水跃以及回流,并且时间节点与充水流速v=0.4 m/s一致,验证了模型1在充水流速v=0.4 m/s、0.8 m/s条件下发生首次充水的结论。

②管流在2.3 s时流动至弯管B4内侧,随即向下游管路系统充水,再经1.5 s后管流回流至弯管B2出口处,此时直管L3、L4及弯管B2中的气泡均以气泡流的形式运动,并

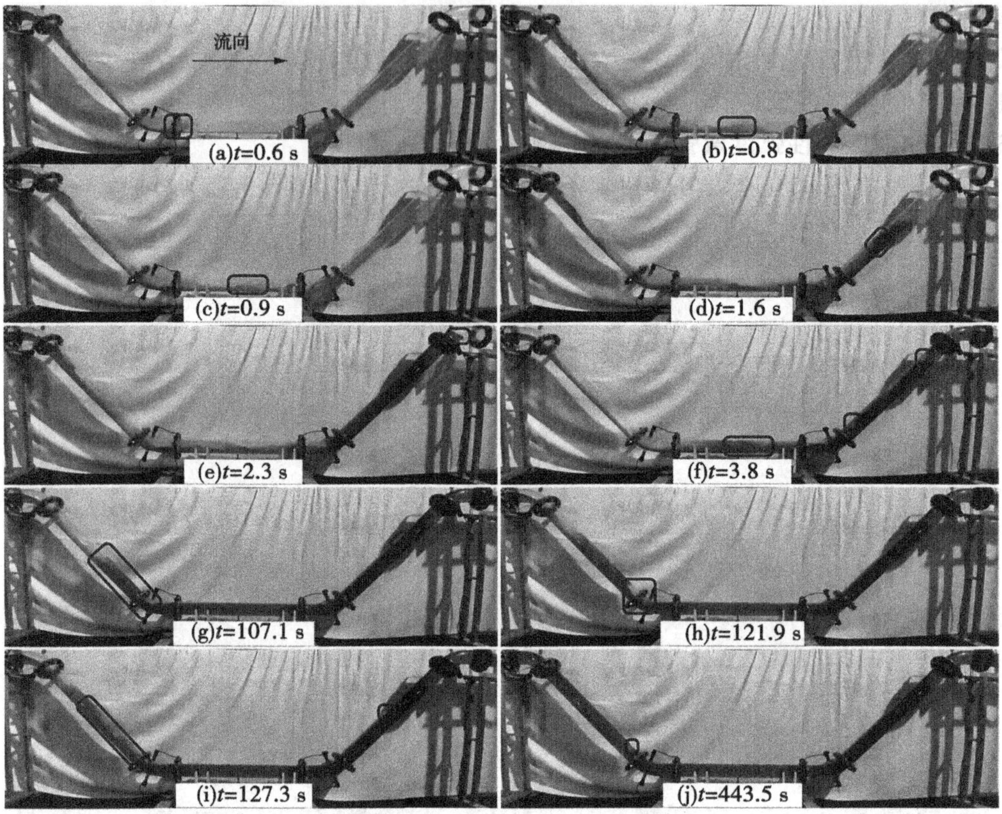

图 6-16　在充水流速 $v=0.8$ m/s 条件下的工况 E

且直管 L4 中存在个别较大尺寸气泡，直管 L3 中的气泡相对 L4 分布更为均匀。

③图 6-16(g)～(i)给出了管路在充水 107.1 s、121.9 s 及 127.3 s 时管内充水现象，弯管 B2 中的大尺度气泡在此过程中同时向弯管 B2 的上下游管路运动，并且上下游管路流型分别为段塞流、气泡流；当 $t=443.5$ s 时，管内气泡在长时间充水条件下仅直管 L2 中存在小尺度气泡，且该气泡再经较长时间充水后逐渐分裂形成小气泡排出。

(3)模型在充水流速 $v=0.4$ m/s 条件下发生二次充水，如图 6-17 所示。

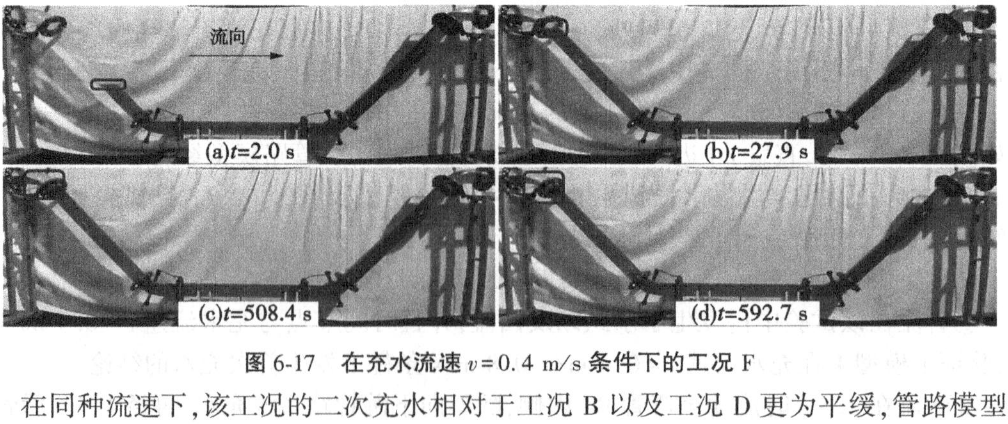

图 6-17　在充水流速 $v=0.4$ m/s 条件下的工况 F

在同种流速下，该工况的二次充水相对于工况 B 以及工况 D 更为平缓，管路模型在充水 2.0 s 时加压直管 L2 上游空气，致使管内水柱下降并达到最低点，随后在 $t=27.9$ s

时管流回流至弯管 B1 出口处,并且在此后的 508.4 s 和 592.7 s 管流基本保持不变,并且管内尚未出现其他流型变换。

(4)模型在充水流速 v=0.8 m/s 条件下发生二次充水,如图 6-18 所示。

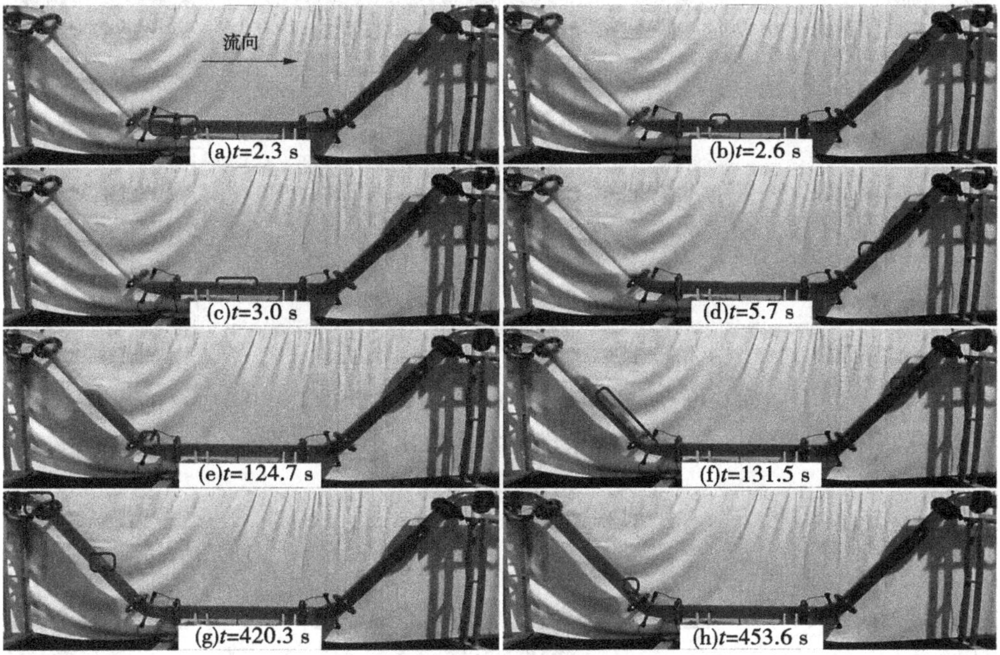

图 6-18　在充水流速 v=0.8 m/s 条件下的工况 F

①管流经 2.3 s 的充水时间在弯管 B2 中即将形成封闭的气室,并在 2.6 s 时直管 L3 中形成大尺度气泡,此时管内流型为段塞流。大尺度气泡随后在气液表面应力的作用下拉伸,部分气体进入直管 L4 中仍以段塞流的形式向下游充水。

②管路经 124.7 s 的充水时间在弯管 B2 内侧形成空腔,后续的试验现象基本与首次充水(工况 E)一致,空腔中的气体大部分排入上游管路系统,仅有少量气体排出管路系统。

③模型管路经 420.3 s 的充水时长后,管路系统仅弯管 B1 及直管 L2 中存在少量空气,此时弯管 B1 及直管 L2 中的流型分别为平滑流及伴有气泡的段塞流。弯管 B1 中的气体再经 33.3 s 的充水时长后排出管路系统,而直管 L2 中的气体则需要较长时间的充水才能完全排出管路模型。

6.5.2.4　45°连续性三段式弯管模型

(1)模型在充水流速 v=0.4 m/s 条件下发生首次充水,如图 6-19 所示。

①模型管路在充水初期 0.8 s 于直管 L3 进口处并未形成水跃,下游直管 L4 随后在 t=1.6 s 时形成壅水,致使上游管路系统由无压流转为半有压流。

②当 t=2.7 s 时,管流在直管 L4 中达到最高处,此时管内流型为伴有气泡的段塞流,随后在 t=5.5 s 时,管流在直管 L4 中达到最低处,此时管内仍有大尺度气泡向下游排气。

③当 t=7.7 s 时,管路系统基本无明显气泡,并且管路系统经长时间充水后达到稳定,具体如图 6-19(f)所示。

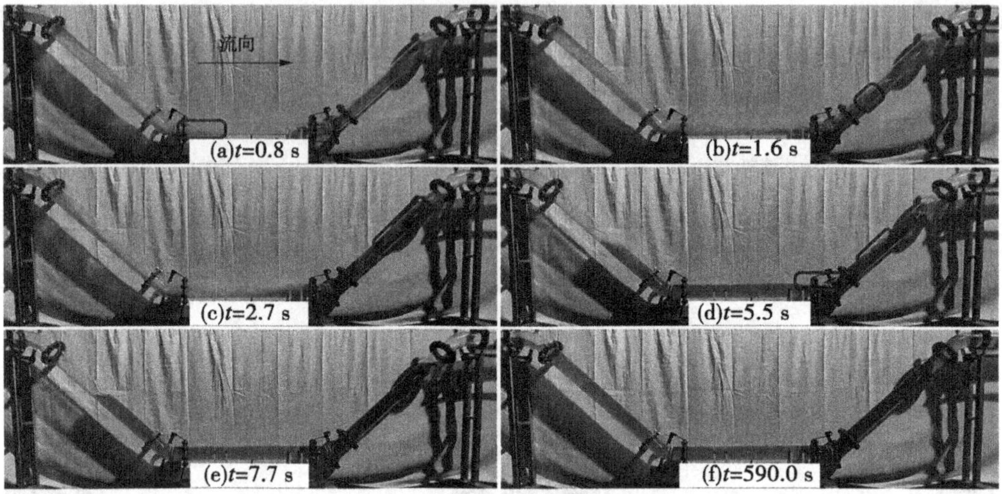

图 6-19　在充水流速 v = 0.4 m/s 条件下的工况 G

(2)模型在充水流速 v = 0.8 m/s 条件下发生首次充水,如图 6-20 所示。

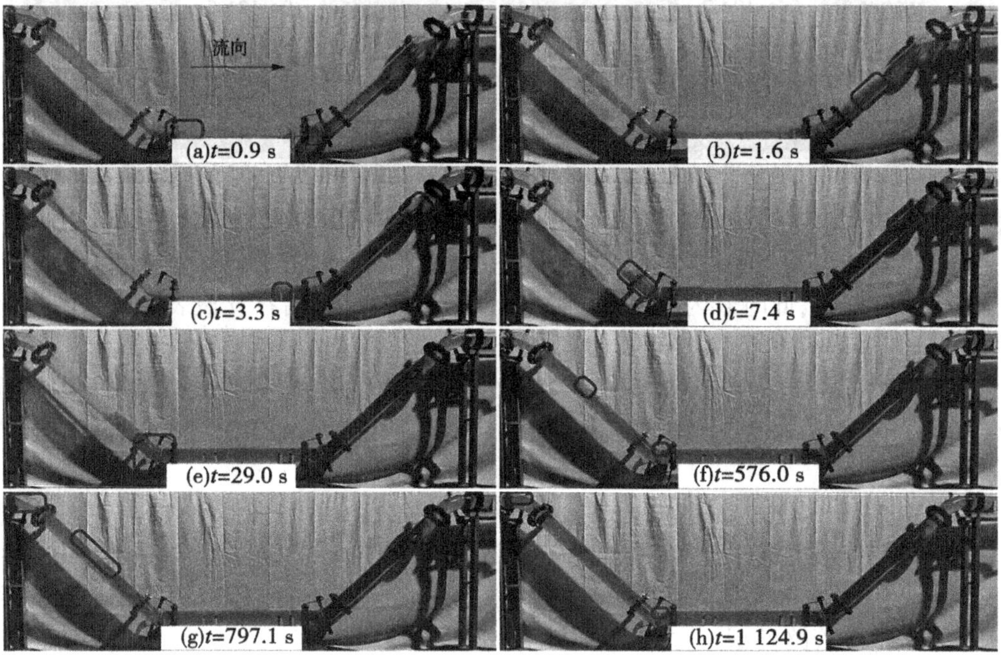

图 6-20　在充水流速 v = 0.8 m/s 条件下的工况 G

①当 t = 0.9 s 时,该种条件下的充水流速与充水流速 v = 0.4 m/s 均未在直管 L3 进口处出现明显的水跃现象,并且直管 L4 中的管流在 1.6 s 时出现壅水回流的现象;管路在回流过程中大量排气,较大尺度的气体于 3.3 s 在直管 L4 中形成了段塞流,并且直管 L3 进、出口段的流型分别为平滑流和气泡流,管流随后在 7.4 s 时回流至弯管 B2 进口处,此时管路系统仅弯管 B2 存在小尺度气泡。

②伴随着充水时间的不断增加,直管 L3 上游管路系统中的小尺度气泡主要积聚在弯管 B2 内侧,并且在管路发生回流排气的过程中,弯管 B2 小尺度气泡由于逐渐融合成大

尺度气泡进而形成了段塞流，伴随着气泡尺度的增大，大尺度的气泡在自身浮力的作用下运动至直管 L2 中，譬如直管 L2 及弯管 B2 在 576 s 时出现了尺度大小不一的段塞流。

③当 $t=797.1$ s 时，管路模型仅弯管 B1 及直管 L2 中的气体分别以平滑流及段塞流的形式存在，当 $t=1\ 124.9$ s 时，直管 L2 中的气体被排除，弯管 B1 所排出的小尺度气泡在弯管 B2 中以段塞流的形式存在。

(3)模型在充水流速 $v=0.4$ m/s 条件下发生二次充水，如图 6-21 所示。

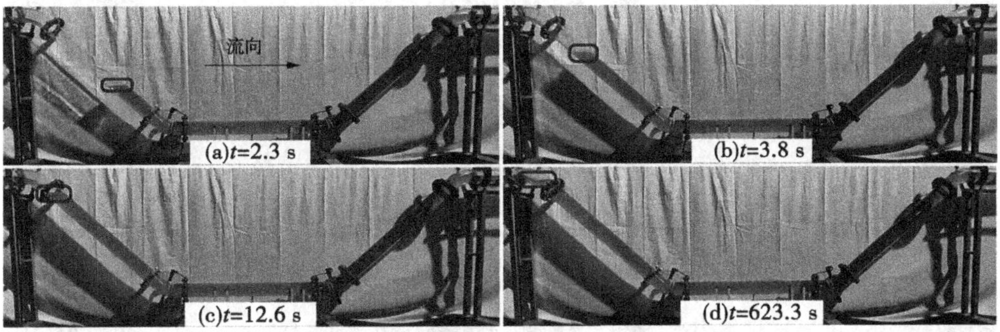

图 6-21　在充水流速 $v=0.4$ m/s 条件下的工况 H

在同种流速下，该工况的二次充水与工况 F 均较为平缓，管路系统在充水期间无明显的大尺度气泡。管路在充水初期，弯管 B1 管内流型为平滑流，直管 L2 管内水柱在 2.3 s 下降至最低点，随即弯管 B1 中的管流掺气进入直管 L2 中的滞留水体中，并形成了气泡流。直管 L2 中的水柱在模型充水后期基本保持不变，并且在图 6-21(d) 中蓝色区域无明显的气泡流动。

(4)模型在充水流速 $v=0.8$ m/s 条件下发生二次充水，如图 6-22 所示。

①模型管路充水初期，直管 L3 在进口端掺气作用下形成了小尺度的段塞流，该流型中的气泡随后在 2.7 s 时变小，最终在 2.9 s 时完全消失，此时管路模型主要的流型分别为直管 L2 中的分层平滑流及弯管 B3 中的气泡流。

②直管 L4 在充水 10.3 s 存在由两个小尺度气泡组成的段塞流，当 $t=10.4$ s 时，小尺度气泡发生融合拉伸，最终在 10.5 s 时继续以段塞流的形式向下游管路运动。

③模型管路在充水后期出现较大尺度气泡运动的现象，譬如直管 L2 在 1 221.4 s 出现由较大气泡组成的段塞流，此时弯管 B1 管内流型仍为分层平滑流。弯管 B1 中的气室随后在 1 461.3 s 时基本排出，模型管路仅弯管 B1 外侧及弯管 B2 内侧存在少量气体。模型管路经长时间充水即可达到完全满管有压流。

6.5.2.5　管内流型正交分析

基于上述研究分析可知，模型管路在充水过程中发生弹状流、段塞流及塞状流交替出现的现象，为系统地分析各种流型在不同条件下的转变特性，下文基于正交试验对模型管路系统中的弯管偏转角度、弯管种类及充水工况选取工况 A、工况 D、工况 F 及工况 G，并绘制图 6-23。此外，下文分别选用两种充水流速对正交设计工况进行了研究分析，其中正常充水流速为 0.3 m/s、0.4 m/s 和 0.5 m/s，快速充水流速为 0.7 m/s、0.8 m/s 和 0.9 m/s。

模型管路系统在正常充水条件下常出现分层流、气泡流、塞状流及段塞流，快速充水相对于正常充水则多出一种弹状流流型。此外，根据前文分析可知，模型管路在正常充

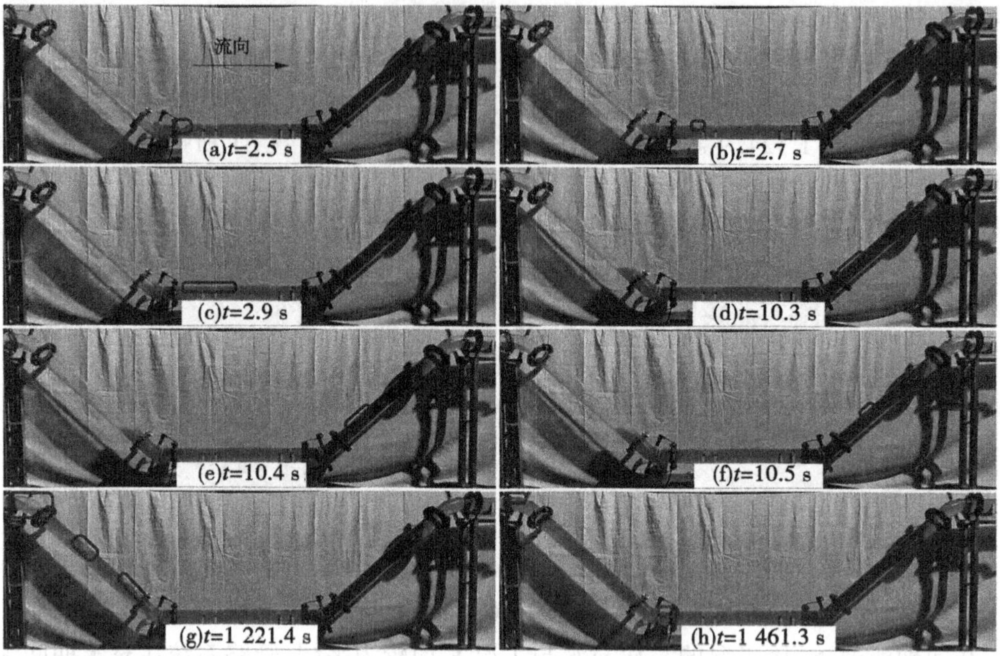

图 6-22　在充水流速 v=0.8 m/s 条件下的工况 H

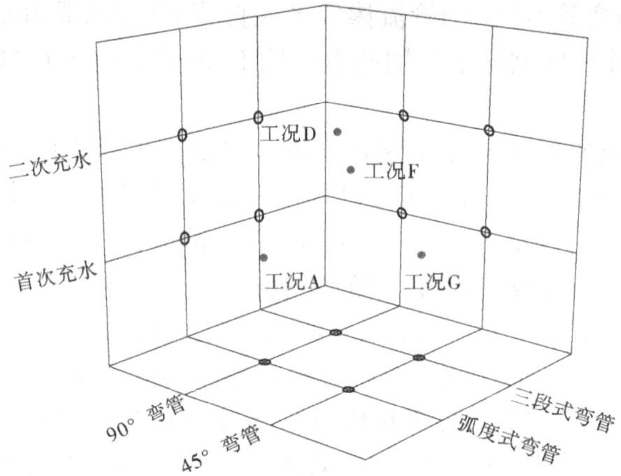

图 6-23　正交设计工况

水、快速充水条件下分别形成非满管半有压流及满管有压流，并且非满管半有压流恒定存在分层流及气泡流，因此此处不再针对分层流及气泡流进行研究。图 6-24 绘制了不同模型管路工况在充水过程中所形成塞状流及段塞流的形成时刻以及持续时长，其中仅给出模型管路在充水流速 v=0.3 m/s、0.4 m/s、0.5 m/s 条件下的充水过程。

（1）模型管路在正常充水条件下，仅工况 F 尚未出现较为明显的段塞流。在同种工况下，管内塞状流及段塞流的持续时间随充水流速的增大而减小，譬如在工况 G 中，管内塞状流的持续时间在充水流速 v=0.3 m/s、0.4 m/s、0.5 m/s 条件下分别为 4.5 s、4.4 s、4.1 s，管内段塞流的持续时间在充水流速 v=0.3 m/s、0.4 m/s、0.5 m/s 条件下分别为 3.8 s、3.4 s、2.9 s。

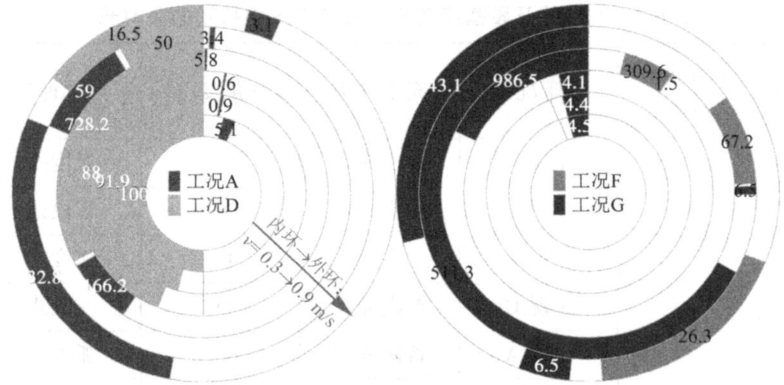

(a)塞状流

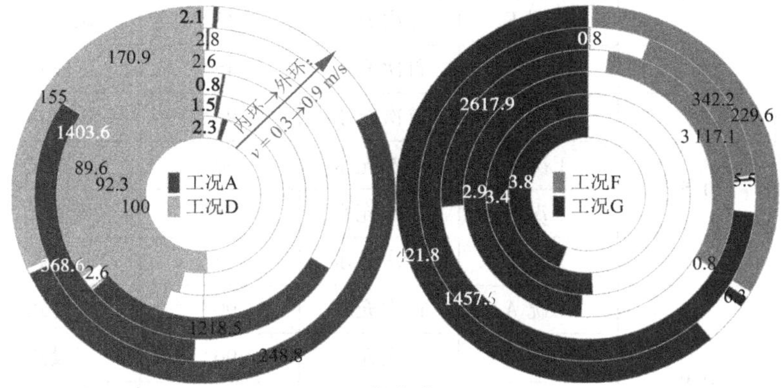

(b)段塞流

图 6-24 流型形成时刻以及持续时长 (单位:s)

(2)模型管路在快速充水条件下,各工况均出现了塞状流及段塞流,并且工况 D 更是出现了弹状流。①管内塞状流持续时间在同种工况下随充水流速的增大而减小,譬如在工况 D 中,管内塞状流的持续时间在充水流速 v=0.7 m/s、0.8 m/s 及 0.9 m/s 条件下分别为 728.2 s、50.0 s 及 16.5 s。②塞状流的形成次数在首次充水和二次充水条件下分别为一次和两次,并且在同一充水流速下,塞状流在第二次形成之后的持续时间远大于第一次,譬如工况 A 在充水流速 v=0.7 m/s 条件下,塞状流在前后两次的持续时间分别为 1.5 s 和 986.5 s。③段塞流在首次充水条件下均形成了两次,而在二次充水、个别充水流速条件下才形成两次,譬如在工况 D 中,仅在充水流速 v=0.7 m/s 条件下形成了两次段塞流。当充水流速 v=0.8 m/s、0.9 m/s 时,管内将进一步形成弹状流,弹状流的持续时间分别为 1.8 s 和 0.7 s。④在同种工况下,二次形成段塞流的持续时间随充水流速的增大而降低,譬如在工况 G 中,管内段塞流的持续时间在充水流速 v=0.7 m/s、0.8 m/s 及 0.9 m/s 条件下分别为 2 617.9 s、1 457.5 s 及 421.8 s。

基于正交试验设计工况采用极差分析进一步研究充水种类、弯管种类及弯管角度对流型持续时间的影响,流型持续时间见表 6-2,极差分析见表 6-3。

表 6-2　塞状流及段塞流在正交设计工况中持续的总时长

流型	充水流速 v/(m/s)	工况	充水种类	弯管角度/(°)	弯管种类	持续总时长/s
塞状流	0.5	工况 A	首次充水	90°	弧度式	0.6
		工况 D	二次充水	90°	三段式	12
		工况 F	二次充水	45°	弧度式	0
		工况 G	首次充水	45°	三段式	4.1
	0.9	工况 A	首次充水	90°	弧度式	35.9
		工况 D	二次充水	90°	三段式	4.6
		工况 F	二次充水	45°	弧度式	26.3
		工况 G	首次充水	45°	三段式	49.6
段塞流	0.5	工况 A	首次充水	90°	弧度式	0.8
		工况 D	二次充水	90°	三段式	10.4
		工况 F	二次充水	45°	弧度式	0
		工况 G	首次充水	45°	三段式	2.9
	0.9	工况 A	首次充水	90°	弧度式	250.9
		工况 D	二次充水	90°	三段式	2.5
		工况 F	二次充水	45°	弧度式	229.55
		工况 G	首次充水	45°	三段式	428.1

表 6-3　不同充水流速下塞状流及段塞流的极差分析

流型	充水流速 v/(m/s)	指标值	充水种类	弯管角度/(°)	弯管种类
塞状流	0.5	Ⅰ	4.7	4.1	0.6
		Ⅱ	12	12.6	16.1
		K_1	2.35	2.05	0.3
		K_2	6	6.3	8.05
		R	3.65	4.25	7.75
	0.9	Ⅰ	85.5	75.9	62.2
		Ⅱ	30.9	40.5	54.2
		K_1	42.75	37.95	31.1
		K_2	15.45	20.25	27.1
		R	27.3	17.7	4

续表 6-3

流型	充水流速 v/(m/s)	指标值	充水种类	弯管角度/(°)	弯管种类
段塞流	0.5	Ⅰ	3.7	2.9	0.8
		Ⅱ	10.4	11.2	13.3
		K_1	1.85	1.45	0.4
		K_2	5.2	5.6	6.65
		R	3.35	4.15	6.25
	0.9	Ⅰ	679	657.65	480.45
		Ⅱ	232.05	253.4	430.6
		K_1	339.5	328.825	240.225
		K_2	116.025	126.7	215.3
		R	223.475	202.125	24.925

由表 6-3 可知:①在正常充水条件下,管内塞状流以及段塞流在模型工况中的影响因素从大到小排序为弯管种类、弯管角度、充水种类,如在充水流速 v=0.5 m/s 条件下,弯管种类、弯管角度及充水种类对管内塞状流的影响因子分别为 7.75、4.25 和 3.65。②在快速充水条件下,管内塞状流及段塞流在模型工况中的影响因素从大到小排序为充水种类、弯管角度、弯管种类,如在充水流速 v=0.9 m/s 条件下,充水种类、弯管角度及弯管种类对管内段塞流的影响因子分别为 223.475、202.125 和 24.925。

6.5.3 管内大尺度气泡运动

前文较为系统地阐述了模型管路在不同充水工况下形成了不同大小尺度的气泡流、塞状流、段塞流及气泡流。本小节基于 opencv 对模型管路 L1~L3 及 L3~L5 出现的典型单一大尺度气泡进行轮廓、重心以及面积识别,并绘制气泡在模型管路中的运动过程。

6.5.3.1 90°连续性弧度弯管模型

(1)工况 A 在充水流速 v=0.4 m/s 条件下,以充水期间 5.1~6.3 s 产生的典型大尺度气泡为例,绘制气泡在运动过程中的轮廓形状变化、轮廓面积及运动轨迹(见图 6-25)。

模型管路在管流回流过程中形成了大尺度气泡,并于 5.1 s 时进入弯管 B3 中,最终在 6.3 s 运动至自由液面。在此过程中,气泡沿着弯管 B3 内侧向下游直管 L4 运动,在直管 L4 中先是从弯管 B3 内侧运动至直管 L4 管中心处,接着从直管 L4 管中心处运动至弯管 B4 外侧。气泡的运动具体如下:

①气泡在 5.1~5.3 s 不断与小气泡融合,气泡轮廓面积从 47.43 cm^2 增大至 57.65 cm^2,气泡轮廓由椭圆状变为细条状;②气泡弯管 B2 干扰下,于 5.3~5.4 s 发生了破裂,气泡轮廓面积从 57.65 cm^2 减小至 13.41 cm^2,气泡轮廓由细条状变为椭圆状;③由于不同尺度气泡所受浮力以及气液表面应力不同,破裂出的小尺度气泡逐渐与原气泡融合,并在

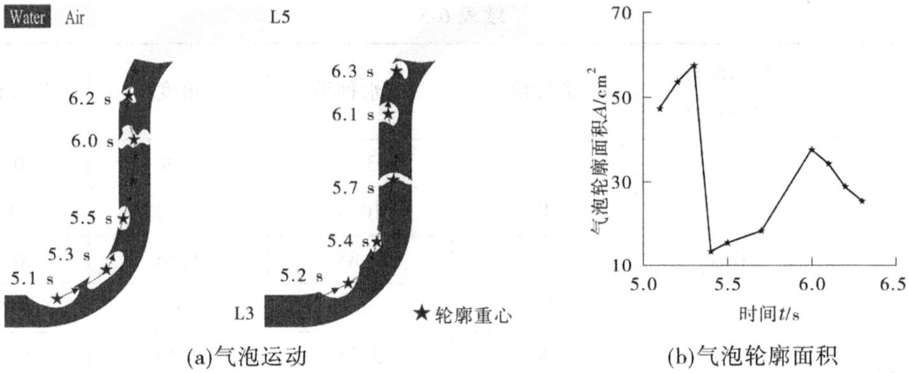

图 6-25　工况 A 在充水流速 v=0.4 m/s 条件下的大尺度气泡运动

直管 L4 中发生横向的拉伸变形,气泡轮廓面积于 6.0 s 时达到 37.4 cm^2,气泡轮廓由椭圆状变为月牙状,再变为椭圆状;④气泡在弯管 B4 的干扰下,气泡轮廓面积由 37.4 cm^2 减小至 25.4 cm^2,气泡底部向上深入,壁面处的气泡被拉长,进而由椭圆状气泡变成了月牙状。

(2)工况 A 在充水流速 v=0.8 m/s 条件下,以充水期间 552.5~553.7 s 产生的典型大尺度气泡为例,绘制该气泡的轮廓形状变化、轮廓面积以及运动轨迹(见图 6-26)。

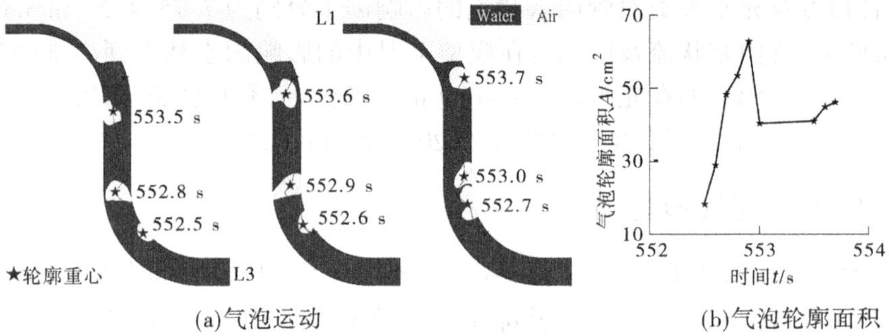

图 6-26　工况 A 在充水流速 v=0.8 m/s 条件下的大尺度气泡运动

气泡沿着弯管 B2 内侧进入直管 L2 管中心处,气泡在直管 L2 中先是从管中心运动至右侧管壁,再从右侧管壁运动至左侧管壁,随后从直管 L2 左侧管壁运动至弯管 B1 外侧。该气泡的运动具体如下:

①气泡在 552.5~552.9 s 不断与其他较小尺度气泡融合,并在弯管 B2 出口处发生横向拉伸,致使气泡轮廓面积由 18.47 cm^2 增大至 62.73 cm^2。由于气泡在 552.7 s 时发生两个较小尺度气泡的融合,气泡轮廓在 552.5~552.7 s 由椭圆状变为葫芦状,随后在 552.7~552.8 s 由葫芦状变为弹状;②气泡在 552.9~553.7 s 先破裂再融合,气泡轮廓面积在 552.9~553.0 s 由 62.73 cm^2 瞬间减小至 40.40 cm^2,随后在 553.0~553.7 s 由 40.40 cm^2 缓慢增大至 46.17 cm^2。气泡在直管 L4 中由于发生破裂,其轮廓由椭圆状变为不规则形状,在后续气泡缓慢融合阶段由不规则形状再次变为椭圆状。

(3)由图6-9可知,工况B在充水流速 $v=0.4$ m/s 条件下并未出现大尺度气泡,此处不做研究分析。工况B在充水流速 $v=0.8$ m/s 条件下,以充水期间4.1~5.5 s产生的典型大尺度气泡为例,绘制了该气泡在运动过程中的轮廓形状变化、轮廓面积以及运动轨迹(见图6-27)。

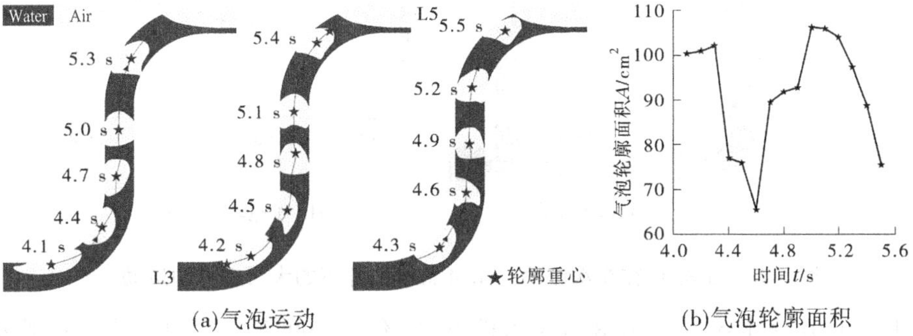

图6-27　工况B在充水流速 $v=0.8$ m/s 条件下的大尺度气泡运动

模型管路中滞留水体在充水初期形成了大尺度气泡,该气泡于4.1 s进入弯管B3中,最终在5.5 s运动至自由液面。在此过程中,气泡沿着弯管B3内侧运动至直管L4管中心处,随后在直管L4及弯管B4中均沿着管中心运动。气泡运动过程具体如下:

①气泡在4.1~4.3 s不断融合小尺度气泡向下游管路系统运动,其轮廓面积由100.27 cm² 增大至102.07 cm²,轮廓形状由细长状变为椭圆状;②气泡于4.3~4.6 s在弯管B3中发生了破裂,其轮廓面积减小至65.41 cm²,轮廓形状由最初的椭圆状变为月牙状再变为弹状;③气泡于4.6~5.0 s在直管L4中不断与破裂出的小尺度气泡融合,其轮廓面积缓慢增大至106.13 cm²,轮廓形状由弹状变为椭圆状;④气泡在5.0~5.5 s时从直管L4进入弯管B4,在此过程中气泡再次发生了破裂,轮廓面积最终减小至75.41 cm²,轮廓形状由椭圆状最终变为弹状。

6.5.3.2　90°连续性三段式弯管模型

(1)工况C在充水流速 $v=0.4$ m/s 条件下,以充水期间14.8~15.6 s产生的典型大尺度气泡为例,绘制该气泡在运动过程中的轮廓形状变化、轮廓面积和运动轨迹(见图6-28)。

弯管B2内侧管壁在模型管路回流期间积聚并融合形成了大尺度气泡,该气泡先是沿弯管B2内侧及直管L2右侧向上运动,再是从直管L2右侧向直管L2管中心运动,最终从直管L2管中心运动至直管L2右侧,并沿着弯管B1外侧进入上游管路气室。气泡运动过程具体如下:

①气泡在14.8~15.1 s发生了破裂,气泡轮廓面积由33.44 cm² 减小至9.21 cm²,气泡轮廓形状恒为椭圆状;②气泡在直管L4中间处不断融合破裂出的小尺度气泡,其气泡轮廓面积在15.1~15.4 s增大至38.41 s,气泡轮廓形状由椭圆状变为不规则形状后再次变为椭圆状;③气泡在进入弯管B1前再次发生了破裂及融合,气泡轮廓面积在15.4~15.6 s先减小至11.82 cm² 后增加至19.48 cm²,轮廓形状变化为椭圆状→月牙状→椭圆状。

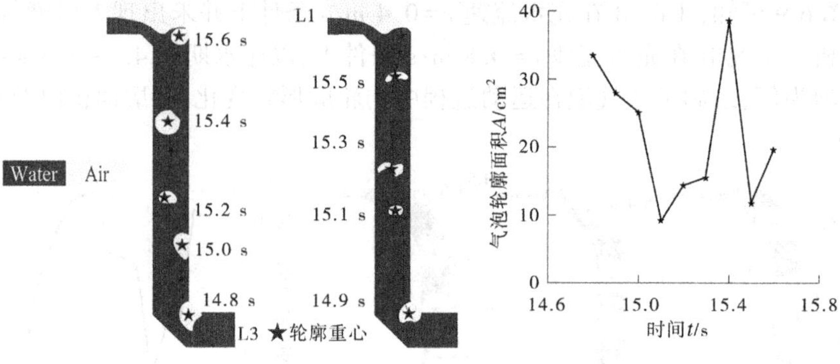

(a)气泡运动　　(b)气泡轮廓面积

图 6-28　工况 C 在充水流速 v=0.4 m/s 条件下的大尺度气泡运动

(2)工况 C 在充水流速 v=0.8 m/s 条件下,以充水期间 3.4~4.1 s 产生的典型大尺度气泡为例,绘制该气泡在运动过程中的轮廓形状变化、轮廓面积以及运动轨迹(见图 6-29)。

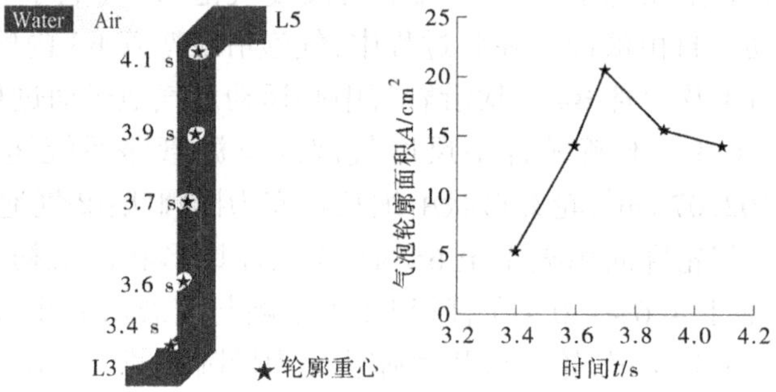

(a)气泡运动　　(b)气泡轮廓面积

图 6-29　工况 C 在充水流速 v=0.8 m/s 条件下的大尺度气泡运动

模型管路上游管路系统中的气室在回流过程中以气泡流的形式经由直管 L3 下游管路系统排出。气泡在 3.4~3.7 s 沿弯管 B3 内侧以及直管 L4 左侧向上运动,在此过程中气泡与小尺度气泡融合,轮廓面积由 5.48 cm^2 增大至 20.75 cm^2,轮廓形状由椭圆状变为月牙状;随后气泡在 3.7~4.1 s 沿着直管 L4 左侧向管中心运动,在此过程中气泡发生了破裂,轮廓面积最终减小至 14.31 cm^2,轮廓形状恒为椭圆状。

(3)工况 D 在充水流速 v=0.4 m/s 条件下,以充水期间 15.6~16.3 s 产生的典型大尺度气泡为例,绘制该气泡在运动过程中的轮廓形状变化、轮廓面积以及运动轨迹(见图 6-30)。

直管 L3 在回流过程中形成了若干尺寸不一的大尺度气泡,该气泡沿弯管 B2 内侧向直管 L2 左侧运动,随后在直管 L2 中游段上浮,最终在弯管 B1 管中心处进入上游管路系统的气室。气泡运动过程具体如下:

①气泡在 15.6~15.9 s 不断发生破裂,其轮廓面积由 71.65 cm^2 逐渐减小至 47.02

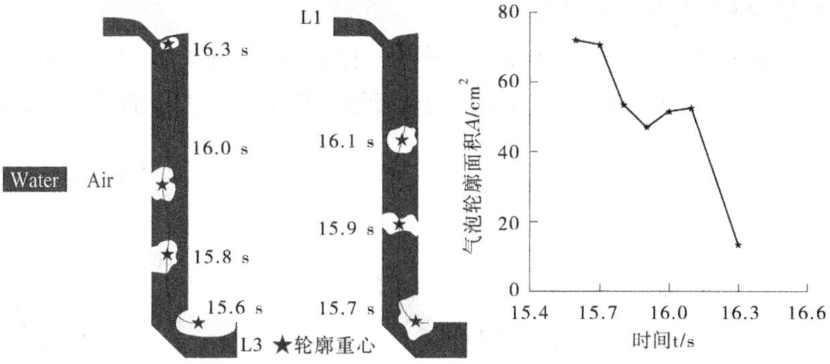

(a)气泡运动　(b)气泡轮廓面积

图 6-30　工况 D 在充水流速 v=0.4 m/s 条件下的大尺度气泡运动

cm²,轮廓形状由细长状变为不规则形状;②气泡在 15.9~16.1 s 逐渐融合小尺度气泡,其轮廓面积逐渐增大至 52.37 cm²,轮廓形状逐渐圆润,再次形成椭圆状;③气泡在 16.1~16.3 s 再次破裂,轮廓面积最终减小至 13.18 cm²,轮廓形状恒为椭圆状。

(4)工况 D 在充水流速 v=0.8 m/s 条件下,以充水期间 1.9~2.4 s 产生的典型大尺度气泡为例,绘制气泡在运动过程中的轮廓形状变化、轮廓面积以及运动轨迹(见图 6-31)。

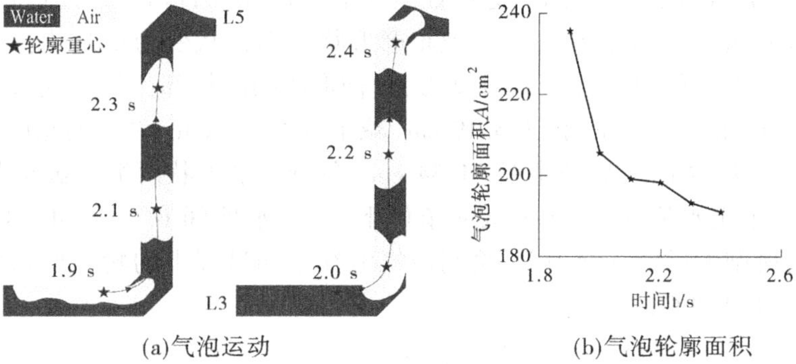

(a)气泡运动　(b)气泡轮廓面积

图 6-31　工况 D 在充水流速 v=0.8 m/s 条件下的大尺度气泡运动

直管 L3 管内的滞留水体在二次充水过程中形成了大尺度气泡,气泡沿直管 L3 上方管壁以及弯管 B3 内侧管壁进入直管 L4 管中心处,在直管 L4 中沿着管中心进入弯管 B4 内侧,最终于下游管路自由液面处破裂。气泡运动过程具体如下:

①气泡于 1.9~2.0 s 在弯管 B3 扰流的作用下,其轮廓面积由 235.71 cm² 降低至 205.62 cm²,并且轮廓形状由细长状变为弹状;②与前文中其他工况不同的是,气泡在 2.0~2.3 s 不断发生破裂,气泡轮廓面积尚未在直管 L4 出现先减少后增加的变化趋势,气泡轮廓面积最终减小至 193.27 cm²,气泡轮廓形状在此过程中恒为弹状;③气泡在进入弯管 B4 的过程中继续破裂,该气泡在 2.4 s 时发生了不规则的形变,部分气泡即将分离出原有气泡并进入下游管路的自由液面,此时轮廓面积为 190.90 cm²。

6.5.3.3　45°连续性弧度弯管模型

(1)工况 E 在充水流速 $v=0.4$ m/s 条件下,以充水期间 4.7~5.7 s 产生的典型大尺度气泡为例,绘制该气泡在运动过程中的轮廓形状变化、轮廓面积以及运动轨迹(见图 6-32)。

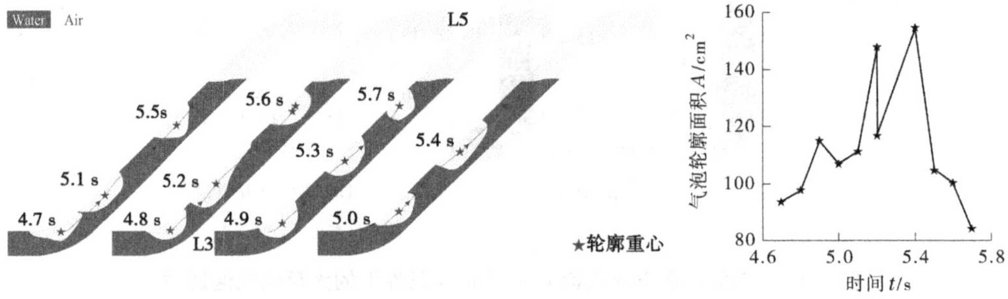

(a)气泡运动　　(b)气泡轮廓面积

图 6-32　工况 E 在充水流速 $v=0.4$ m/s 条件下的大尺度气泡运动

弯管 B3 在充水初期形成了大尺度气泡,该气泡在运动过程中贴合直管 L3 上面管壁、弯管 B3 内侧管壁以及直管 L4 左侧管壁运动,气泡运动轨迹总体在管中心轴线上方。气泡运动过程具体如下:

①气泡于 4.7~4.9 s 从弯管 B3 进口处运动至弯管 B3 出口处,在此过程中气泡轮廓面积由 93.65 cm² 增大至 97.76 cm²,气泡轮廓形状由细长状变为粗短状;②气泡在直管 L4 进口段不仅融合气泡,还发生了拉伸变形,拉伸形成的细长部位的气泡脱离原有气泡,致使气泡轮廓面积在 5.2~5.3 s 由 115.19 cm² 减小至 106.9 cm²;③气泡轮廓面积在 5.3~5.7 s 先增大至 154.52 cm²,后减小至 84.34 cm²,气泡轮廓形状由细长状变为椭圆状。

(2)工况 E 在充水流速 $v=0.8$ m/s 条件下,以充水期间 6.2~7.4 s 以及 128.1~128.7 s 产生的典型大尺度气泡为例,绘制该气泡在运动过程中的轮廓形状变化、轮廓面积以及运动轨迹(见图 6-33)。

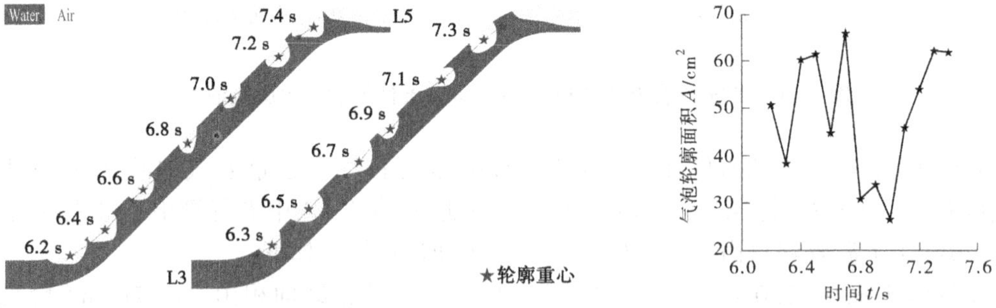

(a)气泡运动(一)　　(b)气泡轮廓面积(一)

图 6-33　工况 E 在充水流速 $v=0.8$ m/s 条件下的大尺度气泡运动

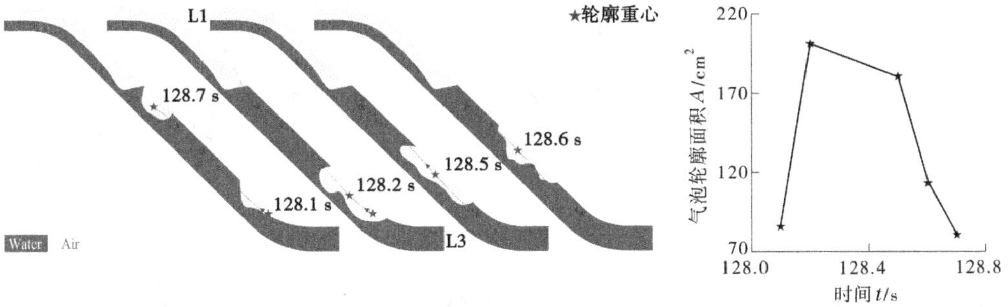

(c)气泡运动(二) (d)气泡轮廓面积(二)

续图 6-33

模型管路在充水初期大量排气，直管 L3 下游管路系统存在大尺度气泡运动，具体如图 6-33(a)、(b)所示。气泡整体上沿弯管 B3 内侧、直管 L4 左侧以及弯管 B4 右侧进入下游管路系统，并且气泡轮廓形状整体上为椭圆状。

此外，气泡轮廓面积整体上呈先减少后增加的变化趋势。①气泡在 6.2 s 时的面积为 50.57 cm²，后经 0.2 s 从弯管 B3 进口处运动至直管 L4 进口处，在此过程中，气泡在弯管 B3 内积聚形成大尺度气泡而后拉伸破裂，致使气泡轮廓面积减小为 38.33 cm²；②气泡于 6.4~7.3 s 在直管 L4 中发生了复杂的破裂融合现象，气泡在弯管 B3 中拉伸形成小尺度气泡后，在直管 L4 中与之前气泡拉伸出的小尺度气泡继续融合，造成气泡轮廓面积逐渐增大，并于 6.7 s 达到峰值 65.65 cm²。由于气泡尺度较大发生了破裂，于 7.0 s 达到最小值 26.44 cm²，然后气泡再和已破裂出的气泡进行融合，致使气泡轮廓面积急速增大至 62.04 cm²；③气泡于 7.3~7.4 s 在弯管 B4 内运动，在此期间，气泡轮廓面积逐渐减小至 61.7 cm²。

模型管路充水中期，直管 L3 管流已回流至弯管 B2 进口处，管内气体大部分排入上游管路气室中，形成了大尺度气泡运动的现象，具体如图 6-33(c)、(d)所示。气泡在 128.1~128.7 s 先是沿弯管 B2 内侧以及直管 L2 右侧运动，再是从直管 L2 右侧偏向于管中心进入上游管路中的气室。气泡运动过程具体如下：

①气泡在 128.1~128.2 s 急速增大，其轮廓面积由 86.13 cm² 迅速增加至 201.26 cm²，而气泡轮廓形状在气泡急速增大的状态下形成葫芦状；②气泡在 128.2~128.5 s 发生拉伸变形，并且伴有部分气泡分裂，此时气泡轮廓面积减小至 180.62 cm²，气泡轮廓形状变为细长状；③气泡在 128.5~128.7 s 进一步发生了分裂，此时气泡轮廓面积仅有 80.63 cm²，气泡轮廓形状为椭圆状。

(3)由图 6-17 可知，工况 F 在充水流速 $v=0.4$ m/s 条件下并未出现大尺度气泡，此处不做研究分析。工况 F 在充水流速 $v=0.8$ m/s 条件下，以充水期间 5.3~6.7 s 产生的典型大尺度气泡为例，绘制该气泡在运动过程中的轮廓形状变化、轮廓面积以及运动轨迹(见图 6-34)。

模型管路上游气室在二次充水初期进入管内滞留水体进而形成了大尺度气泡，气泡在 5.3~6.7 s 沿弯管 B3 内侧、弯管 B4 外侧以及直管 L4 左侧并且以椭圆状向下游管路系统运动，气泡轮廓面积整体呈减少的变化趋势。气泡运动过程具体如下：

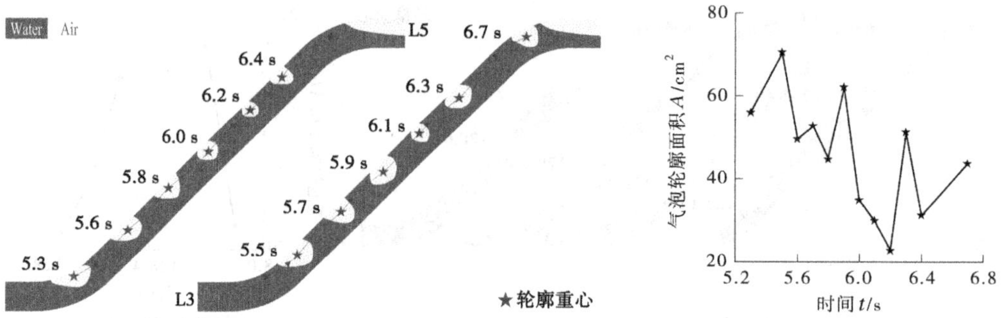

(a)气泡运动　　(b)气泡轮廓面积

图 6-34　工况 F 在充水流速 v=0.8 m/s 条件下的大尺度气泡运动

①气泡在 5.3~5.5 s 从弯管 B3 进口处运动至出口处,气泡轮廓面积由 56.06 cm² 增加至 70.54 cm²;②气泡在 5.5~6.2 s 继续融合小尺度气泡,气泡轮廓面积由于气泡发生压缩致使轮廓面积减少,随后气泡表面应力不足以维持气泡形态,最终导致气泡发生破裂,气泡轮廓面积在破裂后减小至 22.65 cm²;③气泡在 6.3~6.7 s 由直管 L4 运动至弯管 B3,破裂后的气泡与小尺度气泡二次融合,并于 6.3 s 急剧增大至 51.23 cm²,此时管流对较大体积气泡的拖曳力大于气泡表面应力,从而致使气泡再次分裂,气泡轮廓面积在分裂后为 31.17 cm²,随后气泡在弯管 B3 再次融合气泡,气泡轮廓面积最终增大至 43.63 cm²。

6.5.3.4　45°连续性三段式弯管模型

(1)工况 G 在充水流速 v=0.4 m/s 条件下,以充水期间 5.5~6.4 s 产生的典型大尺度气泡为例,绘制该气泡在运动过程中的轮廓形状变化、轮廓面积以及运动轨迹(见图 6-35)。

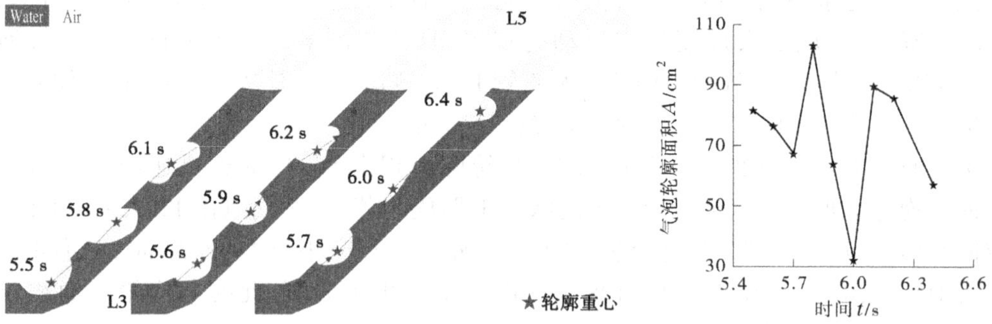

(a)气泡运动　　(b)气泡轮廓面积

图 6-35　工况 G 在充水流速 v=0.4 m/s 条件下的大尺度气泡运动

模型管路在回流过程中,下游管路系统大量排出上游管路系统滞留气体时形成了该种大尺度气泡。气泡主要沿弯管 B3 内侧以及直管 L4 左侧向上运动,并且在即将进入下游管路的自由液面处时,气泡的运动轨迹偏向于直管 L4 管中心处。气泡运动过程具体如下:

①气泡于 5.5~5.6 s 在弯管 B3 中产生横向拉伸变形,气泡轮廓面积由 81.39 cm² 减

小至 76.22 cm^2，气泡轮廓形状整体上为椭圆状；②气泡于 5.6~5.8 s 产生纵向拉伸变形，气泡轮廓面积增加至 102.82 cm^2。此外，局部气泡脱离管壁，致使气泡在 5.8~5.9 s 发生分裂，而后在 5.9~6.0 s 继续拉伸，此时气泡轮廓面积仅有 31.89 cm^2。气泡轮廓形状在此过程中由椭圆状转变为细长状；③气泡在 6.0~6.1 s 与之前分裂出的小尺度气泡发生融合，气泡轮廓面积瞬间增大至 89.27 cm^2，此时气泡轮廓形状转变为葫芦状，而后在管流拖曳力的作用下，融合后的大尺度气泡再一次发生分裂，气泡轮廓面积于 6.4 s 仅为 56.85 cm^2，气泡轮廓形状为椭圆状。

（2）工况 G 在充水流速 v=0.8 m/s 条件下，以充水期间 5.9~7.0 s 以及 991.7~993.6 s 产生的典型大尺度气泡为例，绘制该气泡在运动过程中的轮廓形状变化、轮廓面积以及运动轨迹（见图 6-36）。

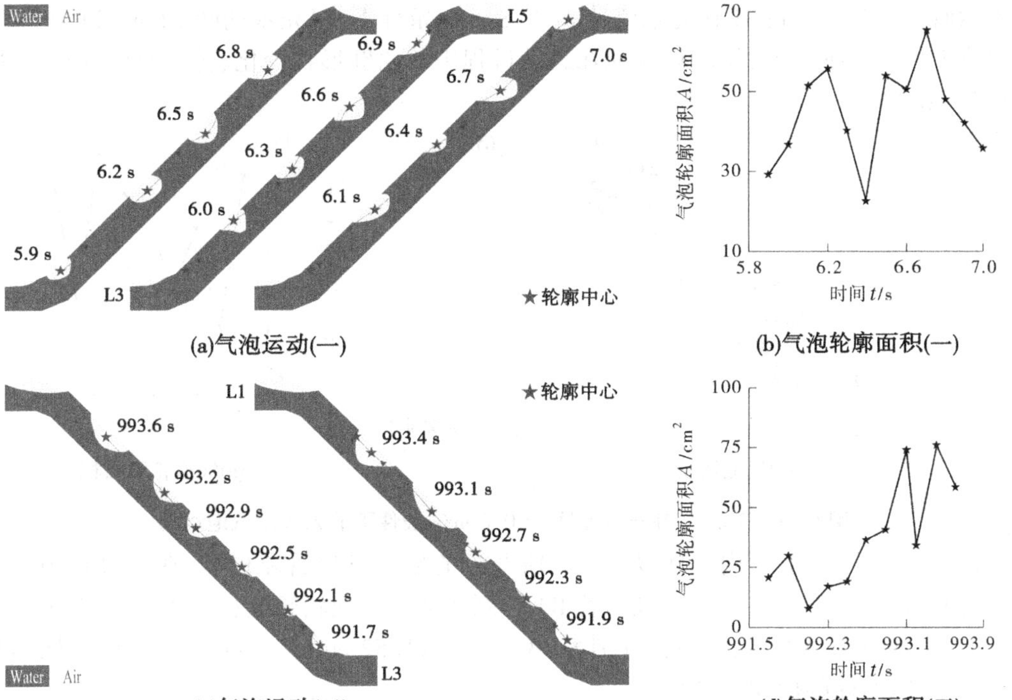

(a)气泡运动(一)　(b)气泡轮廓面积(一)

(c)气泡运动(二)　(d)气泡轮廓面积(二)

图 6-36　工况 G 在充水流速 v=0.8 m/s 条件下的大尺度气泡运动

管内空气在充水初期以段塞流的形式排出模型管路，气泡在此过程中主要沿着弯管 B3 内侧、直管 L4 左侧以及弯管 B4 外侧运动，最终在弯管 B4 中的自由液面处发生破裂，具体如图 6-36(a)、(b)所示。气泡运动过程具体如下：

①气泡于 5.9~6.2 s 在直管 L4 不断融合小尺度气泡，并产生纵向压缩，致使气泡轮廓面积由 29.08 cm^2 增大至 55.7 cm^2，气泡轮廓由椭圆状变为细长状再变为椭圆状；②气泡于 6.2~6.7 s 继续纵向压缩，气泡体积在融合小尺度气泡过程中不断增大，致使气泡产生横向拉伸，气泡轮廓面积先减小至 22.62 cm^2，再增大至 65.29 cm^2，气泡轮廓形状由细长状变为粗短状；③气泡于 6.7~7.0 s 发生破裂，破裂后的气泡发生纵向拉伸，致使气泡轮廓面积最终减小至 35.75 cm^2，气泡轮廓形状由粗短状再次变为细长状。

管内空气在充水后期同样以段塞流的形式排出管路系统，气泡在此过程中主要沿着弯管 B2 内侧、直管 L2 右侧、弯管 B1 外侧运动，最终进入弯管 B1 上游的有压气室，具体如图 6-36(c)、(d)所示。气泡运动过程具体如下：

①气泡于 991.7~991.9 s 融合气泡，致使气泡轮廓面积从 20.78 cm^2 增大至 30.01 cm^2，气泡轮廓形状恒为细长状；②气泡于 991.9~993.1 s 在融合气泡的过程中先是在纵向发生收缩变形而后发生拉伸变形，气泡轮廓因此增大至 73.88 cm^2，气泡轮廓形状仍为细长状；③气泡由于自身体积较大，并且气泡轮廓为细长状，致使气泡在 993.2 s 发生破裂，此时气泡轮廓面积仅有 34.06 cm^2，随后与破裂出的气泡继续融合，气泡轮廓面积进一步增大至 75.93 cm^2，此时气泡在纵向发生了压缩变形。

(3)由图 6-21 可知，工况 H 在充水流速 v=0.4 m/s 条件下并未出现大尺度气泡，此处不做研究分析。工况 H 在充水流速 v=0.8 m/s 条件下，以充水期间 22.4~24.0 s 产生的典型大尺度气泡为例，绘制该气泡在运动过程中的轮廓形状变化、轮廓面积以及运动轨迹(见图 6-37)。

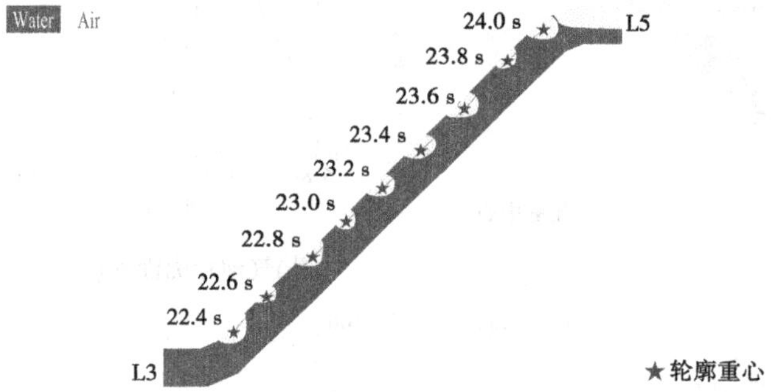

(a)气泡运动

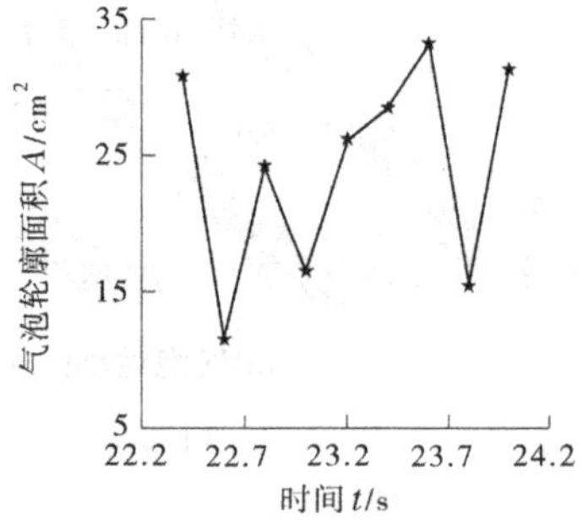

(b)气泡轮廓面积

图 6-37　工况 H 在充水流速 v=0.8 m/s 条件下的大尺度气泡运动

模型在充水初期，管内气体以小尺度段塞流的形式排出管路模型，在此过程中，气泡沿弯管 B3 内侧、直管 L4 左侧以及弯管 B4 外侧运动。气泡轮廓面积于 22.4~24.0 s 中波动变换，气泡轮廓最大、最小面积分别为 33.2 cm^2、11.52 cm^2，气泡轮廓形状恒为椭圆状。

6.5.3.5　气泡轮廓面积流型分析

前文系统地给出了气泡在不同充水流速、不同工况、不同充水时刻下的运动轨迹、轮廓面积以及形状变化，并结合前文可知大尺度气泡主要存在于充水初期及充水后期，并且管内气体在 90°连续性弯管管路系统中主要以塞状流、段塞流以及弹状流的形式排出，而在 45°连续性弯管管路系统中则主要以段塞流的形式排出。后文结合管路流型以及气泡轮廓面积进一步分析管内气泡运动规律。

1. 弹状流

90°连续性弯管模型在二次充水、快速充水条件下极易形成弹状气泡，以工况 B 为例，弹状气泡在充水流速 v=0.8 m/s、0.9 m/s、1.0 m/s 条件下的轮廓面积变化如图 6-38 所示。

①气泡轮廓面积不同充水流速下均呈“先增大、再减小，再增大、再减小”的变化趋势，并且气泡轮廓面积的波动程度随充水流速的增大而增大；②在充水流速 v=0.8 m/s、

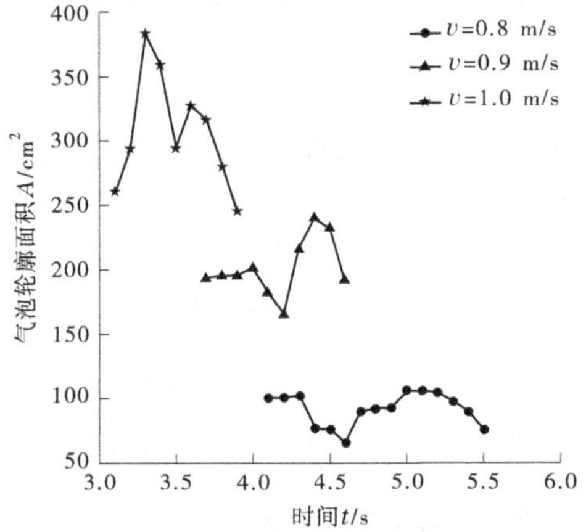

图 6-38 不同充水流速条件下的弹状气泡轮廓面积

0.9 m/s、1.0 m/s 条件下，气泡平均轮廓面积分别为 91.52 cm²、201.29 cm²、307.24 cm²，气泡最大轮廓面积分别为 106.13 cm²、240.01 cm²、383.96 cm²。

2. 段塞流

45°连续性弯管管内气体在充水初期、充水后期主要以段塞流的形式分别排出至下游管路系统以及上游管路系统的有压气室，而在 90°连续性弯管管路系统中，管内气体则是以“段塞—塞状—段塞”的形式分别排出至下游管路系统以及上游管路系统的有压气室。以工况 G 为例，在充水流速 v=0.3 m/s、0.4 m/s、0.5 m/s 条件下，管路系统首次形成的段塞气泡轮廓面积变化如图 6-39 所示。

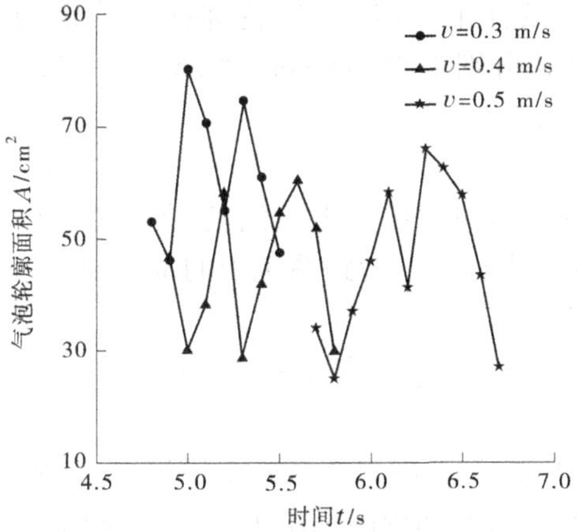

图 6-39 不同充水流速条件下的段塞气泡轮廓面积

①气泡轮廓面积在不同充水流速均呈“先减小、再增大，再减小、再增大，再减小”的变化趋势，并且气泡轮廓面积的波动程度随充水流速的增大而增大，气泡形成时间随充水流速的增大而增大，与弹状流气泡相反；②在充水流速 v=0.3 m/s、0.4 m/s、0.5 m/s 条件下，气泡平均轮廓面积分别为 61.07 cm²、44.88 cm²、40.36 cm²，气泡最大轮廓面积分别为 80.36 cm²、60.38 cm²、66.18 cm²；③气泡的第一次、第二次峰值轮廓面积比值随充水

流速的增大而减小,其比值在充水流速 v = 0. 3 m/s、0. 4 m/s、0. 5 m/s 条件下分别为 1. 08、0. 97、0. 88。

3. 塞状流

模型管路通常在充水过程中形成的塞状流往往与气泡流、段塞流之间相互转化,并结合图 6-29 可知,工况 C 在快速充水条件下,模型管路在首次形成塞状流时,管内气体主要通过塞状气泡排出模型管路系统。在充水流速 v = 0. 8 m/s、0. 9 m/s、1. 0 m/s 条件下,管路系统首次形成的段塞气泡轮廓面积变化如图 6-40 所示。

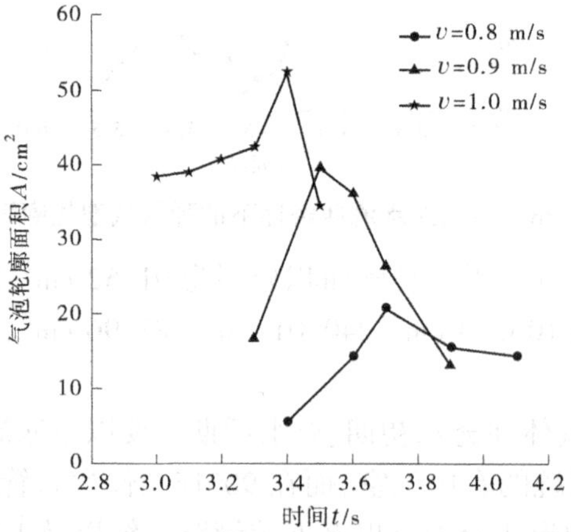

图 6-40　不同充水流速条件下的塞状气泡轮廓面积

①气泡轮廓面积在不同充水流速下均呈“先增大、再减小”的变化趋势,气泡形成时间随充水流速的增大而减小,与弹状流气泡相同,与段塞流气泡相反;②在充水流速 v = 0. 8 m/s、0. 9 m/s、1. 0 m/s 条件下,气泡平均轮廓面积分别为 14. 09 cm^2、26. 48 cm^2、41. 28 cm^2,气泡最大轮廓面积分别为 20. 75 cm^2、39. 64 cm^2、52. 52 cm^2。

6. 5. 4　管内压强波动变化

为研究弯管管路系统在充水过程中压力变化,后文通过测压计 P1 ~ P8 监测了模型管路中压强 P 的波动现象,进一步分析了管路系统中的水锤现象。

6. 5. 4. 1　90°连续性弧度弯管模型

(1)工况 A 在快速充水条件下,管内压强在不同充水流速条件下的波动变化如图 6-41 所示。

模型管路在充水过程中,测压计 P1、P2 在充水过程中呈“先增大、再减小、再增大”的变化趋势,而测压计 P3 ~ P8 在短时间内瞬间增大,而后缓慢增大,直至在某定值附近上下波动。此外,在上游直管 L1 中的波状流在逐渐消失这一过程中,各测压计的波动浮动程度增大,并且测压计 P1 的压强衰减速度伴随时间历时 t 的增大而增大。当充水流速 v = 0. 8 m/s 时,B1 ~ B4 各个弯管内外侧压强在充水过程中所达到最大差值分别为 4. 0 kPa、8. 4 kPa、3. 6 kPa 以及 2. 3 kPa,并且在模型管路充水完成后,各测点处压强波动幅度逐渐减小。此时,各个弯管内外侧压强差值分别为 1. 0 kPa、2. 0 kPa、1. 6 kPa 以及 1. 0 kPa。

在不同充水流速条件下,测压计 P1、P2 形成不同程度的瞬时压强突变现象,譬如 P2

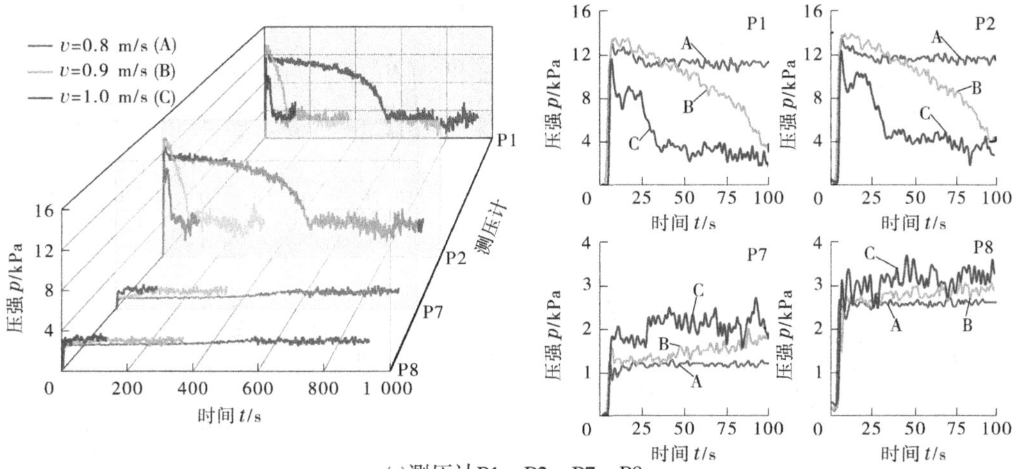

(a)测压计P1、P2、P7、P8

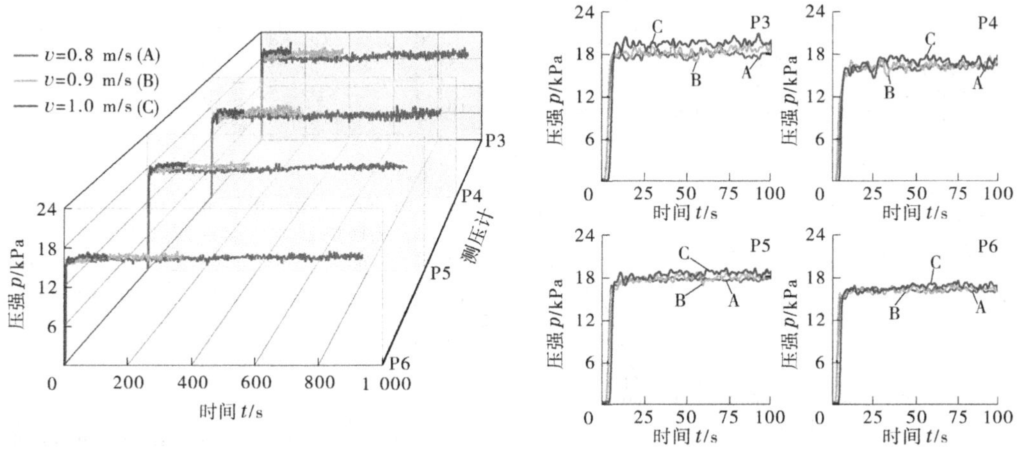

(b)测压计P3、P4、P5、P6

图 6-41 工况 A 在快速充水条件下的压强波动变化

的峰值压强在充水流速 $v=0.8$ m/s、0.9 m/s、1.0 m/s 条件下分别为 13.9 kPa、14.1 kPa、12.6 kPa，结合压强的瞬时波动特性可知，弯管 B1 中的水锤强度随着充水流速的增大而增强。

(2)工况 A 在正常充水条件下，管内压强在不同充水流速条件下的波动变化如图 6-42 所示。

模型管路在充水过程中，测压计 P1、P2 在充水过程中瞬时发生压强突变后，P1、P2 的压强缓慢减小，而测压计 P3~P8 在短时间内瞬间增大，而后缓慢增大，直至在某定值附近上下波动。当充水流速 $v=0.3$ m/s 时，各个弯管内外侧压强在充水过程中所达到最大差值分别为 3.8 kPa、5.8 kPa、3.7 kPa 以及 1.7 kPa，并且在模型管路充水完成后，各测点处压强波动幅度逐渐减小。此时，各个弯管内外侧压强差值为 1.6 kPa、1.7 kPa、1.4 kPa 以及 1.5 kPa。

在不同充水流速条件下，测压计 P1、P2 形成不同程度的瞬时压强突变现象，譬如 P2 的峰值压强在充水流速 $v=0.3$ m/s、0.4 m/s、0.5 m/s 条件下分别为 8.3 kPa、9.0 kPa、

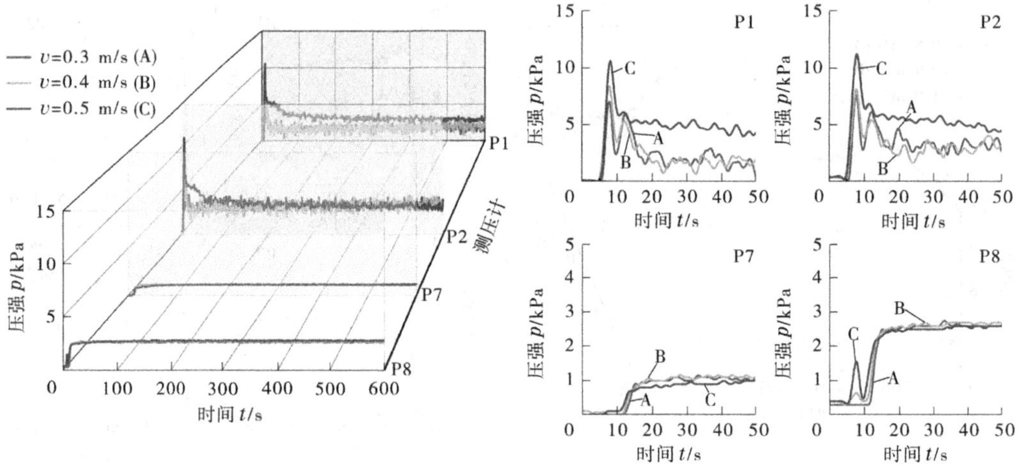

(a)测压计P1、P2、P7、P8

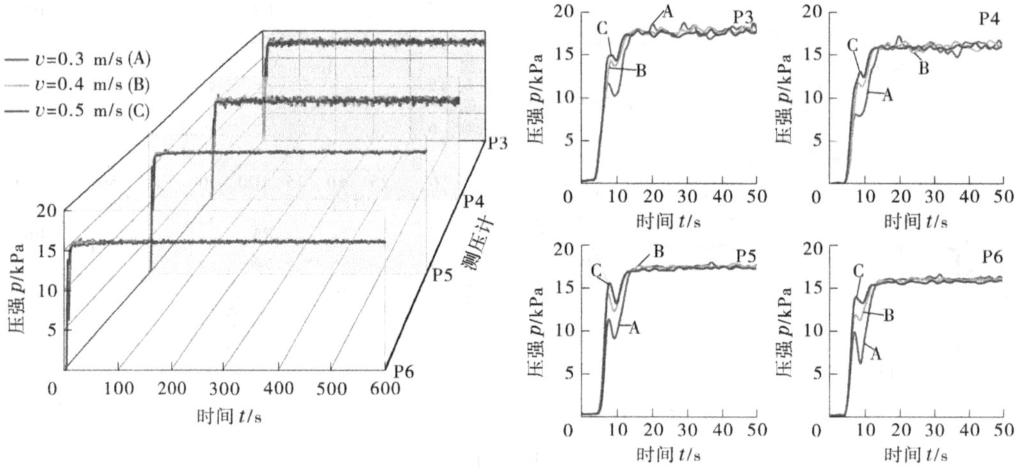

(b)测压计P3、P4、P5、P6

图 6-42　工况 A 在正常充水条件下的压强波动变化

12.1 kPa,并且分别为正常供水状态下的 2.86 倍、3.01 倍、3.27 倍,弯管 B1 中的水锤强度随着充水流速的增大而增强。

(3)工况 B 在快速充水条件下,管内压强在不同充水流速条件下的波动变化如图 6-43 所示。

模型管路在充水中后期,各个测压计在充水过程中的波动特性与工况 A 相同。模型管路在充水前期,测压计 P3~P6、P8 均发生较为明显的瞬时压强波动现象。当充水流速 v=0.8 m/s 时,各个弯管内外侧压强在充水过程中所达到最大差值分别为 4.5 kPa、5.9 kPa、3.8 kPa 以及 2.3 kPa,并且在模型管路充水完成后,各测点处压强波动幅度逐渐减小。此时,各个弯管内外侧压强差值为 1.3 kPa、2.3 kPa、1.7 kPa 以及 1.1 kPa。

在不同充水流速条件下,多个测压计形成不同程度的瞬时压强突变现象,譬如 P3 的峰值压强在充水流速 v=0.8 m/s、0.9 m/s、1.0 m/s 条件下分别为 23.9 kPa、34.7 kPa、28.2 kPa,并且分别为正常供水状态下的 1.26 倍、1.30 倍、1.41 倍,弯管 B1 中的水锤强

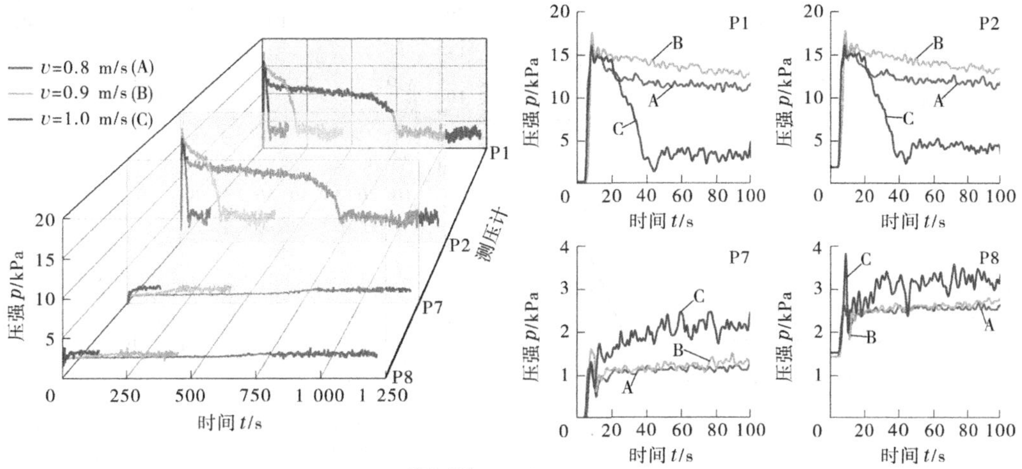

(a)测压计P1、P2、P7、P8

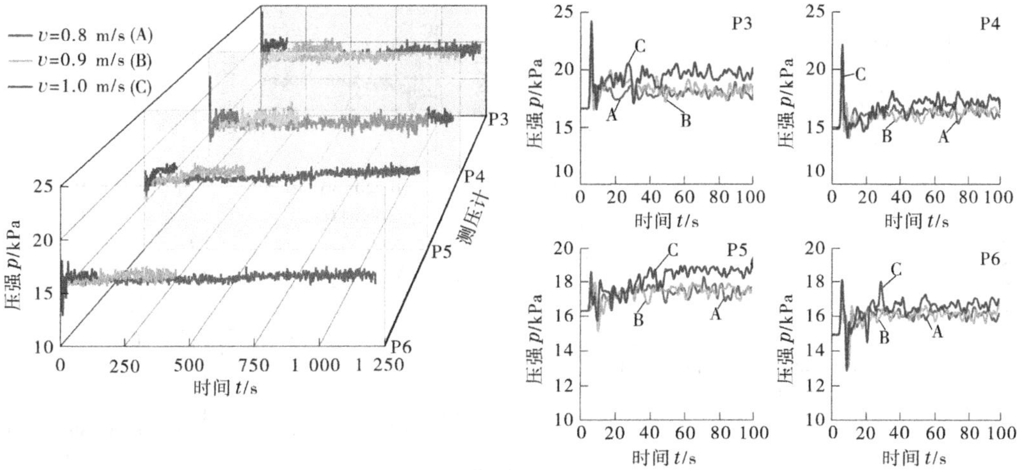

(b)测压计P3、P4、P5、P6

图 6-43 工况 B 在快速充水条件下的压强波动变化

度随着充水流速的增大而增强。

(4)工况 B 在正常充水条件下,管内压强在不同充水流速条件下的波动变化如图 6-44 所示。

模型管路在充水中后期,各个测压计在充水过程中的波动特性与同种充水条件下的工况 A 相同。模型管路在充水前期,测压计 P3~P6、P8 均发生较为明显的瞬时压强波动现象。当充水流速 $v=0.3$ m/s 时,各个弯管内外侧压强在充水过程中所达到最大差值分别为 3.2 kPa、3.0 kPa、2.7 kPa 以及 1.8 kPa,并且在模型管路充水完成后,各测点处压强波动幅度逐渐减小。此时,各个弯管内外侧压强差值为 1.6 kPa、1.8 kPa、1.4 kPa 以及 1.6 kPa。

在不同充水流速条件下,多个测压计形成不同程度的瞬时压强突变现象,譬如 P1 的峰值压强在充水流速 $v=0.3$ m/s、0.4 m/s、0.5 m/s 条件下分别为 9.4 kPa、10.1 kPa、12.5 kPa,并且分别为正常供水状态下的 4.7 倍、5.05 倍、6.25 倍,弯管 B1 中的水锤强度

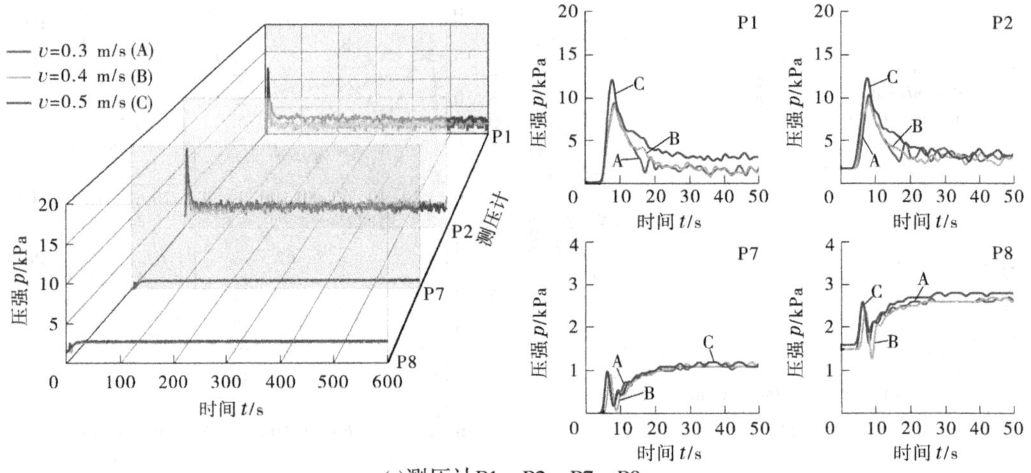

(a)测压计P1、P2、P7、P8

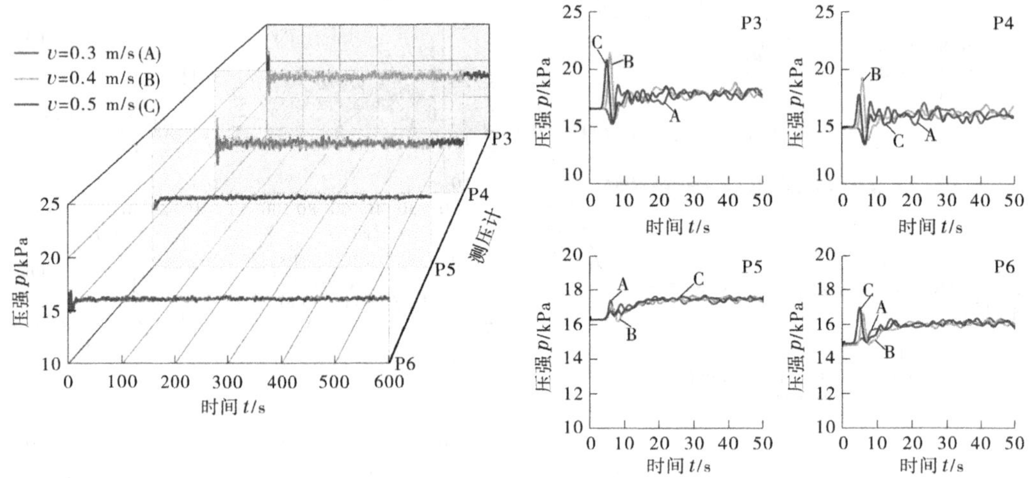

(b)测压计P3、P4、P5、P6

图 6-44　工况 B 在正常充水条件下的压强波动变化

随着充水流速的增大而增强。

6.5.4.2　90°连续性三段式弯管模型

(1)工况 C 在快速充水条件下,管内压强在不同充水流速条件下的波动变化如图 6-45 所示。

模型管路在充水过程中,测压计 P1、P2 在充水初期发生压强突变,随后与测压计 P3～P8 在某定值附近上下波动。当充水流速 v=0.8 m/s 时,各个弯管内外侧压强在充水过程中所达到最大差值分别为 5.4 kPa、9.5 kPa、5.0 kPa 以及 1.0 kPa,并且在模型管路充水完成后,各测点处压强波动幅度逐渐减小。此时,各个弯管内外侧压强差值为 0.8 kPa、2.9 kPa、2.6 kPa 以及 0.3 kPa。

在不同充水流速条件下,测压计 P1、P2 形成不同程度的瞬时压强突变现象,譬如 P1 的峰值压强在充水流速 v=0.8 m/s、0.9 m/s、1.0 m/s 条件下分别为 8.5 kPa、10.2 kPa、8.1 kPa,并且分别为正常供水状态下的 4.25 倍、3.4 倍、2.7 倍;P2 的峰值压强在充水流

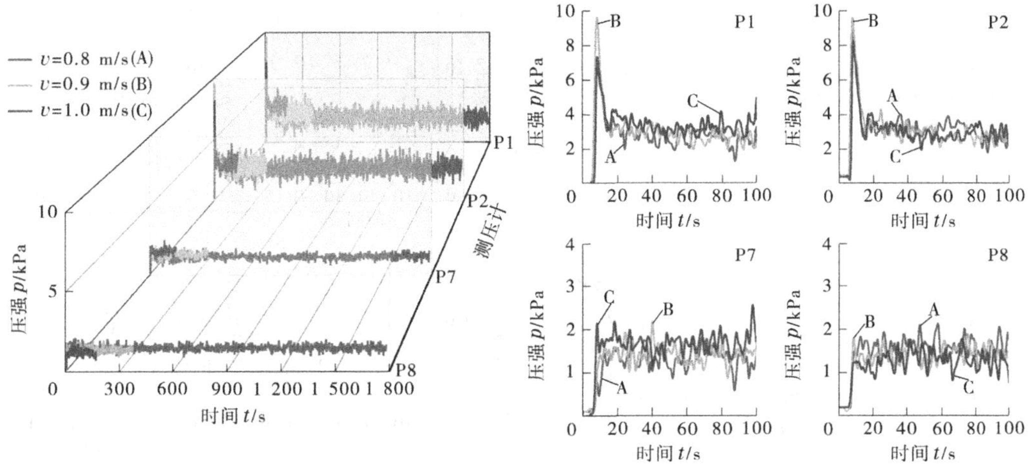

(a)测压计P1、P2、P7、P8

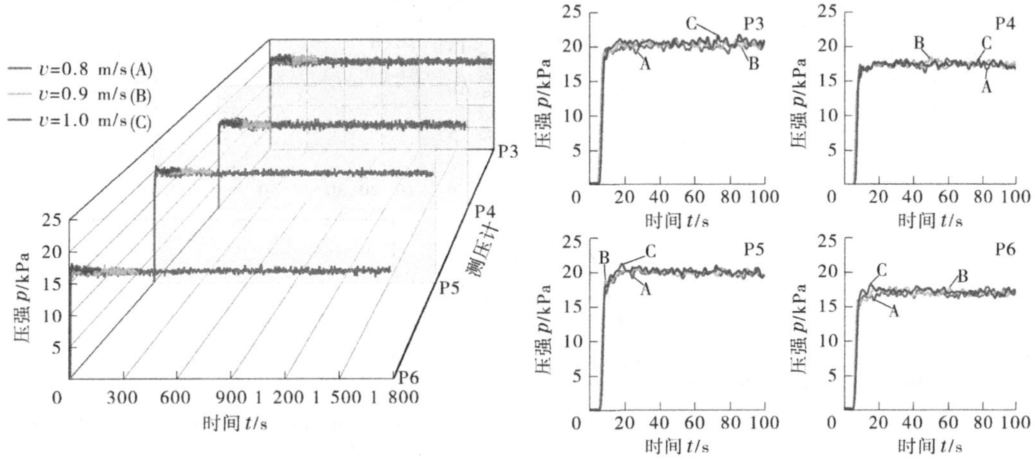

(b)测压计P3、P4、P5、P6

图 6-45 工况 C 在快速充水条件下的压强波动变化

速 v=0.8 m/s、0.9 m/s、1.0 m/s 条件下分别为 9.1 kPa、10.3 kPa、9.8 kPa，并且分别为正常供水状态下的 3.03 倍、3.43 倍、3.57 倍。

(2)工况 C 在正常充水条件下，管内压强在不同充水流速条件下的波动变化如图 6-46 所示。

各测压计在正常充水流速下的波动变化趋势与快速充水一致。当充水流速 v=0.3 m/s 时，各个弯管内外侧压强在充水过程中所达到最大差值分别为 3.6 kPa、5.0 kPa、2.3 kPa 以及 1.4 kPa，并且在模型管路充水完成后，各测点处压强波动幅度逐渐减小。此时，各个弯管内外侧压强差值为 1.8 kPa、1.7 kPa、1.5 kPa 以及 1.3 kPa。

在不同充水流速条件下，测压计 P1、P2 形成不同程度的瞬时压强突变现象，譬如 P1 的峰值压强在充水流速 v=0.3 m/s、0.4 m/s、0.5 m/s 条件下分别为 8.0 kPa、9.7 kPa、11.7 kPa，并且分别为正常供水状态下的 8.4 倍、9.7 倍、11.7 倍，弯管 B1 处的水锤强度随着充水流速的增大而增强。

(3)工况 D 在快速充水条件下，管内压强在不同充水流速条件下的波动变化如

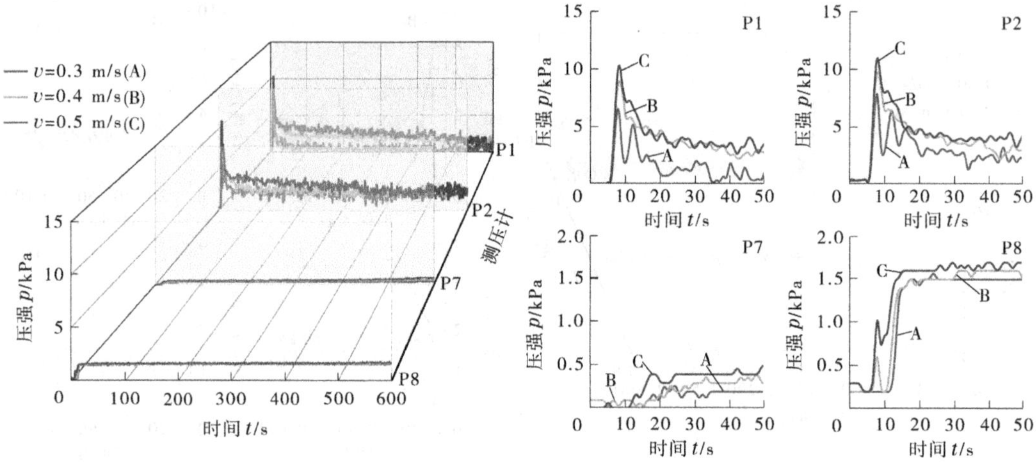

(a)测压计P1、P2、P7、P8

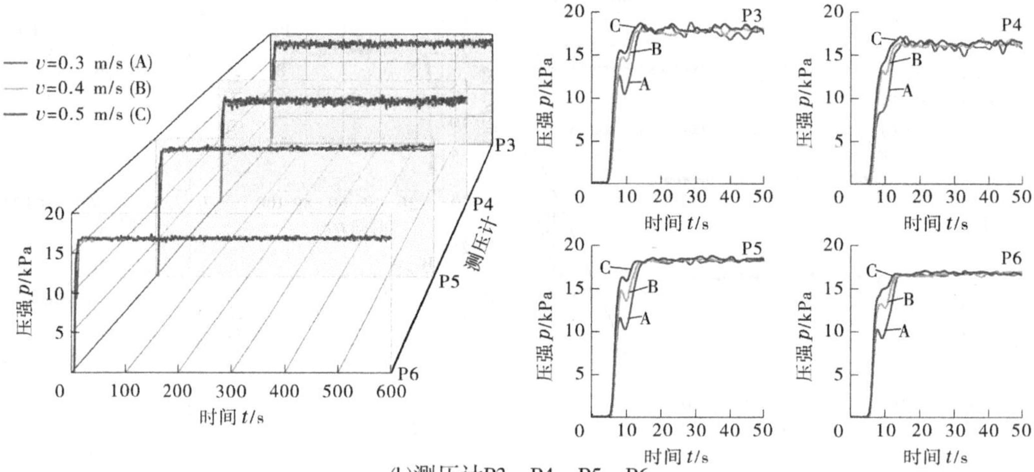

(b)测压计P3、P4、P5、P6

图 6-46　工况 C 在正常充水条件下的压强波动变化

图 6-47 所示。

模型管路在快速充水过程中，管路系统中各个测压计均在充水初期发生较为剧烈的压强波动，随后在较短时间内在某一定值处上下波动。当充水流速 $v=0.8$ m/s 时，各个弯管内外侧压强在充水过程中所达到最大差值分别为 4. 9 kPa、6. 5 kPa、5. 5 kPa 以及 1. 6 kPa，并且在模型管路充水完成后，各测点处压强波动幅度逐渐减小。此时，各个弯管内外侧压强差值为 0. 9 kPa、2. 6 kPa、2. 9 kPa 以及 0. 3 kPa。

在不同充水流速条件下，各个测压计在充水初期形成不同程度的瞬时压强突变现象，譬如 P1 的峰值压强在充水流速 $v=0.8$ m/s、0. 9 m/s、1. 0 m/s 条件下分别为 17. 7 kPa、18. 5 kPa、18. 5 kPa，并且分别为正常供水状态下的 8. 85 倍、6. 17 倍、6. 13 倍；P2 的峰值压强在充水流速 $v=0.8$ m/s、0. 9 m/s、1. 0 m/s 条件下分别为 17. 9 kPa、18. 9 kPa、19. 0 kPa，并且分别为正常供水状态下的 5. 97 倍、6. 30 倍、6. 33 倍。

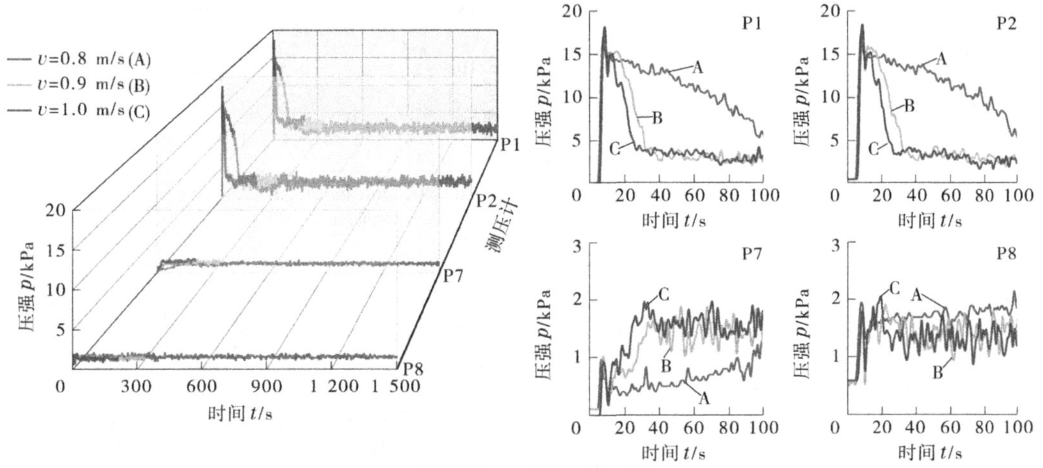

(a)测压计P1、P2、P7、P8

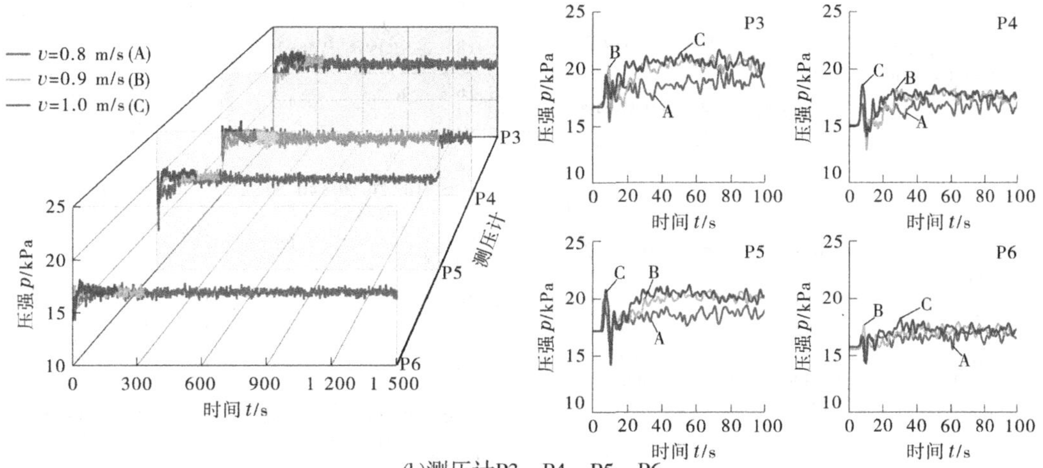

(b)测压计P3、P4、P5、P6

图 6-47 工况 D 在快速充水条件下的压强波动变化

（4）工况 D 在正常充水条件下，管内压强在不同充水流速条件下的波动变化如图 6-48 所示。

模型管路在正常充水过程中，管路系统中各个测压计均在充水初期发生较为剧烈的压强波动，随后在较短时间内在某一定值处上下波动。当充水流速 $v=0.3$ m/s 时，各个弯管内外侧压强在充水过程中所达到最大差值分别为 3.6 kPa、3.8 kPa、2.2 kPa 以及 1.4 kPa，并且在模型管路充水完成后，各测点处压强波动幅度逐渐减小。此时，各个弯管内外侧压强差值为 1.5 kPa、1.9 kPa、1.6 kPa 以及 1.3 kPa。

在不同充水流速条件下，各个测压计在充水初期形成不同程度的瞬时压强突变现象，譬如 P1 的峰值压强在充水流速 $v=0.3$ m/s、0.4 m/s、0.5 m/s 条件下分别为 8.8 kPa、10.1 kPa、12.6 kPa，并且分别为正常供水状态下的 8.8 倍、10.1 倍、12.6 倍；P2 的峰值压强在充水流速 $v=0.3$ m/s、0.4 m/s、0.5 m/s 条件下分别为 9.7 kPa、10.9 kPa、13.3 kPa，并且分别为正常供水状态下的 4.85 倍、5.45 倍、6.65 倍。

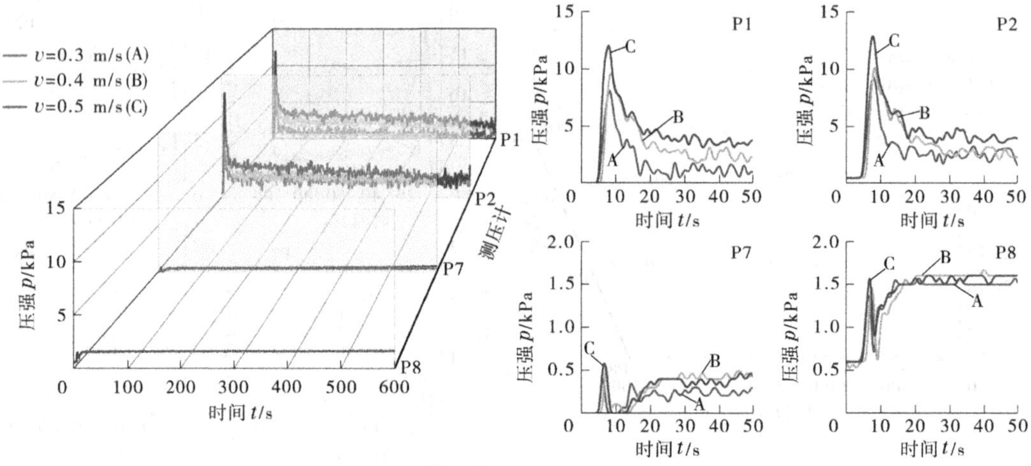

(a)测压计P1、P2、P7、P8

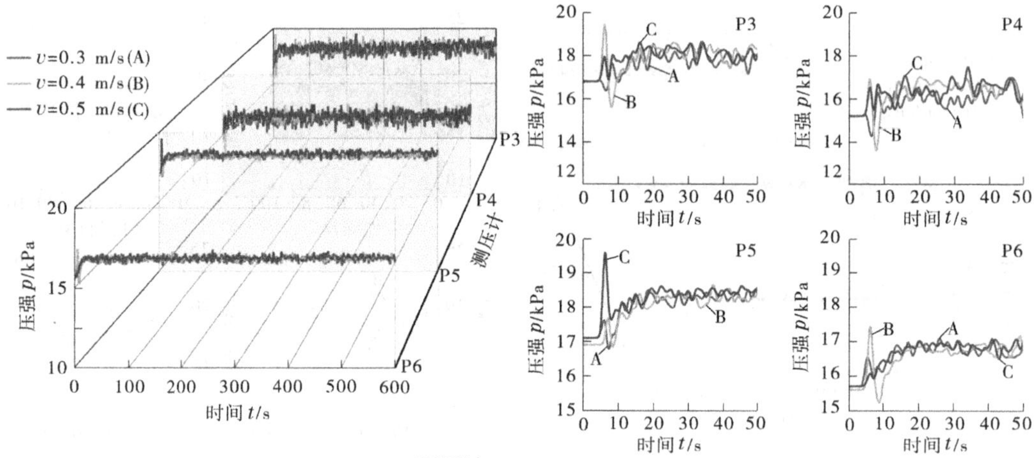

(b)测压计P3、P4、P5、P6

图 6-48　工况 D 在正常充水条件下的压强波动变化

6.5.4.3　45°连续性弧度弯管模型

(1)工况 E 在快速充水条件下，管内压强在不同充水流速条件下的波动变化如图 6-49 所示。

模型管路在快速充水过程中，管路系统中各个测压计的波动变化趋势与工况 A 相同，均在充水初期发生较为剧烈的压强波动，随后在较短时间内在某一定值处上下波动。当充水流速 $v=0.8$ m/s 时，各个弯管内外侧压强在充水过程中所达到最大差值分别为 5.5 kPa、6.0 kPa、5.0 kPa 以及 3.3 kPa，并且在模型管路充水完成后，各测点处压强波动幅度逐渐减小。此时，各个弯管内外侧压强差值为 2.2 kPa、2.8 kPa、2.0 kPa 以及 1.7 kPa。

在不同充水流速条件下，各个测压计在充水初期形成不同程度的瞬时压强突变现象，譬如在充水流速 $v=0.8$ m/s、0.9 m/s、1.0 m/s 条件下，P1 的峰值压强分别为 15.1 kPa、15.0 kPa、14.1 kPa，并且分别为正常供水状态下的 7.55 倍、7.5 倍、4.7 倍；P2 的峰值压强分别为 16.2 kPa、16.1 kPa、15.2 kPa，并且分别为正常供水状态下的 4.05 倍、4.03 倍、

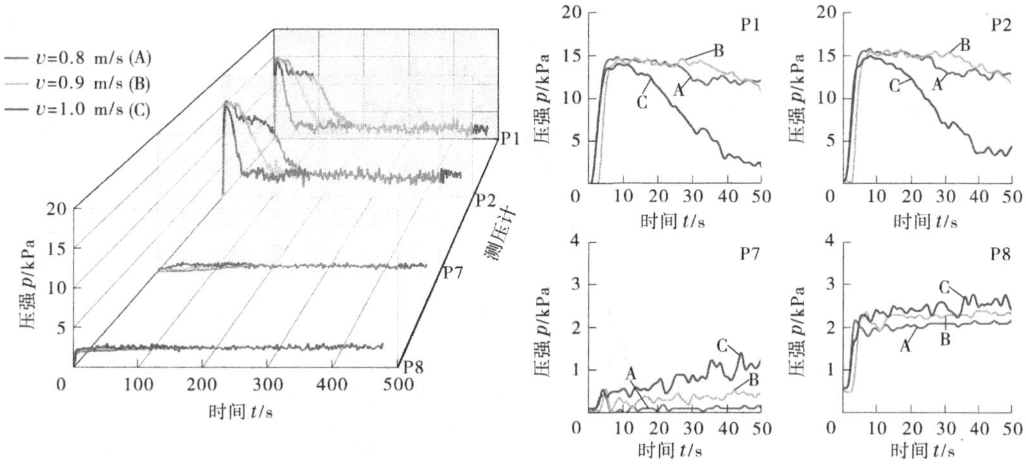

(a)测压计P1、P2、P7、P8

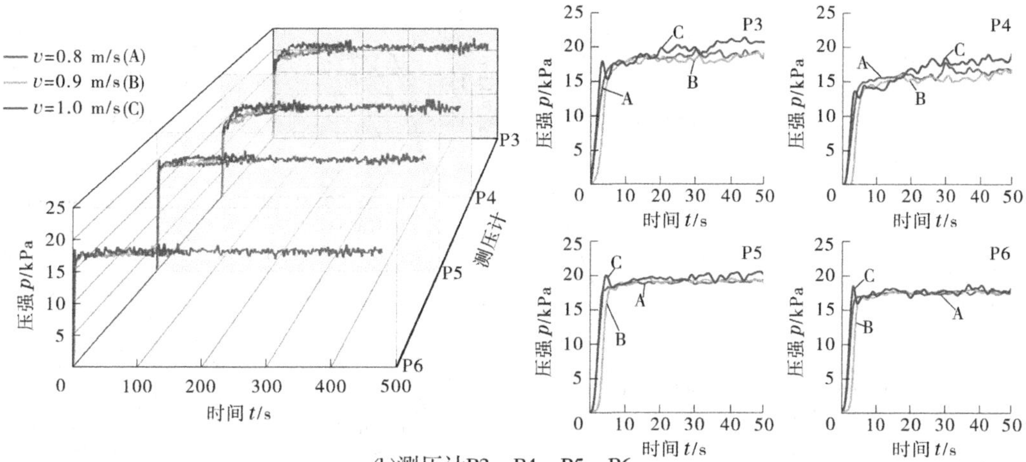

(b)测压计P3、P4、P5、P6

图 6-49 工况 E 在快速充水条件下的压强波动变化

3.8 倍,由此不难推知,伴随充水流速的增大,弯管 B1、B2 的水锤强度分别减小、增大。

(2)工况 E 在正常充水条件下,管内压强在不同充水流速条件下的波动变化如图 6-50 所示。

模型管路在正常充水过程中,管路系统中各个测压计的波动变化趋势与工况 C 相同,均在充水初期发生较为剧烈的压强波动,随后在较短时间内在某一定值处上下波动。当充水流速 $v=0.3$ m/s 时,各个弯管内外侧压强在充水过程中所达到最大差值分别为 3.2 kPa、3.8 kPa、2.8 kPa 以及 2.1 kPa,并且在模型管路充水完成后,各测点处压强波动幅度逐渐减小。此时,各个弯管内外侧压强差值为 2.0 kPa、2.3 kPa、2.0 kPa 以及 2.0 kPa。

在不同充水流速条件下,各个测压计在充水初期形成不同程度的瞬时压强突变现象,譬如在充水流速 $v=0.3$ m/s、0.4 m/s、0.5 m/s 条件下,P1 的峰值压强分别为 7.8 kPa、9.1 kPa、12.1 kPa,并且分别为正常供水状态下的 7.8 倍、9.1 倍、4.03 倍;P2 的峰值压强分别为 8.8 kPa、9.7 kPa、12.2 kPa,并且分别为正常供水状态下的 4.4 倍、4.85 倍、3.05

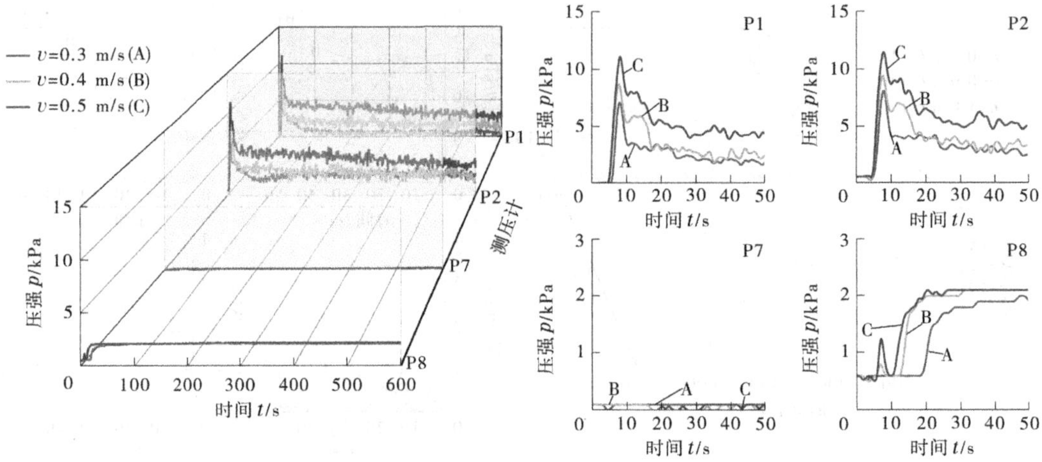

(a)测压计P1、P2、P7、P8

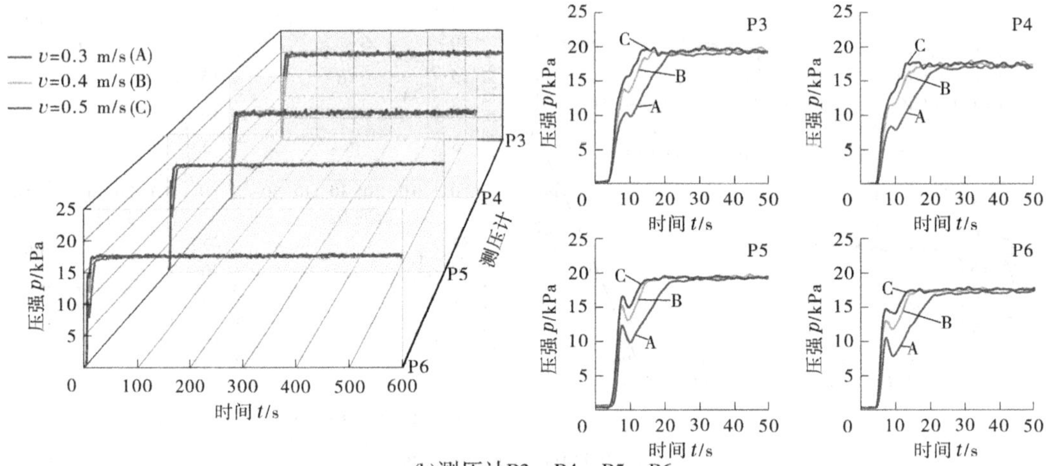

(b)测压计P3、P4、P5、P6

图 6-50　工况 E 在正常充水条件下的压强波动变化

倍,由此不难推知,弯管 B1 的水锤强度伴随充水流速的增大而增大。

(3)工况 F 在快速充水条件下,管内压强在不同充水流速条件下的波动变化如图 6-51 所示。

模型管路在快速充水过程中,管路系统中各个测压计的波动变化趋势与工况 D 相同,均在充水初期发生较为剧烈的压强波动,随后在较短时间内在某一定值处上下波动。当充水流速 $v=0.8$ m/s 时,各个弯管内外侧压强在充水过程中所达到最大差值分别为 5.2 kPa、6.4 kPa、3.7 kPa 以及 3.3 kPa,并且在模型管路充水完成后,各测点处压强波动幅度逐渐减小。此时,各个弯管内外侧压强差值为 1.8 kPa、2.7 kPa、2.0 kPa 以及 1.7 kPa。

在不同充水流速条件下,各个测压计在充水初期形成不同程度的瞬时压强突变现象,譬如在充水流速 $v=0.8$ m/s、0.9 m/s、1.0 m/s 条件下,P2 的峰值压强分别为 18.1 kPa、19.2 kPa、19.4 kPa,并且分别为正常供水状态下的 4.53 倍、4.8 倍、4.85 倍;P3 的峰值压强分别为 28.5 kPa、27.1 kPa、29.5 kPa,并且分别为正常供水状态下的 1.36 倍、1.36 倍、

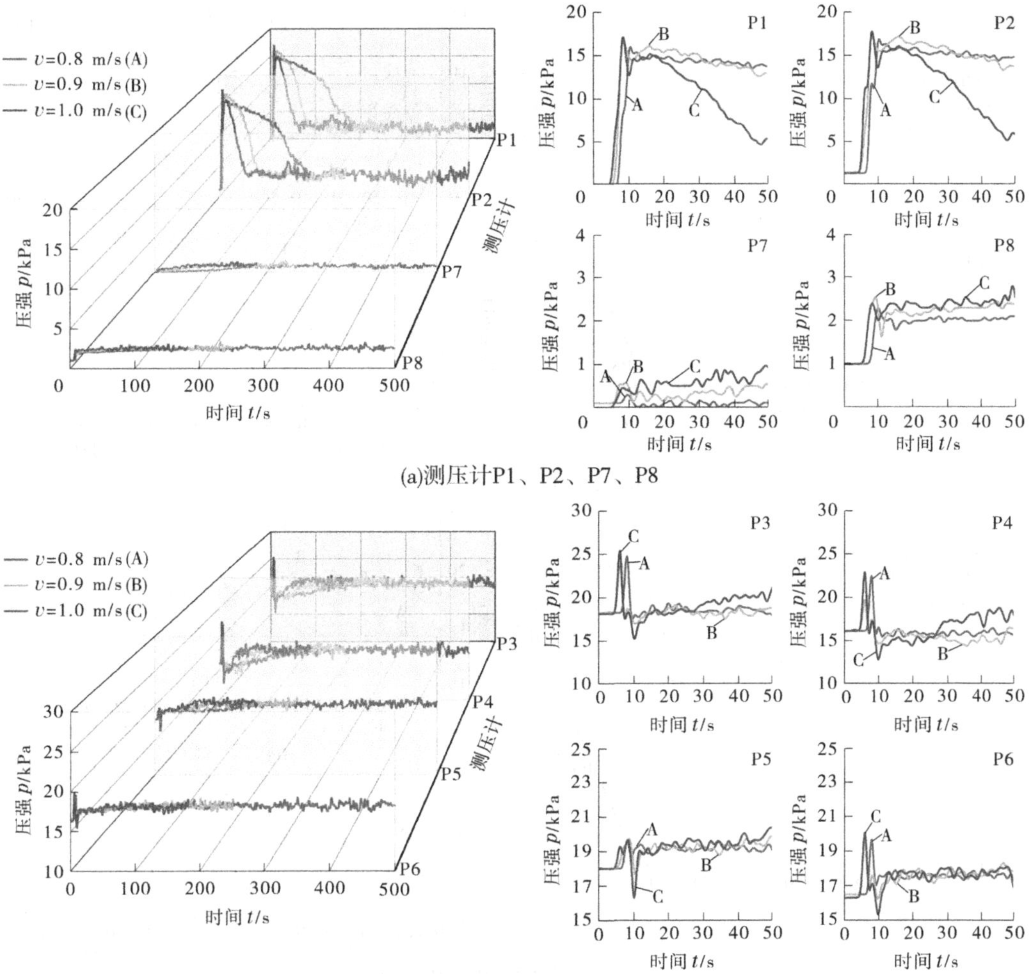

(a)测压计P1、P2、P7、P8

(b)测压计P3、P4、P5、P6

图 6-51 工况 F 在快速充水条件下的压强波动变化

1.4 倍,由此不难推知,弯管 B1、B2 的水锤强度伴随充水流速的增大而增大。

(4)工况 F 在正常充水条件下,管内压强在不同充水流速条件下的波动变化如图 6-52 所示。

模型管路在正常充水过程中,管路系统中各个测压计的波动变化趋势与工况 D 相同,均在充水初期发生较为剧烈的压强波动,随后在较短时间内在某一定值处上下波动。当充水流速 v=0.4 m/s 时,各个弯管内外侧压强在充水过程中所达到最大差值分别为 2.4 kPa、2.6 kPa、3.8 kPa 以及 2.1 kPa,并且在模型管路充水完成后,各测点处压强波动幅度逐渐减小。此时,各个弯管内外侧压强差值为 1.7 kPa、2.1 kPa、1.9 kPa 以及 2.0 kPa。

在不同充水流速条件下,各个测压计在充水初期形成不同程度的瞬时压强突变现象,譬如在充水流速 v=0.3 m/s、0.4 m/s、0.5 m/s 条件下,P1 的峰值压强分别为 7.9 kPa、8.3 kPa、10.3 kPa,并且分别为正常供水状态下的 7.9 倍、4.15 倍、3.43 倍;P3 的峰值压强分别为 19.8 kPa、20.6 kPa、21.7 kPa,并且分别为正常供水状态下的 1.03 倍、1.04 倍、

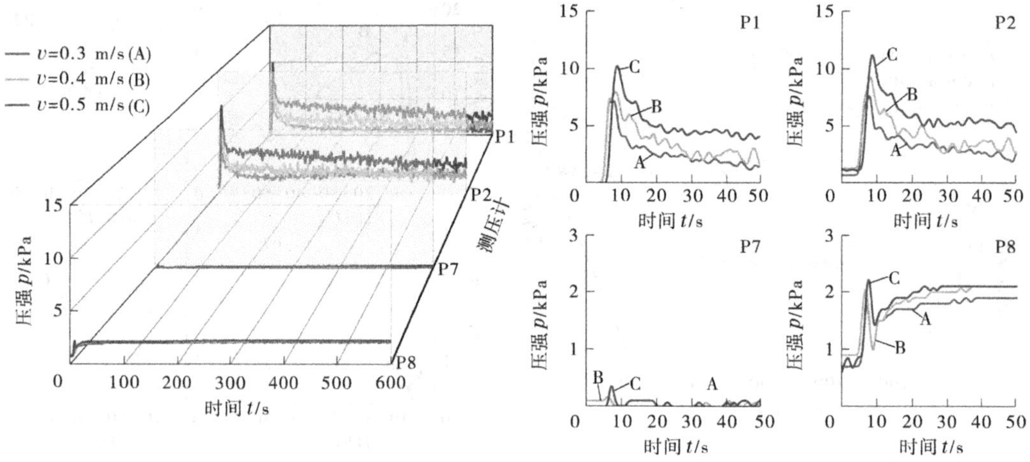

(a)测压计P1、P2、P7、P8

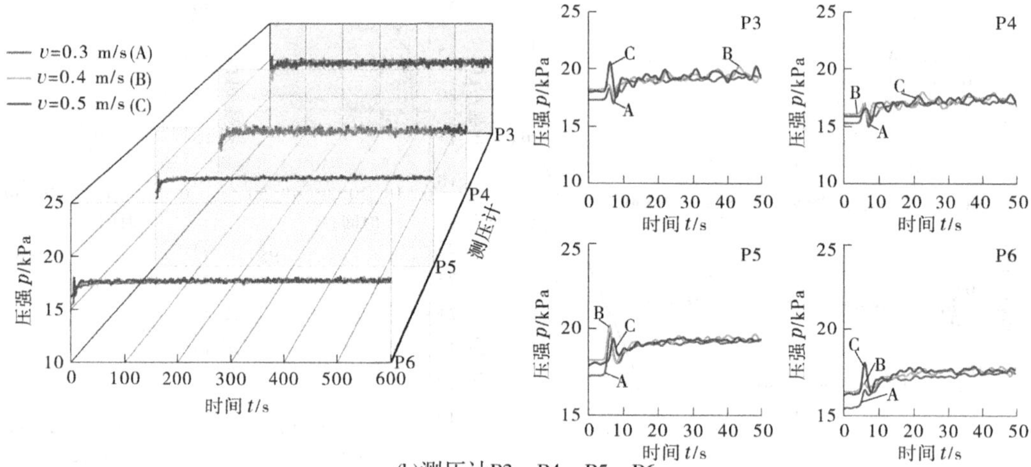

(b)测压计P3、P4、P5、P6

图 6-52　工况 F 在正常充水条件下的压强波动变化

1.08 倍,由此不难推知,弯管 B1、B2 的水锤强度伴随充水流速的增大而增大。

6.5.4.4　45°连续性三段式弯管模型

(1)工况 G 在快速充水条件下,管内压强在不同充水流速条件下的波动变化如图 6-53 所示。

模型管路在快速充水条件下,管内测压计 P1、P2 瞬时达到峰值压强后逐渐减小,并且压强衰减速度随着充水历时的增减而降低,测压计 P3~P8 在充水初期发生剧烈的压强波动现象,各测点处压强伴随着充水时间历时的增大逐渐趋近于某定值处波动。当充水流速 v=0.8 m/s 时,各个弯管内外侧压强在充水过程中所达到最大差值分别为 5.3 kPa、6.7 kPa、4.8 kPa 以及 3.0 kPa,并且在模型管路充水完成后,各测点处压强波动幅度逐渐减小。此时,各个弯管内外侧压强差值为 1.9 kPa、2.6 kPa、2.4 kPa 以及 1.7 kPa。

在不同充水流速条件下,各个测压计在充水初期形成不同程度的瞬时压强突变现象,譬如在充水流速 v=0.8 m/s、0.9 m/s、1.0 m/s 条件下,P2 的峰值压强分别为 13.4 kPa、13.6 kPa、12.4 kPa,并且分别为正常供水状态下的 4.47 倍、4.53 倍、4.13 倍,弯管 B1 的

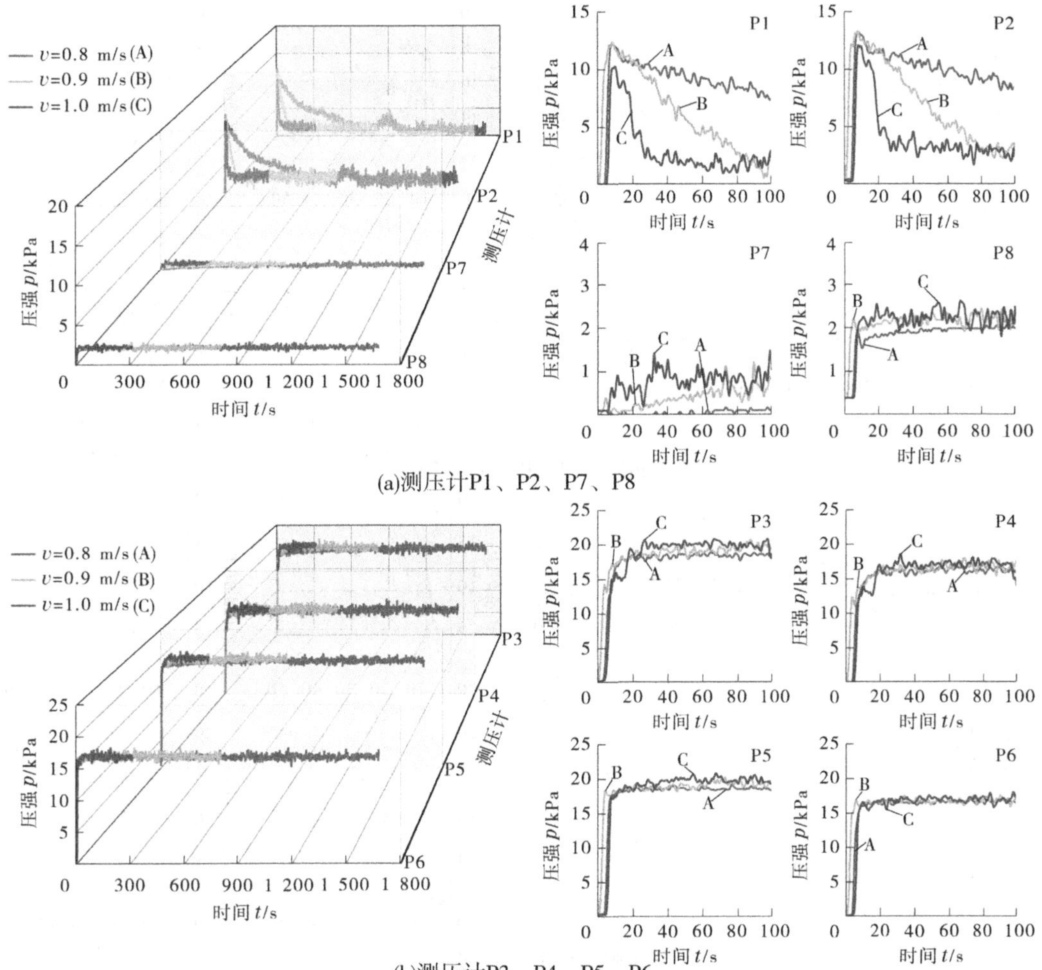

(a)测压计P1、P2、P7、P8

(b)测压计P3、P4、P5、P6

图 6-53 工况 G 在快速充水条件下的压强波动变化

水锤强度伴随着充水流速先增大再减小。

(2)工况 G 在正常充水条件下,管内压强在不同充水流速条件下的波动变化如图 6-54 所示。

模型管路在正常充水条件下,管内测压计 P1、P2 瞬时达到峰值压强后急速减小,并且压强衰减速度随着充水历时的增减而降低,测压计 P3～P6、P8 在短时间内迅速达到峰值压强,各测点处压强伴随着充水时间历时的增大逐渐趋近于某定值处波动。当充水流速 v=0.4 m/s 时,各个弯管内外侧压强在充水过程中所达到最大差值分别为 2.5 kPa、2.8 kPa、2.1 kPa 以及 1.7 kPa,并且在模型管路充水完成后,各测点处压强波动幅度逐渐减小。此时,各个弯管内外侧压强差值为 1.4 kPa、2.2 kPa、1.6 kPa 以及 1.7 kPa。

在不同充水流速条件下,各个测压计在充水初期形成不同程度的瞬时压强突变现象,譬如在充水流速 v=0.3 m/s、0.4 m/s、0.5 m/s 条件下,P2 的峰值压强分别为 6.7 kPa、7.4 kPa、9.9 kPa,弯管 B1 的水锤强度伴随着充水流速的增大而增大。

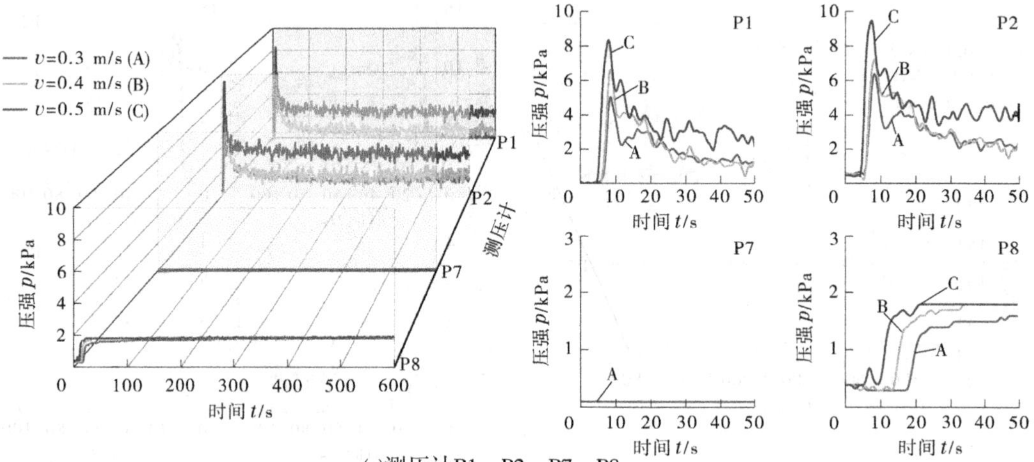

(a)测压计P1、P2、P7、P8

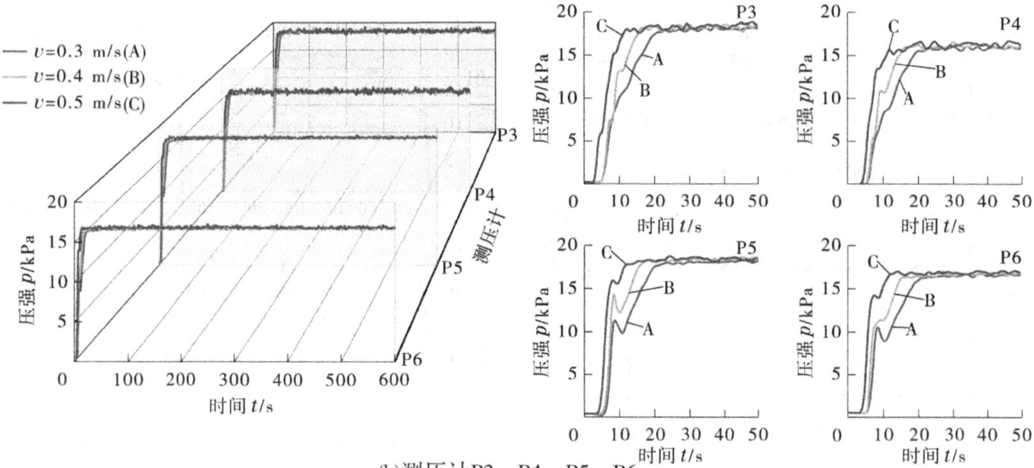

(b)测压计P3、P4、P5、P6

图 6-54　工况 G 在正常充水条件下的压强波动变化

(3)工况 H 在快速充水条件下,管内压强在不同充水流速条件下的波动变化如图 6-55 所示。

模型管路在快速充水条件下,管内测压计的波动变化与工况 G 相似。当充水流速 v=0.8 m/s 时,各个弯管内外侧压强在充水过程中所达到最大差值分别为 5.3 kPa、6.9 kPa、4.9 kPa 以及 3.2 kPa,并且在模型管路充水完成后,各测点处压强波动幅度逐渐减小。此时,各个弯管内外侧压强差值为 1.9 kPa、2.7 kPa、2.7 kPa 以及 1.6 kPa。

在不同充水流速条件下,各个测压计在充水初期形成不同程度的瞬时压强突变现象,譬如在充水流速 v=0.8 m/s、0.9 m/s、1.0 m/s 条件下,P2 的峰值压强分别为 15.6 kPa、16.9 kPa、17.7 kPa,并且分别为正常供水状态下的 5.2 倍、5.63 倍、5.9 倍;P3 的峰值压强分别为 23.3 kPa、23.9 kPa、27.9 kPa,并且分别为正常供水状态下的 1.16 倍、1.32 倍、1.4 倍,弯管 B1、B2 的水锤强度伴随着充水流速的增大而增大。

(4)工况 H 在正常充水条件下,管内压强在不同充水流速条件下的波动变化如图 6-56 所示。

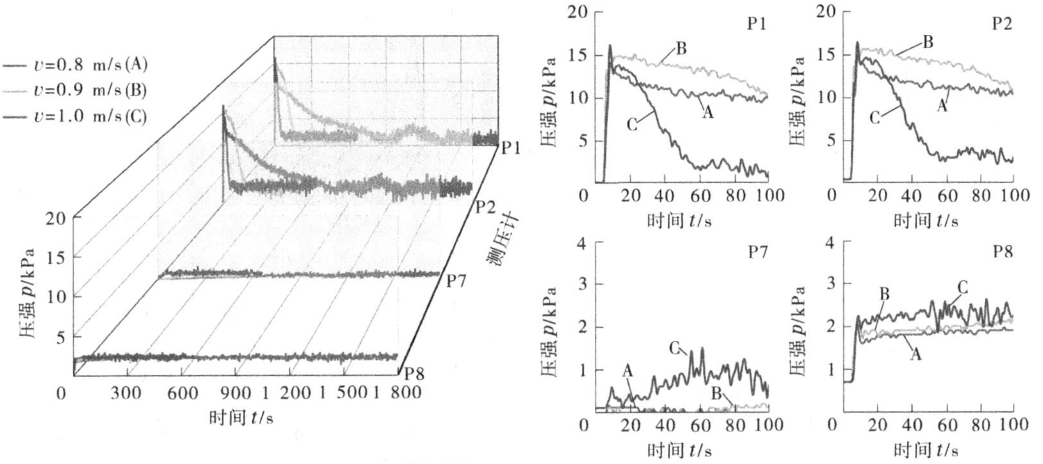

(a)测压计P1、P2、P7、P8

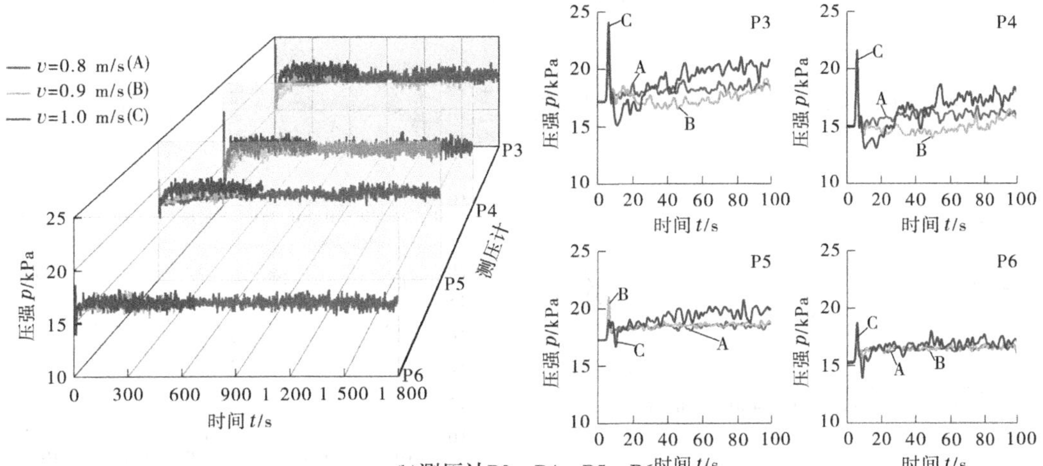

(b)测压计P3、P4、P5、P6

图 6-55　工况 H 在快速充水条件下的压强波动变化

模型管路在正常充水条件下，管内测压计的波动变化与工况 G 相似。当充水流速 v=0.4 m/s 时，各个弯管内外侧压强在充水过程中所达到最大差值分别为 2.9 kPa、3.3 kPa、4.7 kPa 以及 1.9 kPa，并且在模型管路充水完成后，各测点处压强波动幅度逐渐减小。此时，各个弯管内外侧压强差值为 1.6 kPa、2.3 kPa、1.6 kPa 以及 1.8 kPa。

在不同充水流速条件下，各个测压计在充水初期形成不同程度的瞬时压强突变现象，譬如在充水流速 v=0.3 m/s、0.4 m/s、0.5 m/s 条件下，P2 的峰值压强分别为 8.5 kPa、8.5 kPa、10.0 kPa，并且分别为正常供水状态下的 4.25 倍、4.25 倍、5 倍；P4 的峰值压强分别为 16.9 kPa、17.8 kPa、20.6 kPa，并且分别为正常供水状态下的 1.06 倍、1.11 倍、1.29 倍，随着充水流速增大，弯管 B1、B2 分别减小、增大。

6.5.4.5　管内压强量纲分析

结合图 6-41～图 6-56 可知，当充水流速为正常充水流速时，模型管路的测压计 P1、P2 在达到峰值压强后，其压强衰减速率伴随着充水历时的增加逐渐减小；当充水流速为快速充水流速时，该种现象恰巧相反。当模型管路发生首次充水时，测压计 P3～P8 在充水前

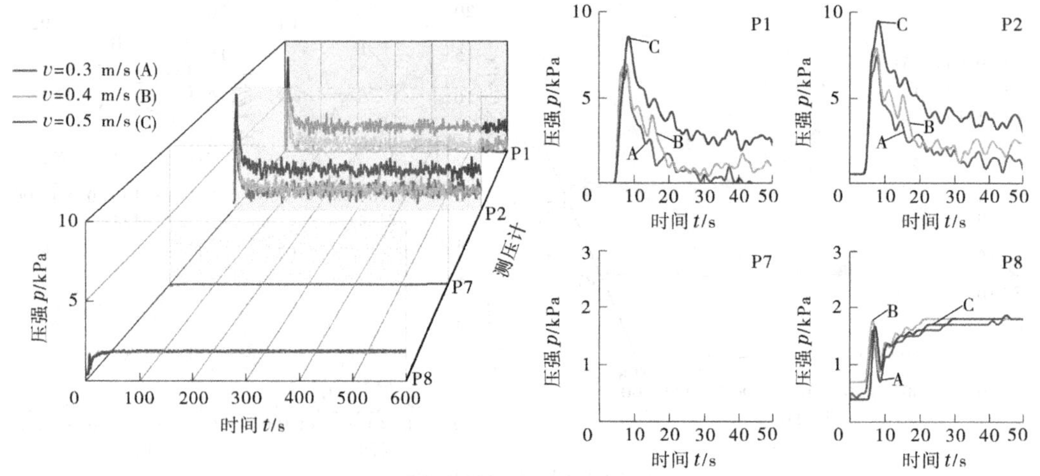

(a)测压计P1、P2、P7、P8

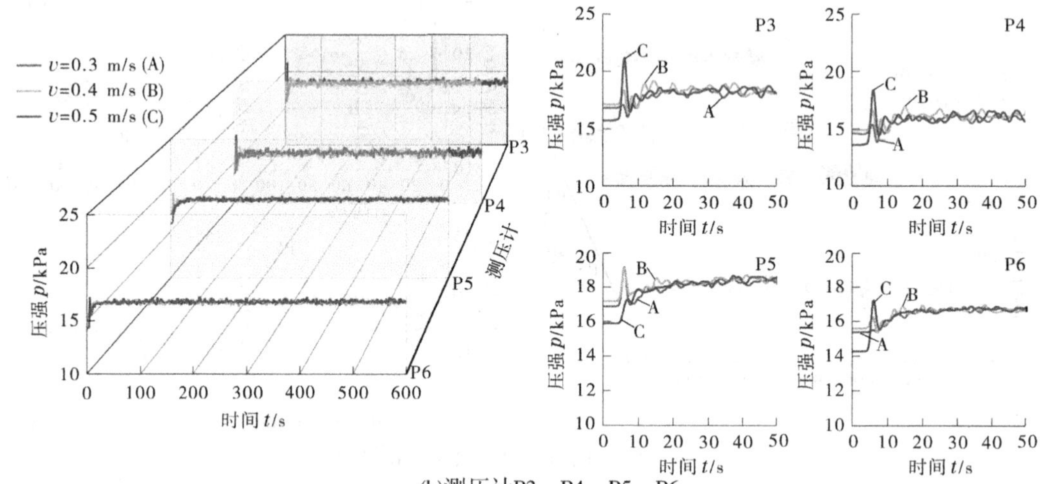

(b)测压计P3、P4、P5、P6

图 6-56　工况 H 在正常充水条件下的压强波动变化

期直接达到峰值压强，尚未出现较为剧烈的压强波动；当模型管路发生二次充水时，测压计 P3～P8 在充水前期出现瞬时的压强突变，此后各测点处的压强波动较为剧烈。

后文结合欧拉数（Eu）进一步分析弯管种类、弯管角度对管内压强的影响，其中欧拉数（Eu）可表示为

$$Eu = \frac{\Delta P}{\rho u^2} \tag{6-5}$$

式中：ΔP 为压差，在此次研究中，$\Delta P = P_{t+1} - P_t$，P_{t+1}、P_t 分别为某测压计在 $t+1$、t 时刻的压强；ρ 为水的密度；u 为特征流速，在此次研究中，将各工况的充水流速 v 视为特征流速 u。

1. 弯管种类对管内压强波动的影响分析

为研究弧度弯管、三段式弯管对模型管路中各测点处压强的影响，以 45°弯管在首次充水状态下为例，绘制模型管路在充水 1 000 s 内，管内测压计在充水流速 v = 0. 8 m/s 下的欧拉数波动变化（见图 6-57）。

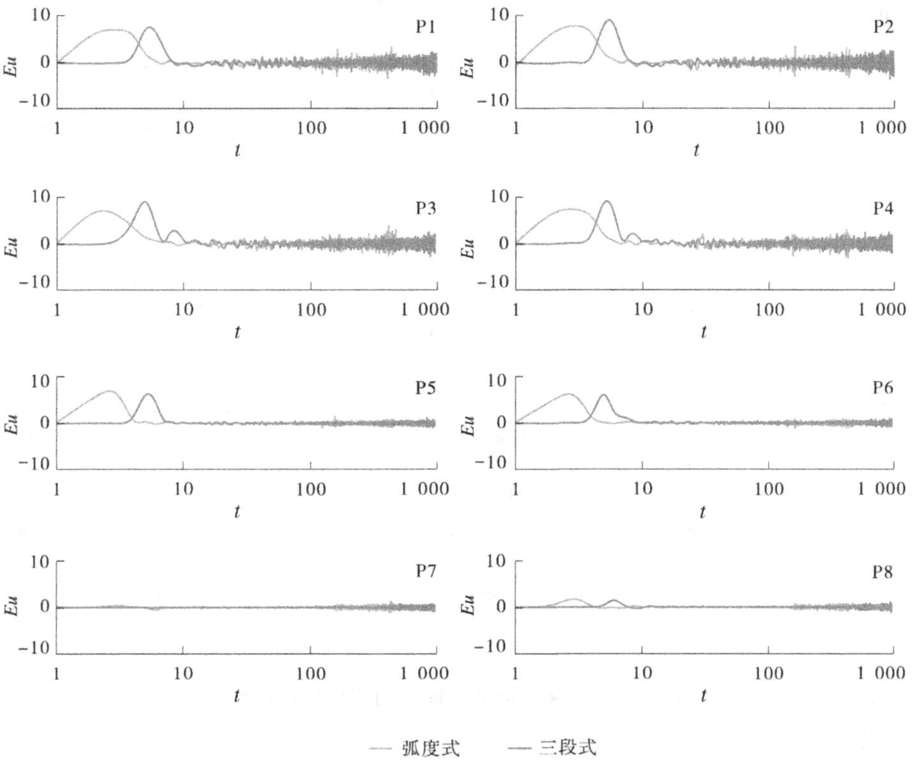

图 6-57 不同弯管种类条件下的欧拉数波动变化

由图 6-57 可知,管内压强瞬时波动幅度在模型管路充水过程中呈“先剧烈、再平缓、再波动”,并且三段式弯管的瞬时欧拉数峰值相对于弧度式弯管的滞后。在弯管 B1、B2 中,弧度式弯管内瞬时欧拉数峰值小于三段式弯管内瞬时欧拉数峰值,而在弯管 B3、B4 中,弧度式弯管内瞬时欧拉数峰值大于三段式弯管内瞬时欧拉数峰值,并且在弯管 B3 中,两种弯管的瞬时欧拉数峰值大于其他弯管的,譬如测压计 P5 的瞬时欧拉峰值在弧度式弯管、三段式弯管中分别为 16. 72、14. 38。

2. 弯管角度对管内压强波动的影响分析

为研究弯管角度对模型管路中各测点处压强的影响,以三段式弯管在首次充水状态下为例,绘制模型管路在充水 1 000 s 内,管内测压计在充水流速 $v = 0.8$ m/s 下的欧拉数波动变化(见图 6-58)。

由图 6-58 可知,管内压强瞬时波动幅度变化趋势与前文相似,并且两种弯管偏转角度几乎在同一时刻达到瞬时欧拉数峰值。在弯管 B1、B4 中,45°弯管内瞬时欧拉数峰值大于三段式弯管内瞬时欧拉数峰值,譬如测压计 P2 的瞬时欧拉峰值在 90°弯管、45°弯管中分别为 9. 53、10. 16;在弯管 B2、B3 中,90°弯管内瞬时欧拉数峰值大于 45°弯管内瞬时欧拉数峰值,譬如测压计 P4 的瞬时欧拉数峰值在 90° 弯管、45° 弯管中分别为 13. 91、10. 47;同样在弯管 B3 中,两种弯管的瞬时欧拉数峰值大于其他弯管的,譬如测压计 P5 的欧拉数峰值在弧度式弯管、三段式弯管中分别为 18. 59、14. 38。

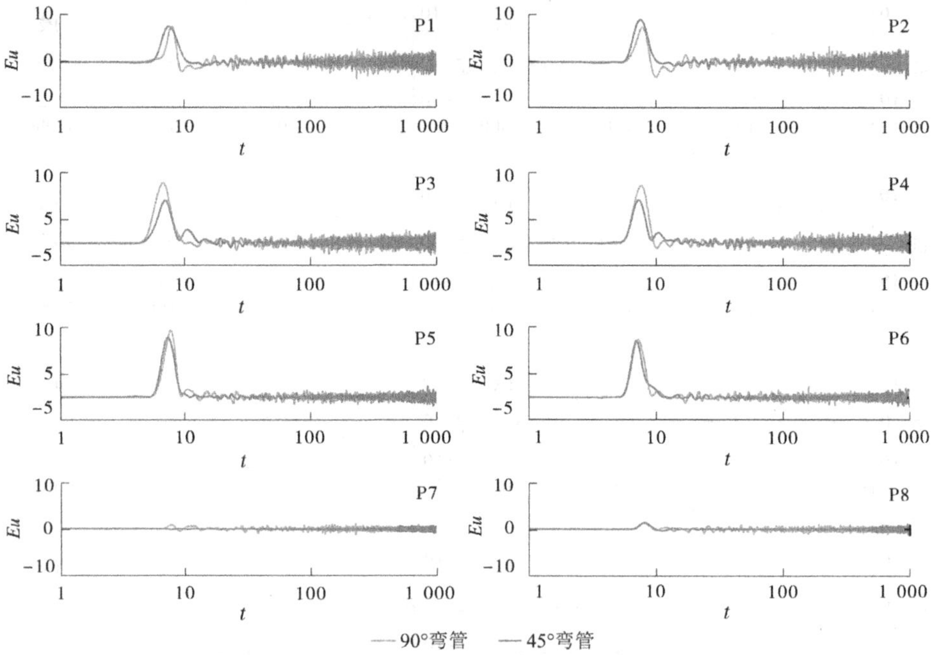

图 6-58　不同弯管角度条件下的欧拉数波动变化

3. 充水流速对管内压强波动的影响分析

前文主要研究了同一种充水流速状态下的弯管种类、角度对管内压强的影响，为进一步研究充水流速对管内压强的影响，结合由式(6-4)计算出临界充水流速v_0(0.585 m/s)可推算出流速比 Ru：

$$Ru = \frac{v}{v_0} \tag{6-6}$$

式中：v 为充水流速；v_0 为临界充水流速。

根据工况 E、工况 G 绘制了各个测压计在不同流速比 Ru 下的瞬时欧拉数峰值 Eu_{max}，并拟合了相关的曲线，如图 6-59 所示。

根据各个测压计在不同工况、不同流速比对应的瞬时欧拉数峰值可知，瞬时欧拉数峰值随着流速比的增大而减小，并且两者呈幂指数函数关系，拟合的曲线方程如表 6-7 所示。

由表 6-7 可知，在拟合曲线中，流速比 Ru 的幂指数范围为-2.77～-1.08，该幂指数在-2 处波动，若在此次拟合曲线中设定幂指数的值为-2，则拟合曲线的表达式为

$$Eu_{max} = aRu^{-2} \tag{6-7}$$

式中：a 为待率定系数。

结合式(6-5)、式(6-6)可进一步化简得出：

$$a\rho v_0^2 = \Delta P_{max} \tag{6-8}$$

式中：ΔP_{max} 为瞬时压强突变最大峰值。

由式(6-8)可知，各工况中的各个测压计的瞬时压强突变最大峰值 ΔP_{max} 与临界充水流速 v_0 成正比，且幂指数比例为 1∶2。

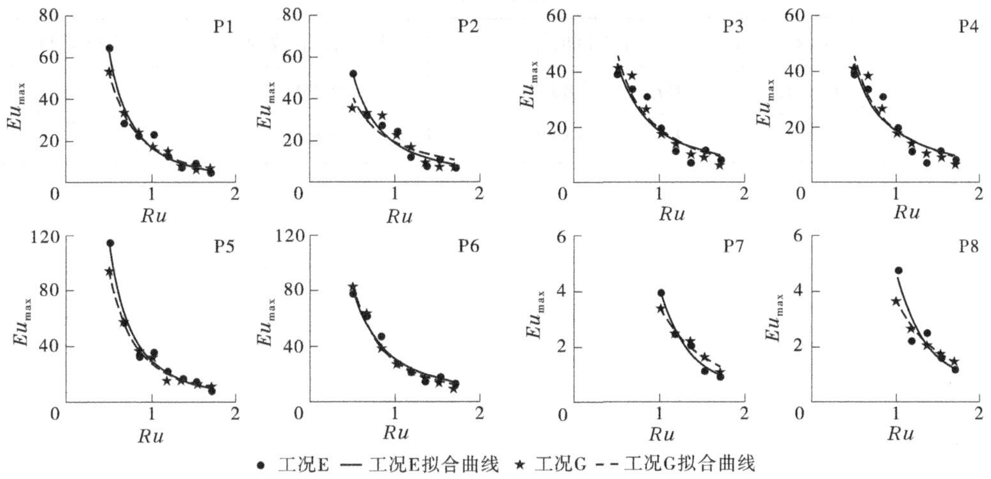

图 6-59 不同流速比的瞬时欧拉数峰值

由表 6-4 可知,同一测压计在不同工况下拟合曲线的交点坐标 Ru 范围为 0.643~1.340,该流速比基本在 1 处波动。当 $Ru=1$ 时,充水流速 v 等于临界充水流速 v_0,即可视为临界流速是切换瞬时压强波动峰值的临界点。并且工况 E、工况 G 分别为弧度弯管、三段式弯管均在首次充水的模型试验条件,进而丰富了不同弯管种类的瞬时欧拉数峰值在不同流速下的大小判别。

表 6-4 各工况拟合曲线

测压计	工况	拟合曲线	相关性系数 R^2	交点坐标
P1	工况 E	$Eu_{max}=16.948Ru^{-1.95}$	0.959	(0.907,20.505)
	工况 G	$Eu_{max}=17.384Ru^{-1.69}$	0.991	
P2	工况 E	$Eu_{max}=19.515Ru^{-1.48}$	0.956	(0.972,20.338)
	工况 G	$Eu_{max}=19.734Ru^{-1.08}$	0.816	
P3	工况 E	$Eu_{max}=19.061Ru^{-1.21}$	0.873	(1.133,16.380)
	工况 G	$Eu_{max}=19.253Ru^{-1.29}$	0.918	
P4	工况 E	$Eu_{max}=19.061Ru^{-1.21}$	0.872	(1.133,16.380)
	工况 G	$Eu_{max}=19.253Ru^{-1.29}$	0.918	
P5	工况 E	$Eu_{max}=29.037Ru^{-2.02}$	0.911	(1.224,19.304)
	工况 G	$Eu_{max}=27.886Ru^{-1.82}$	0.987	
P6	工况 E	$Eu_{max}=31.543Ru^{-1.44}$	0.956	(0.643,59.562)
	工况 G	$Eu_{max}=29.392Ru^{-1.60}$	0.967	
P7	工况 E	$Eu_{max}=4.173Ru^{-2.77}$	0.974	(1.209,2.464)
	工况 G	$Eu_{max}=3.523Ru^{-1.88}$	0.956	

续表 6-4

测压计	工况	拟合曲线	相关性系数 R^2	交点坐标
P8	工况 E	$Eu_{max}=4.789Ru^{-2.66}$	0.897	(1.340,2.197)
	工况 G	$Eu_{max}=3.733Ru^{-1.81}$	0.991	

7　穿河管线数值模拟研究分析

7.1　Fluent 软件介绍

Fluent 作为经典的 CFD 商业软件之一，由于其具有丰富的物理模型、先进的数值方法和强大的前后处理功能，在水利工程、航空航天、汽车设计、石油天然气和涡轮机设计等方面都有着广泛的应用。

早在 2014 年，Fluent 基于 NVIDIA AmgX 求解器将 GPU 引入 CFD 求解运算，相对同时期的其他 CFD 软件，Fluent 较早地引入了图形处理单元技术。2016 年，Fluent 基于高性能计算(HPC)成功地扩展到超过 17 万个计算机内核，极大地提高了数学模型的求解速度，为产品创建了的完整虚拟原型。2017 年，Fluent 引入了多面体非结构化网格自适应(PUMA)技术，该种网格技术可在求解瞬态流动问题时可自动、动态地调整网格精度，从而在提高计算效率的同时保障了数值模拟的可信度。此外，针对 RANS-LES 混合模型受到网格相关性以及由网格诱导的非真流动分离限制等问题，Fluent 开发出应力混合涡流仿真(SBES)湍流模型用于解除上述种种限制。2018 年，Fluent 为解决不同类型的网格与高质量的多面体单元自动连接推出了 Mosaic 网格划分技术，该项技术大大节省了 RAM，可获取更高的求解精度，显著加快求解速度。此外，Fluent 成功将喷雾破碎模型应用至商业领域。2019 年，Fluent 推出具有可调系数的广义 k-omega(GEKO)湍流模型，这种较为开放式的湍流模型可适用于大量测试案例的验证。2020 年，Fluent 率先展示了基于代数界面面积密度(AIAD)方法的欧拉多相转换方法，成功地模拟并验证了压水反应堆中的冷却剂损耗情况。2021 年，Fluent 基于 2018 年的喷雾破碎模型提出改进的双向 VOF-DPM-EWF 模型，该种模型支持 DPM 颗粒与 VOF 液体的双向转化求解耦合运算。此外，Fluent 引入人工智能(AI)以及机器学习技术(ML)对湍流模型进行修正调整。2022 年，Fluent 引入原生多 GPU 求解器，以缩短模拟仿真时间，降低硬件成本及损耗，同时求解精度还可媲美 CPU。此外，Fluent 开放了与 Python 对接的 DPI 接口，并提供了 PyAnsys 第三方库用以访问网格剖分、求解计算、后可视化处理等，从而创造无限的可能性。

7.2　数学模型搭建及验证

为保证数值模拟结果的真实性及适用性，研究基于物理模型中实测压强数据对数值模拟结果进行了验证。

模型在验证过程中主要分为两个阶段：网格无关性验证以及数学模型的瞬态求解验证。其中，网格无关性验证旨在恒定网格的尺寸大小，进而保证模拟精度以及由网格过密产生的负优化；瞬态求解验证则是采用纳什效率系数进而判定数学模型的模拟结果的可信程度，从而保证较高精度的模拟结果。

7.2.1　网格无关性验证

7.2.1.1　网格剖分

此次研究基于 ICEM CFD 划分结构性网格，为了精确地模拟管内绝大多数的气泡运动，网格的立方体尺度应大于含能尺度，且网格计算尺度应小于气泡尺度。模型对近壁面处网格进行局部加密，加密尺度均为 0.1 mm，整体网格尺寸采用 6 种网格尺寸（5～10 mm）进行剖分，网格质量整体大于 0.6。以模型 1（90°连续性弧度弯管模型）为例，图 7-1 给出了该模型整体剖分 8 mm，近壁面加密 0.1 mm 的网格结构。

图 7-1　网格剖分

7.2.1.2　参数设置

湍流模型基于比选选取 SST k-omega 模型，模型开边界分别选用速度进口及压力出口，进口处流速由物理模型中流量计 S 提供，进出口的相对压强则分别由物理模型中测压管 C 以及尾水塔 W 提供，闭边界选用固壁无滑移条件，壁面粗糙高度根据模型管件糙率 0.008 取值 0.1 mm。本次稳态求解所采用的求解器统一为 PISO，该种求解方式在迭代计算过程中可修正动量以及网格畸变，从而获得更为准确的压强场。所有残差收敛标准均采用 10^{-4}，即认为计算值相对误差小于 3%时，计算收敛，停止计算。

7.2.1.3　验证分析

为对比分析不同尺度网格在同种模拟条件下的模拟精度，图 7-2 给出了各测点在不同尺寸网格下的流速大小，其中，测点 1～4 分别为弯管 B1～B4 管内中心位置。

结合图 7-2 可知，当网格尺寸大于 8 mm 时，部分测点流速波动较为剧烈，譬如模型 1 中的测点 3 流速在网格尺寸 9 mm、10 mm 条件下分别为 0.977 m/s、0.905 m/s；当网格尺寸小于等于 8 mm 时，各测点处的流速波动较为平缓，譬如模型 3 中的测点 2 在网格尺寸 5 mm、6 mm、7 mm、8 mm 条件下分别为 0.988 m/s、0.982 m/s、0.983 m/s、0.987 m/s。由此可确定网格整体剖分尺寸为 8 mm，近壁面网格加密为 0.1 mm。

7.2.2　瞬态求解模型验证

7.2.2.1　参数设置

管内气泡在充水过程中产生了较多的流型，其中泡状流、段塞流、环状流的气体表面折算流速较大，并且管路系统在发生压力突变现象时，通常将管内气体视为可压缩流体，需将管内气体密度视为变量。

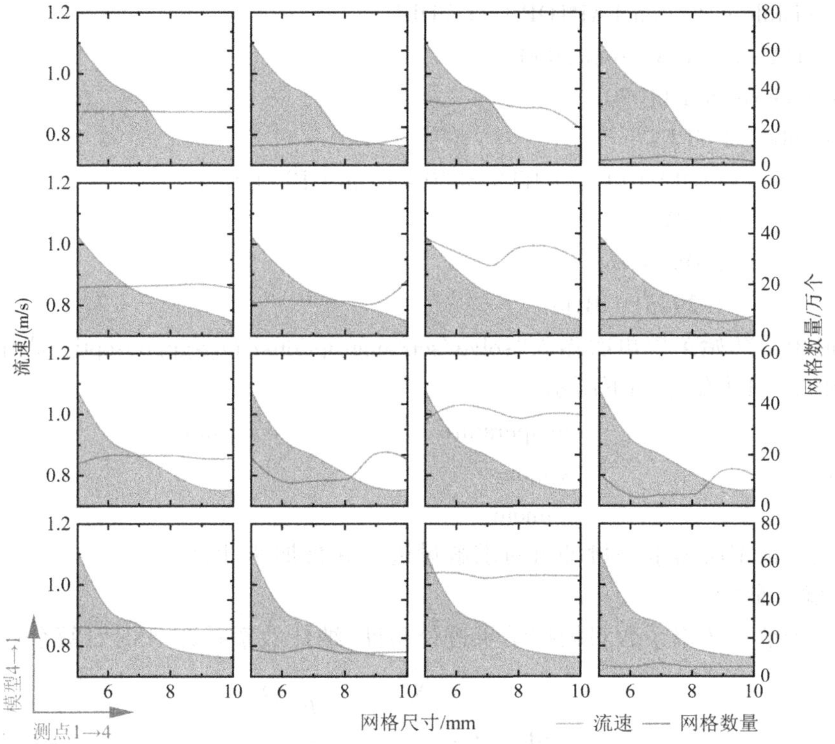

图 7-2　网格无关性验证

研究基于前文参数设置将稳态求解更改为瞬态求解,水气两相流模型选定 VOF 模型,并将空气设定为主项、液体设定为次项,随后开启能量方程,并将空气密度修改为 ideal-gas(理想气体模式)。由于数学模型的出口条件为压力出口,此次研究并未设置浮动操作压力(floating operting pressure)。模拟全程需满足库朗数限制条件,并且管内流体在不同时刻速度不同,在通常条件下,模拟前期需保持较小的时间步长,模拟中后期可设定较大的时间步长用以节省计算资源。基于此,研究以模拟工况 B 在充水流速 $v=0.4$ m/s 条件下为例编译了 time_3. jou 文件用以指定其模拟的求解过程,具体如下:

```
/solve/set/time-step 0.002
/solve/dti 50000 40
/solve/set/time-step 0.01
/solve/dti 50000 40
```

此外,为最大化地利用计算机整体的计算资源,本文采用 GPU 对数值模拟求解过程进行并行计算。由于计算机仅搭载一张 NVIDIA GeForce RTX 3050 Laptop GPU,因此在 Fluent 加载界面需指定 GPU 数量为 1。在完成 Fluent 各项参数设置后,须在 Fluent 控制台处输入"parallel/gpgpu/show"用以检测 GPU 是否连接成功。当 Fluent 控制台窗口显示所使用的 GPU 后面带"(*)"时,即表明 GPU 连接成功,具体如下所示:

CUDA visible GPUs on LAPTOP-CTJ77DUF

CUDA runtime version 6000

Driver version 11070

Number of GPUs 1

0. NVIDIA GeForce RTX 3050 Laptop GPU (*)

16 SMs

1.057 GHz

4.29451 GBytes

随后退出至初始菜单再次输入“solve/set/amg-options/amg-gpgpu-options”用以指定并行计算求解量,其求解量如下所示:

k	temperature	z-mom
omega	x-mom	
pressure	y-mom	

最终仅需指定所需求解量即可对求解量进行并行加速计算。

7.2.2.2 验证分析

研究基于纳什效率系数对模拟结果进行验证,纳什效率系数 NSE 计算公式如下:

$$\mathrm{NSE} = 1 - \frac{\sum_{t=1}^{T}(p_0^t - p_m^t)^2}{\sum_{t=1}^{T}(p_0^t - \bar{p}_0)^2} \tag{7-1}$$

式中:p_0^t 为物理模型试验在时间 t 的实测压强;p_m^t 为数值模拟结果在时间 t 的模拟压强;$\bar{p}_0$ 为在物理模型试验过程中实测压强的均值。

工况 B、C、E、H 在快速充水(v=0.8 m/s)、正常充水(v=0.4 m/s)条件下的压强数据如图 7-3 所示。

由图 7-3 可知,各个测压计的纳什效率系数均大于 0,表明数值模拟结果整体接近实测数据的平均值水平,总体结果可信。以测压计 P5 为例,模拟结果在充水初期存在着较大幅度的波动变化,而物理模型试验中的测压计仅能提供间隔 1 s 的压强值,进而致使该测压计的纳什效率系数较低。此外,部分测压计的纳什效率系数达到了 0.9 以上,表示数学模型可信度较高,模拟结果精度高。

7.2.3 管内流型验证

前文结合正交试验设计对工况 B、C、E、H 的压强数据进行了验证,本节结合管内流型对快速充水(v=0.8 m/s)条件下的工况 A、F 以及正常充水(v=0.4 m/s)条件下的工况 D、G 开展验证,进一步保证数学模型的可信度。结合前文可知,管路系统在充水过程中伴有大量气泡运动,管内呈现出较多典型的流型,图 7-4 给出了该种流型在物理模型试验及数值模拟的对比。

由图 7-4 可知,数值模拟结果与物理模型试验现象基本一致,由于物理模型分为供水模块及试验模块,且数学模型仅基于试验模块搭建,致使物理模型试验排出的气体相对于

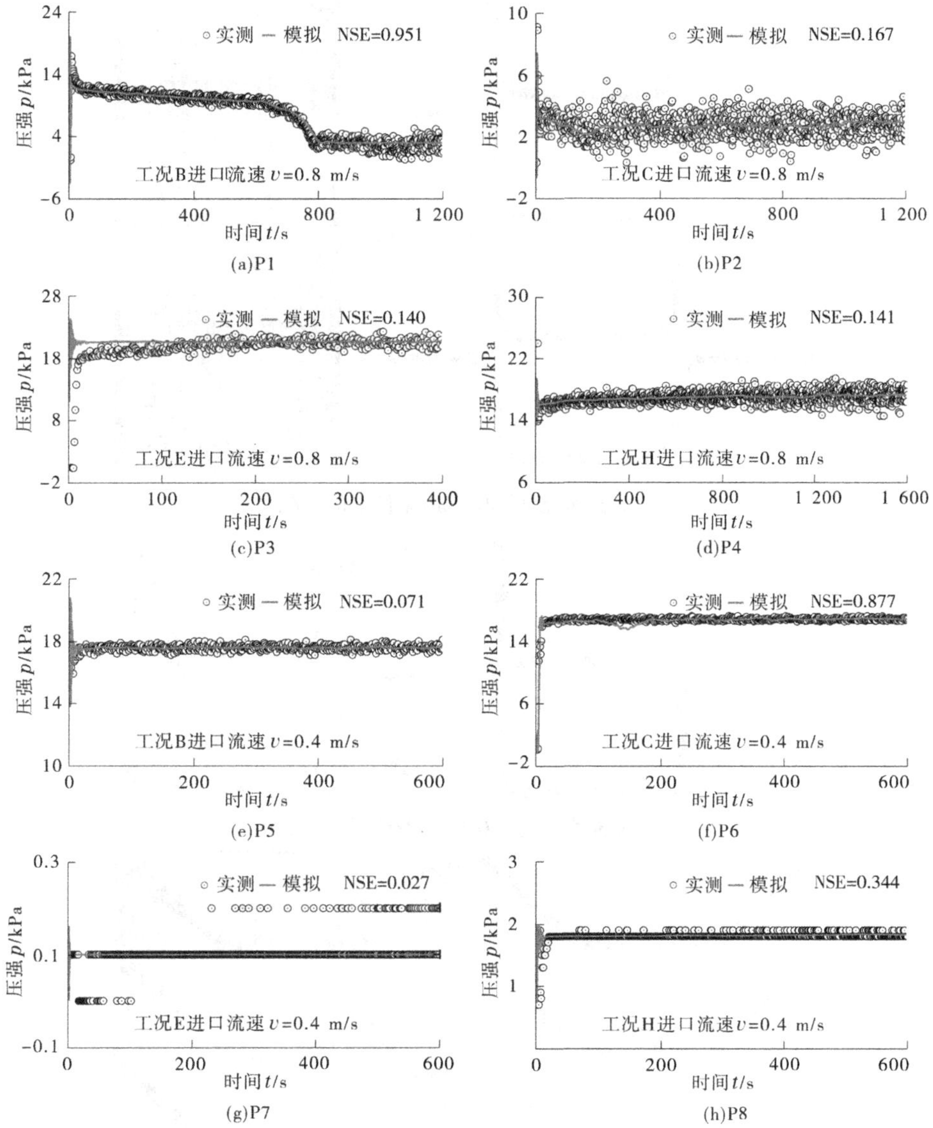

图 7-3 纳什效率系数验证

数学模块较多，进而导致气泡大小在数学模型、物理模型中存在差异。譬如工况 A 在充水流速 $v=0.8$ m/s 条件下，弯管 B2 在充水过程中所形成的空腔体积在数学模型中相对于物理模型的偏小。

结合网格无关性验证、实测压强数据的纳什效率系数以及管内主要流型验证可知，数学模型所选用的方程准确、参数控制精准，表明 Fluent 在该种工况条件下数值模拟计算的可行性，可为后续的模拟研究分析提供理论基础。

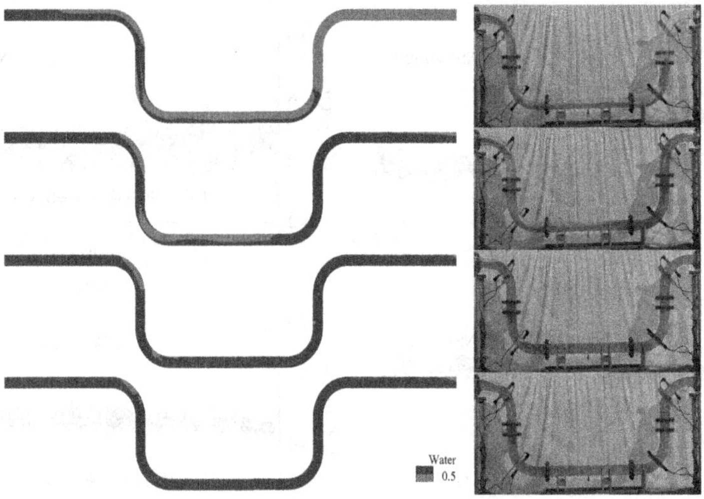

(a)充水流速v=0.8 m/s条件下的工况A

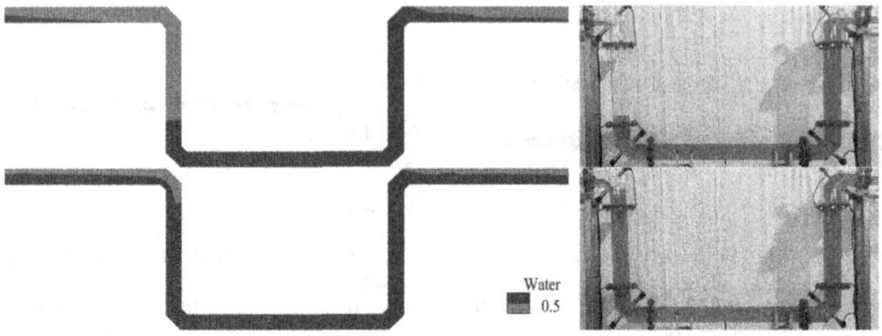

(b)充水流速v=0.4 m/s条件下的工况D

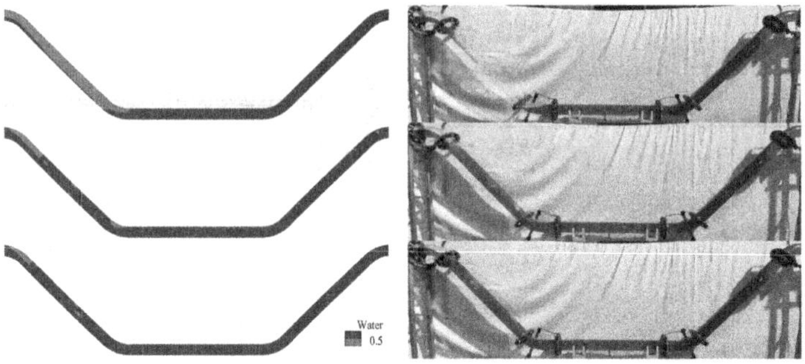

(c)充水流速v=0.8 m/s条件下的工况F

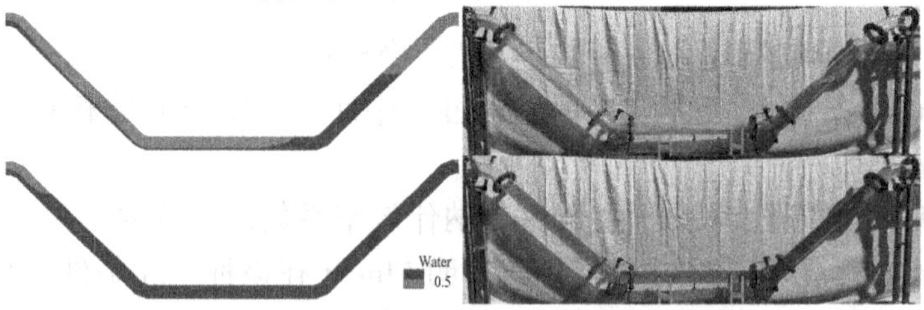

(d)充水流速v=0.4 m/s条件下的工况G

图 7-4　管内流型验证

7.3　管路系统含气量变化

7.3.1　充水方式对管线含气量影响

为研究首次充水与二次充水对管路系统含气量的影响，以工况 C、D 在充水流速 $v=0.8$ m/s 条件下为例，绘制 90°连续性三段式弯管管路系统含气量随时间变化的曲线（见图 7-5）。

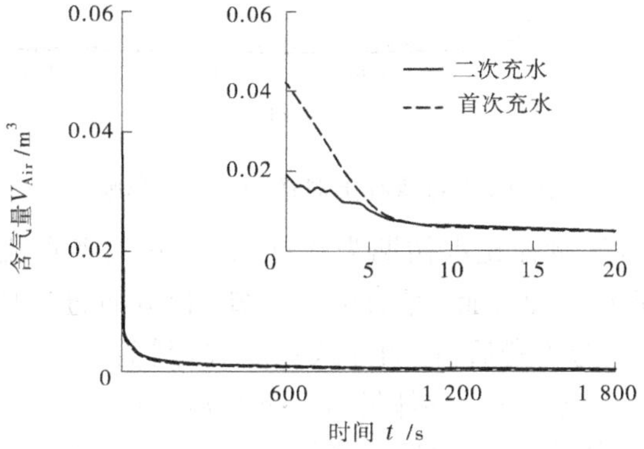

图 7-5　充水方式对管路含气量影响

管路系统整体上的含气量变化伴随时间历时的增加而减小，管路系统在首次充水条件下，管内气体前后分别以空气柱、小尺度气泡的形式排出管路系统，具体表现为管内气体在排出过程中均为线性减少，两次的线性减少的时间段分别为 0~4.3 s、216.3~1 800 s。

管路系统在二次充水条件下，管内气体在充水初期随时间历时的增加呈减小的趋势，这是由于管路系统下游（直管 L3 下游）空气柱受直管 L2~L4 水柱挤压排出，而管内水柱的变化又受上游管路系统空气柱影响。管路系统在充水中后期基本一致，导致管路系统含气量变化基本相同，并且两种充水方式在 6.4 s 含气量均为 0.007 89 m^3。

管路系统在充水中期主要发生大尺度气泡向小尺度气泡的转变，结合前文的分析可知，管路流型在首次充水条件下的流型转变分别为段塞流→塞状流→泡状流，而在二次充水条件下的流型转变则是弹状流→段塞流→塞状流→泡状流。因此，管路系统流型的转变导致管内气体的排出呈非线性减少，并且伴随着流型的转变，管路系统含气量的减小速率越来越低。

7.3.2　弯管种类对管线含气量影响

为研究弧度弯管与三段式弯管对管路系统含气量的影响，以工况 A、C 在充水流速 $v=0.8$ m/s 条件下为例，绘制 90°弯管管路系统在首次充水条件下的含气量随时间的变化曲线（见图 7-6）。

在同种弯管偏转角度、同种充水方式下，此次研究中的弧度式弯管管路系统的初始含气量大于三段式弯管管路系统，且三段式弯管仅存在 45°斜角，弧度式弯管内的斜角范围为 0°～90°，上述因素对管路气体的排出产生了较大的差异，具体体现如下：

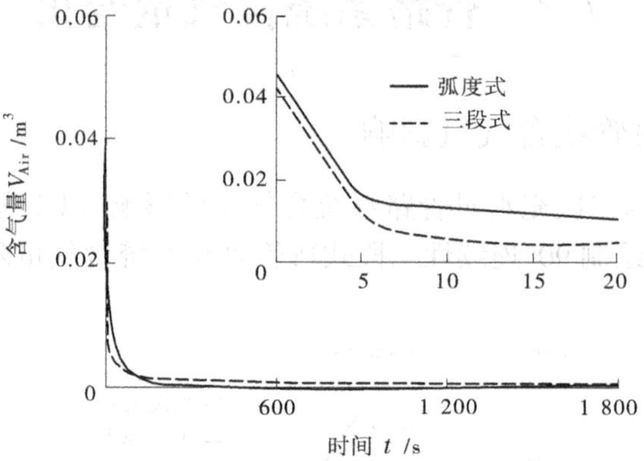

图 7-6　弯管种类对管路含气量影响

（1）由于管路系统含气量在充水初期为线性减小，并且当管流经过（数学）模型出口时，管内气体减小速率降低。基于此，结合前文可知，管流通过三段式弯管管路模型出口进入尾水塔相对于弧度式弯管滞后，进而导致弧度式弯管管路系统含气量减小速率在充水初期 4.1 s 降低，管路系统含气量整体转入非线性减小阶段。

（2）由于管路系统气体在充水中后期主要依靠气泡排出，而大尺度气泡的分裂、融合、溃灭等又与气泡和壁面的夹角有关。基于此，三段式弯管管路系统相对于弧度式弯管管路给定的角度较为单一，进而导致三段式弯管管路系统在充水中前期的气泡相对于弧度式弯管较大，从而致使三段式弯管管路系统含气量的减小速率在充水中前期相对弧度式弯管管路系统的大。当三段式弯管管路系统的大尺度气泡排出后，弧度式弯管管路系统更便于气泡的融合，相对三段式弯管更有利于排出管路系统，具体表现为在同种条件下，三段式弯管管路系统的充水时间相较于弧度式弯管管路系统较长，并且两种管路系统的含气量在 88.7 s 时相同，均为 0.002 17 m³。

7.3.3　弯管角度对管线含气量影响

为研究不同弯管角度对管路系统含气量的影响，以工况 A、E 在充水流速 v=0.8 m/s 条件下为例，绘制 90°及 45°弧度式弯管管路系统在首次充水条件下的含气量随时间的变化曲线（见图 7-7）。

45°弯管管路系统相对于 90°弯管管路系统，不仅包含 4 个 45°弯管，还改变了原有的垂直管段，并更替为倾角为 45°的 2 根倾斜管段，从而致使 45°弯管管路系统的含气量大于 90°弯管管路系统的。上述因素对管路气体的排出产生了较大的差异，具体体现如下：

（1）由于 45°弯管管路系统相对于 90°弯管管路系统包含较多空气，且管路系统含有倾斜管段，致使 45°弯管管路系统含气量在充水初期的线性减小时间长于 90°弯管管路系统，其中 45°弯管管路系统含气量在充水初期的线性减少时间段为 0～6.1 s，且在充水时间 t=6.1 s 的含气量与 90°弯管管路系统在 t=4.1 s 相同，均为 0.019 71 m³。

（2）结合前文可知，管路系统含气量的减少在充水中后期主要依靠管内气泡运动排

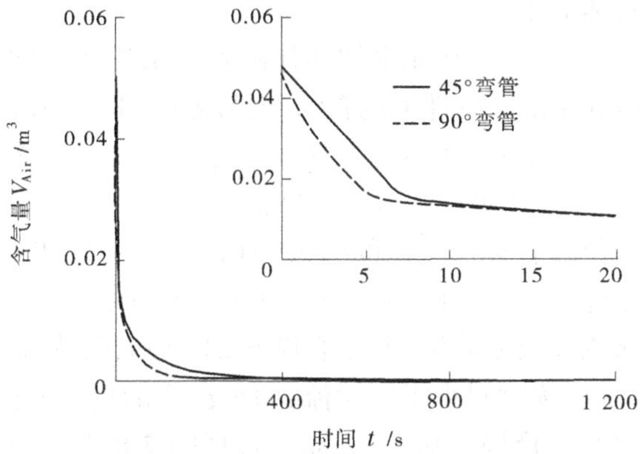

图 7-7 弯管角度对管路含气量影响

出。基于此，在充水过程由于弯管形成了不同类型的管路流型，90°弯管管路系统相较于45°弯管管路系统更易形成大尺度气泡，导致45°弯管管路系统含气量的削减速率在充水中期小于90°弯管管路系统的。

(3)在管路系统充水后期，由于45°弯管管路系统在充水中期排放的气泡体积小于90°弯管管路系统的，并且90°弯管管路系统的气泡较小，需长时间积聚融合才可排出管路系统，从而导致45°弯管管路系统含气量的削减速率大于90°弯管管路系统的。譬如，管路系统在充水后期450~500 s内，45°及90°弯管管路系统的含气量分别减少0.000 13 m^3、0.000 04 m^3。

7.3.4 充水流速对管线含气量影响

为研究正常充水、快速充水对管路系统含气量的影响，此次研究以工况C为例，绘制90°三段式弯管管路系统含气量在充水流速 $v=0.4$ m/s、0.8 m/s 条件下随时间的变化曲线(见图7-8)。

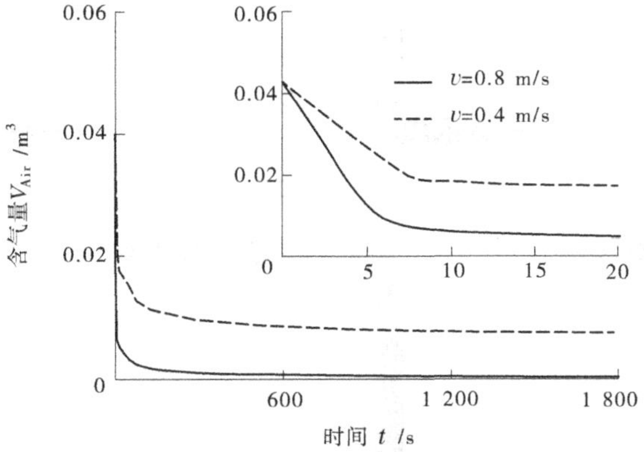

图 7-8 充水流速对管路含气量影响

由于此次研究的管路系统不包含排气阀，致使管路系统的充水流速小于满管流的临界流速时，上游管路系统存在大量的滞留气体，进而导致不同的充水流速对管路系统的含气量影响差异显著。具体如下：

(1)管路系统含气量减小速率在充水初期伴随着充水流速的增大而增大，其中管路系统含气量在充水流速 $v=0.4$ m/s 条件下的首次线性减少时间段为 0~6.2 s，管路系统含气量削减速率在充水流速 $v=0.4$ m/s、0.8 m/s 条件下分别为 0.003 13 m^3/s、0.006 26 m^3/s。

(2)结合前文可知，管内段塞流气泡的轮廓面积伴随着充水流速的增加而减小，管内塞状流气泡的轮廓面积伴随着充水流速的增大而增大，且在整体上段塞流气泡的轮廓面积大于塞状流气泡的轮廓面积。管路系统空气在充水中前期主要以大尺度气泡排出，此时管内流型主要为段塞流以及塞状流，并结合图 6-24 可知，管内流型先是出现段塞流，而后出现塞状流，且段塞流持续时间小于塞状流，两种流型的持续时间从整体上伴随着充水流速的增加呈现减小的变化趋势。基于此，即可解释图 7-8 中，管路系统在充水 25~90 s 内，管路系统含气量的削减速率伴随着充水流速的增大而减小，其中管路系统含气量在充水流速 $v=0.4$ m/s、0.8 m/s 条件下分别为 0.004 65 m^3、0.002 33 m^3。

7.4　直管气泡运动及流型分析

7.4.1　弹状流研究分析

结合前文可知，在管路系统中，弹状流在二次快速充水条件下极易形成，此次研究以工况 D、充水流速 $v=0.8$ m/s 为例对管路系统中弹状流的运动进行分析，并绘制了管路系统在存在弹状流条件下随时间变化的流线轨迹，具体如图 7-9 所示，管路系统为 L3 至 L5。

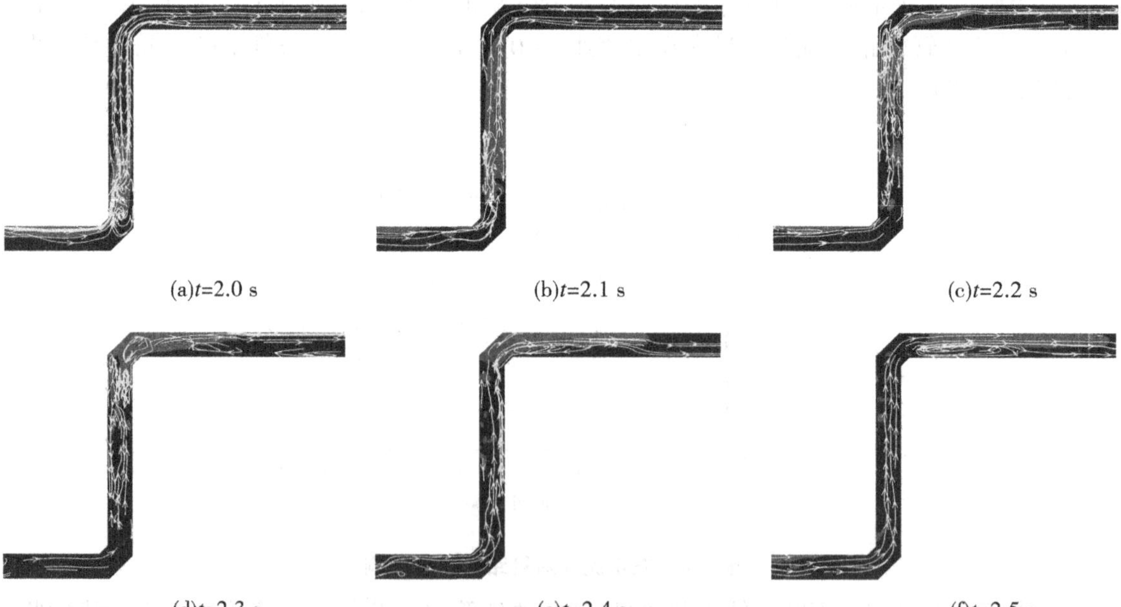

(a) t=2.0 s　(b) t=2.1 s　(c) t=2.2 s

(d) t=2.3 s　(e) t=2.4 s　(f) t=2.5 s

图 7-9　弹状流流场演变

(1)管路系统在 $t=2.0$ s 时,弹状流中主要气体运动至直管 L4 中,且在弯管 B3 的作用下形成较大尺度的湍涡结构,进而卷吸液相回溯至上游管段,从而形成完整的弹状流流型。

(2)管路系统在 $t=2.1$ s 时,弹状流气泡完全存在于直管 L4 中,且气泡的直径基本等于管内直径,在工程中极易引发断流弥合水锤。弹状流气泡在向上运动的过程,管内液相流体在重力作用下向下运动,由此引发弹状流气泡与管壁之间形成了细长状的湍涡结构。此外,管路伴随着液相流体的填充,弯管 B3 中形成了气相与液相的混掺,进而形成了湍涡结构。

(3)管路系统在 $t=2.2\sim2.5$ s 时间,弹状流气泡逐渐运动至直管 L5 中并转变为段塞流。在此过程中,首先是弹状流气泡头部进入直管 L5 中,直管 L3 内的气泡仍与管壁处形成细长状的湍涡结构,气泡尾部在湍涡的诱导下分裂形成小尺度气泡;随后,弹状流气泡主体进入弯管 B4 中,且弯管 B4 中的气泡内部出现了大尺度湍涡结构;最终,气泡受空气密度的影响悬浮于直管 L5 的管顶处,并在直管 L5 处形成了较大的细长湍涡结构,阻碍液相流体的运动。

为进一步研究该时间段内气泡的体积密度变化,本文先是基于断面空气密度数据进行插值形成云图,再采用 opencv 对管内空气进行掩模处理,最终绘制了弹状流气泡密度随时间变化的云图,具体如图 7-10 所示。

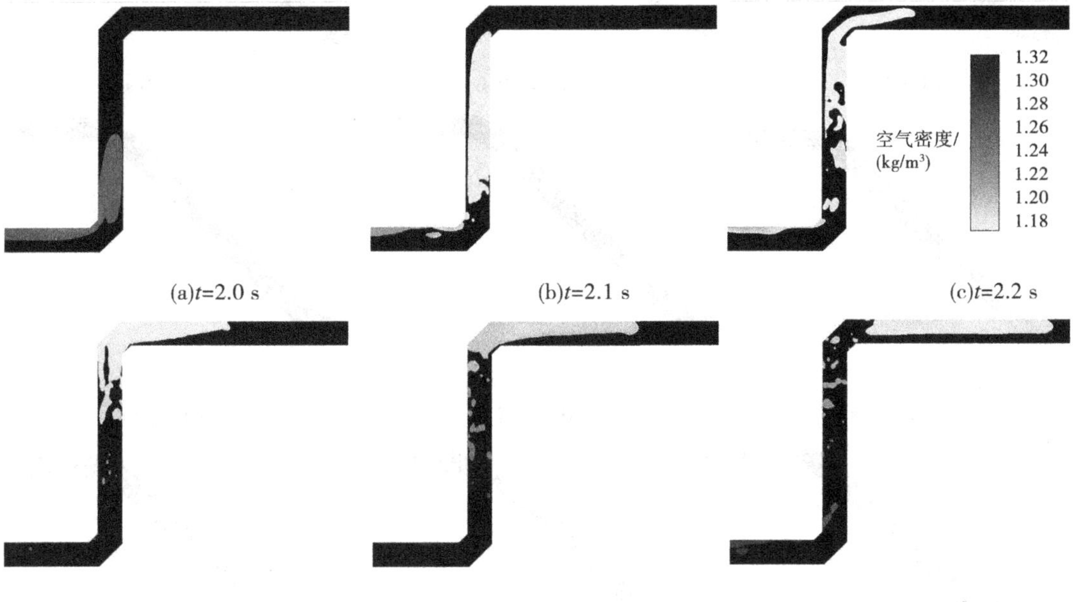

图 7-10 弹状流气泡密度

弹状流气泡的平均密度在 2.0~2.5 s 分别为 1.28 kg/m^3、1.17 kg/m^3、1.16 kg/m^3、1.19 kg/m^3、1.21 kg/m^3 以及 1.20 kg/m^3,而气体的初始密度在本次数值模拟中为 1.20 kg/m^3(与前文室温 20 ℃时相一致),即可认为大尺度气泡在运动过程中先是由压缩状态形成完整的弹状流结构,在向下游运动的过程中发生了拉伸膨胀,在液相的作用下再次被压缩,最终气泡在形成段塞流后不再发生压缩或者膨胀。

7.4.2　段塞流研究分析

段塞流存在于本次研究的各个工况中，具体表现为管路气泡贴合管壁的运动过程。此次针对段塞流的研究以工况 E、充水流速 v=0.8 m/s 为例，绘制了管路系统在存在段塞流的条件下随时间变化的流线轨迹，具体如图 7-11 所示管路系统为 L3 至 L5。

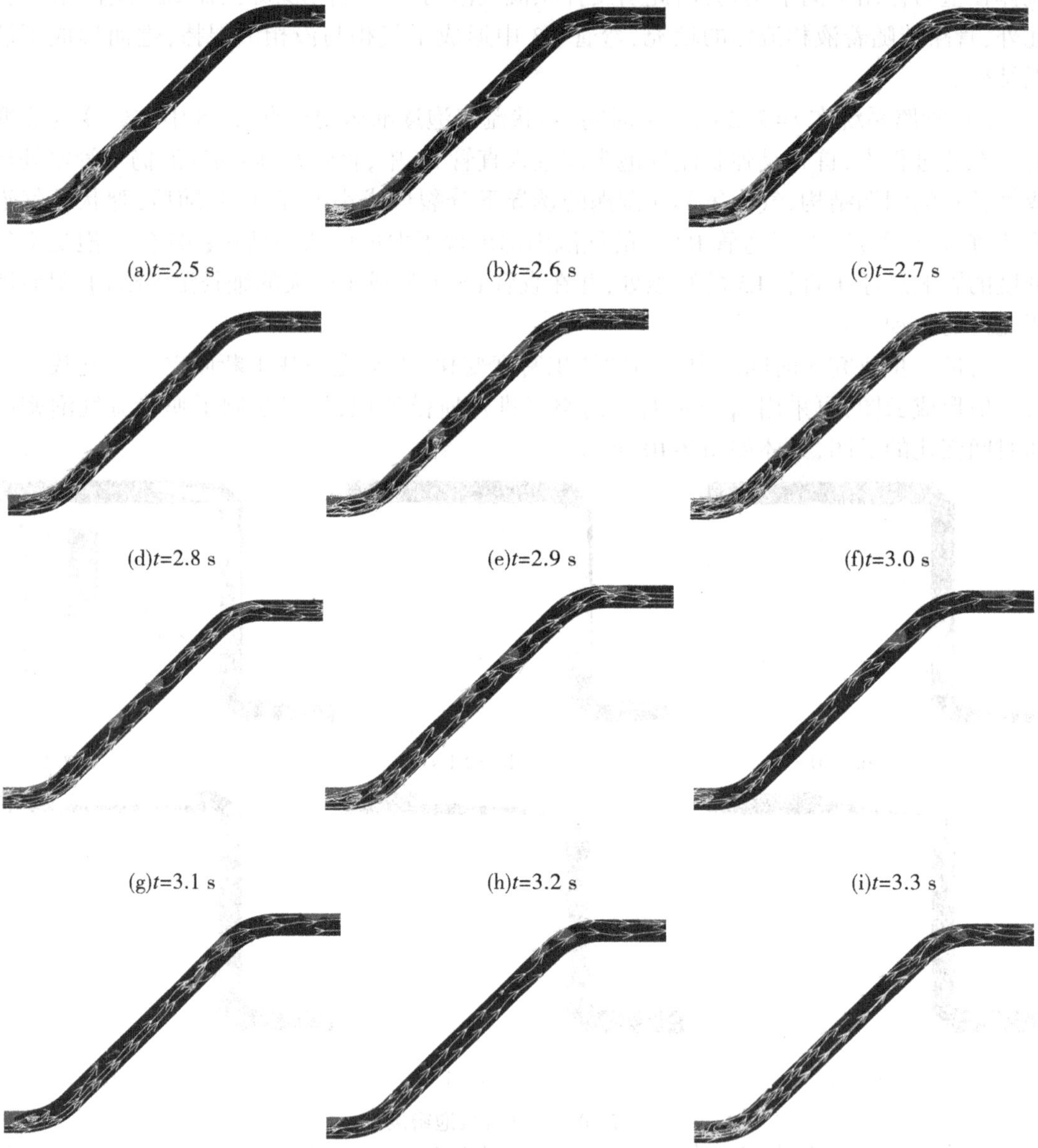

(a)t=2.5 s　(b)t=2.6 s　(c)t=2.7 s
(d)t=2.8 s　(e)t=2.9 s　(f)t=3.0 s
(g)t=3.1 s　(h)t=3.2 s　(i)t=3.3 s
(j)t=3.4 s　(k)t=3.5 s　(l)t=3.6 s

图 7-11　段塞流流场演变

(1)管路系统在充水 2.5~3.6 s 内先后形成 3 个大尺度气泡,3 个大尺度气泡在直管 L4 运动初期均为段塞流,而在直管 L4 运动后期向塞状流转变,最终运动至弯管 L5 又转变为段塞流。在此过程中,弯管 B3 由于气液两相卷积进而形成大尺度湍涡结构。

(2)结合图 7-11(d)可知,在段塞流气泡形成初期,管内气泡在气液两相密度差异作用下向上运动,进而导致液相向下填充,致使弯管 B3 的湍涡结构进一步拉伸呈“细长”状;伴随着气泡的运动,湍涡结构分裂形成两个涡流,其中小尺度湍涡流跟随气泡的运动向上运动,大尺度涡流仍旧存在于弯管 B3 中,具体如图 7-11(a)所示;小尺度湍涡结构在跟随气泡向上运动的过程中逐渐耗散,此时气泡发生形态转变,具体表现为气泡头部逐渐转变为弹状,进而致使管流流型有着向塞状流的转变趋势,具体如图 7-11(b)~(g);随后,气泡在直管 L5 中由于气液两相密度差异悬浮在管内顶,并在液相流体的作用下再次转变为塞状流,具体如图 7-11(h)~(l)。

为进一步研究该时间段内气泡的体积密度变化,图 7-12 绘制了段塞流气泡密度随时间变化的云图。

(1)以首次出现的段塞流气泡为例,气泡的体积密度变化整体伴随着时间历时的增加而减小,气泡平均密度由 1.25 kg/m^3 减小至 1.18 kg/m^3,表明段塞流气泡从压缩状态转变为膨胀状态,其中气泡平均密度在 2.6 s 为 1.20 kg/m^3,即可解释气泡头部逐渐演化为弹状,管流流型具有由段塞流向塞状流的转变趋势。

(2)直管 L4 在 2.9~3.6 s 内出现两个段塞流气泡的产生及融合,结合对单个段塞流气泡的平均密度变化可知,直管 L4 中第二次出现的段塞流气泡的平均密度在此时间段内恒小于第三次出现的段塞流气泡的,譬如在 $t=3.3$ s 时,第二次、第三次出现的段塞流气泡的平均密度分别为 1.18 kg/m^3、1.17 kg/m^3。两个气泡之间平均密度的差异,导致两个气泡在 3.6 s 发生了融合,具体表现为第三次出现的气泡头部并入第二次出现的气泡尾部,此时气泡的平均密度为 1.16 kg/m^3。

7.4.3　塞状流研究分析

塞状流与段塞流一致,均存在于本次研究的各个工况中,具体表现为塞状流气泡在水气交接面处剪切力的作用下拉伸形成一定长度,该种气泡直径约占据管内直径的一半。此次针对塞状流的研究以工况 G、充水流速 $v=0.8$ m/s 为例,绘制了管路系统在存在塞状流条件下随时间变化的流线轨迹,具体如图 7-13 所示管路系统为 L3 至 L5。

(1)此次研究的塞状流气泡由段塞流转化形成,且管内伴随着塞状流气泡的运动形成了大小尺度不一的湍涡结构,具体表现为弯管 B3 由于气液两相的掺杂运动致使管内在气液交界面处形成多个小尺度涡流,且小尺度涡流外形成了较大的湍涡结构。

(2)管路系统在充水初期由于气液两相在弯管 B3 中掺杂卷吸,致使弯管 B3 内气相不停地压缩变形,而直管 L4 中的部分液相在重力作用下向下运动,最终在直管 L4 进口的右侧管壁处形成了较大尺度的湍涡结构。

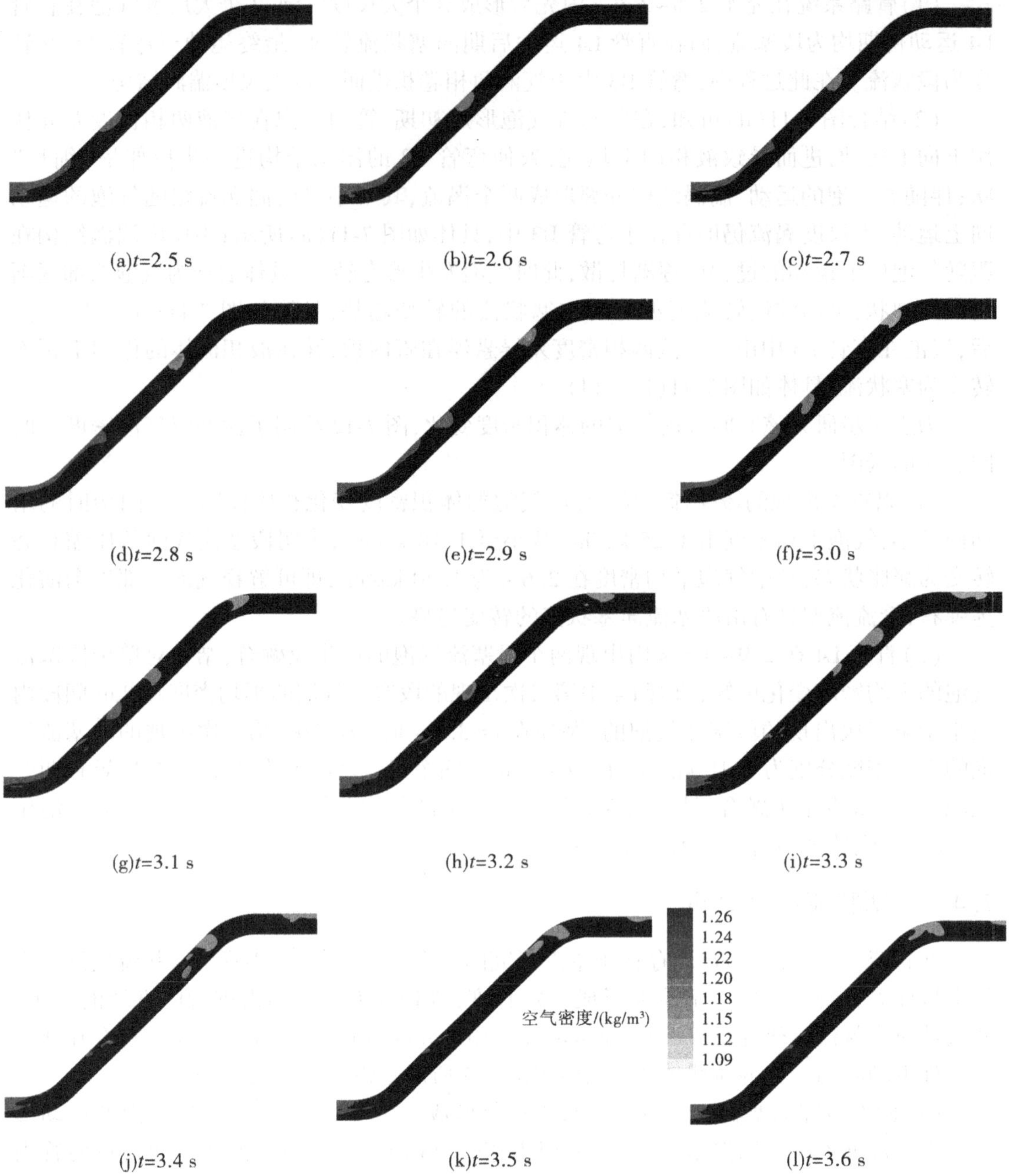

图 7-12　段塞流气泡密度

(3)气泡在充水初期表现为段塞流流型,而后在直管 L4 进口处涡流的作用下向右上方运动,且气泡与管壁之间逐渐形成液膜,进而形成了较为典型的塞状流,具体如图 7-13(g)所示;由于直管 L4 中的湍涡结构伴随着上游管路系统含气量的降低而逐渐向下游运动,且运动速度小于气泡的运动速度,当涡流结构在气泡尾部下方时,管内气泡在涡流的主导下不停地分裂小气泡,最终于弯管 B4 中形成破裂,具体如图 7-13(e)~(l)。

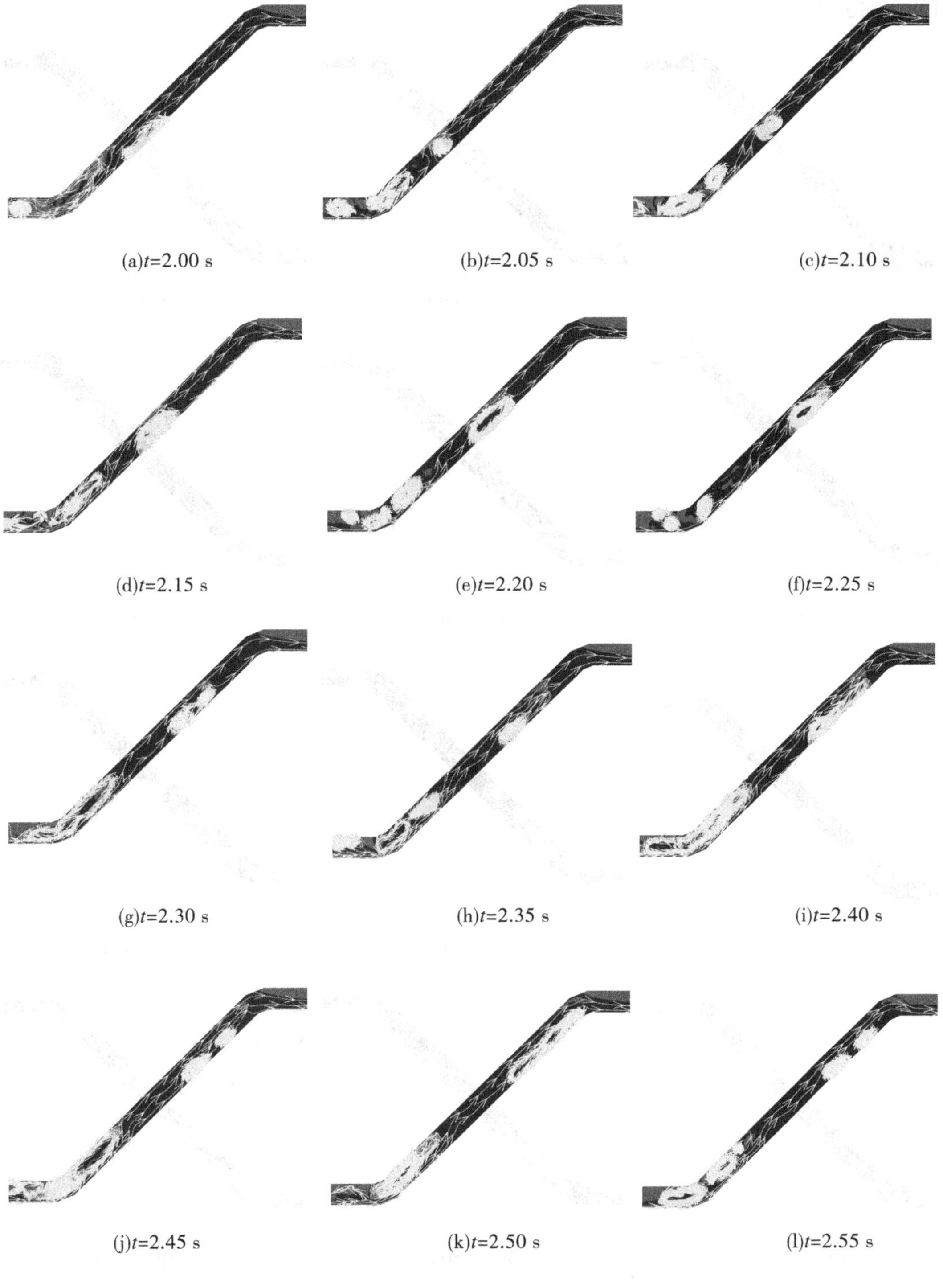

图 7-13　塞状流流场演变

为进一步研究该时间段内气泡的体积密度变化，图 7-14 绘制了塞状流气泡密度随时间变化的云图。

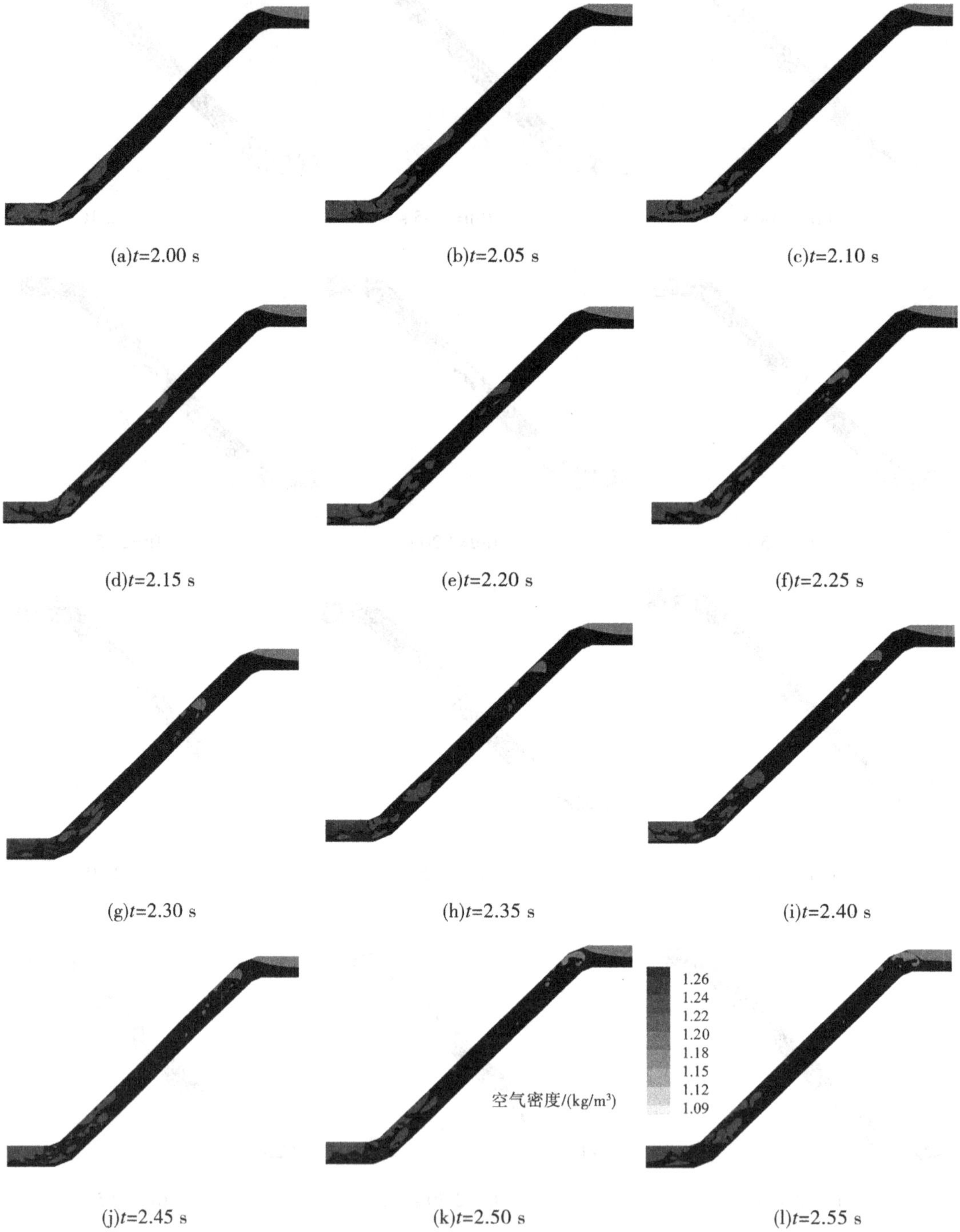

(a)t=2.00 s　(b)t=2.05 s　(c)t=2.10 s

(d)t=2.15 s　(e)t=2.20 s　(f)t=2.25 s

(g)t=2.30 s　(h)t=2.35 s　(i)t=2.40 s

(j)t=2.45 s　(k)t=2.50 s　(l)t=2.55 s

图 7-14　塞状流气泡密度

(1)塞状流气泡在运动过程中的体积密度变化与段塞流气泡基本一致,气泡平均密度在此时间段内由 1.26 kg/m^3 降低至 1.19 kg/m^3,表明该气泡在运动过程中由压缩状态逐渐转变为膨胀状态,且气泡体积密度在 2.25 s 时为 1.20 kg/m^3,之后随着气泡的膨胀进而形成较为典型的塞状流气泡。

(2)塞状流气泡在运动过程中发生了气泡分裂,具体表现为塞状流气泡尾部分裂形成小尺度气泡,且小尺度气泡密度略大于大尺度气泡密度,譬如管路系统在 2.20 s 时,大尺度气泡及小尺度气泡的平均密度分别为 1.214 kg/m^3、1.215 kg/m^3,此时气泡的运动速度主要受气泡体积影响,进而导致小尺度气泡无法再与大尺度气泡相融合。

7.4.4 气泡流研究分析

在本次研究中,气泡流相对于其他流型存在时间更长,且管路系统在出现弹状流、段塞流及塞状流的情况下同样产生了气泡流,且气泡在压缩的状态下极易以橄榄状出现。此次针对气泡流的研究以工况 A、充水流速 v=0.4 m/s 为例,绘制了气泡流随时间变化的流线轨迹,具体如图 7-15 所示管路系统为 L1 至 L3。

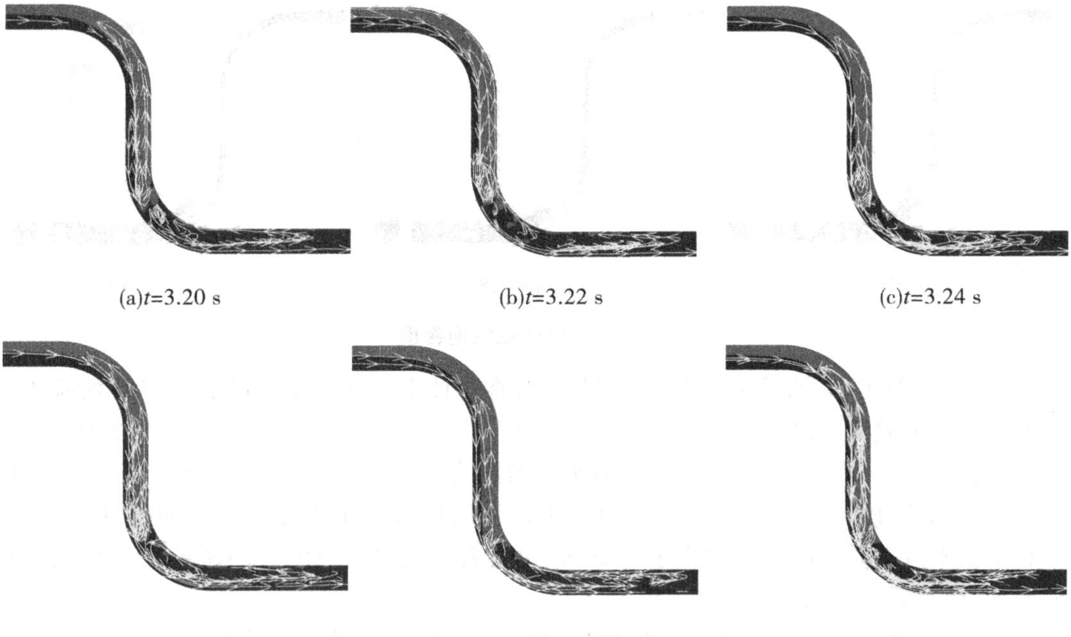

(a)t=3.20 s (b)t=3.22 s (c)t=3.24 s

(d)t=3.26 s (e)t=3.28 s (f)t=3.30 s

图 7-15 气泡流流场演变

(1)弯管 B1 至弯管 B3 的气相在此时间内恒定出现大尺度的湍涡结构,且弯管 B2 内的气液交界面处由于液相流体不停掺杂气体进入直管 L3 中,致使弯管 B2 及直管 L3 存在较大湍涡结构。

(2)管路系统在弯管 B2 水气交界面处形成气泡群,在此时间段内主要沿弯管 B2 外侧及直管 L3 下方管壁处运动,随后在弯管 B2 及直管 L3 的湍涡结构作用下,大部分气泡积聚融合形成大尺度气泡并回流至上游管路系统,仅少量气泡运动至下游管路系统并排出。

(3)当管路系统的含气量随着气泡的排出而逐渐降低后，管内液相流体逐渐上升至直管 L2 中，弯管 B2 及直管 L3 中的湍涡结构伴随着气液交界面逐渐运动至直管 L2 及弯管 B2 中，进而导致气泡在涡流的作用下无法排出管路系统，此时管内含气量将不再伴随充水历时的增加而变化，即管路系统气液两相达到动态平衡。

为进一步研究该时间段内气泡的体积密度变化，图 7-16 绘制了气泡流气泡密度随时间变化的云图。

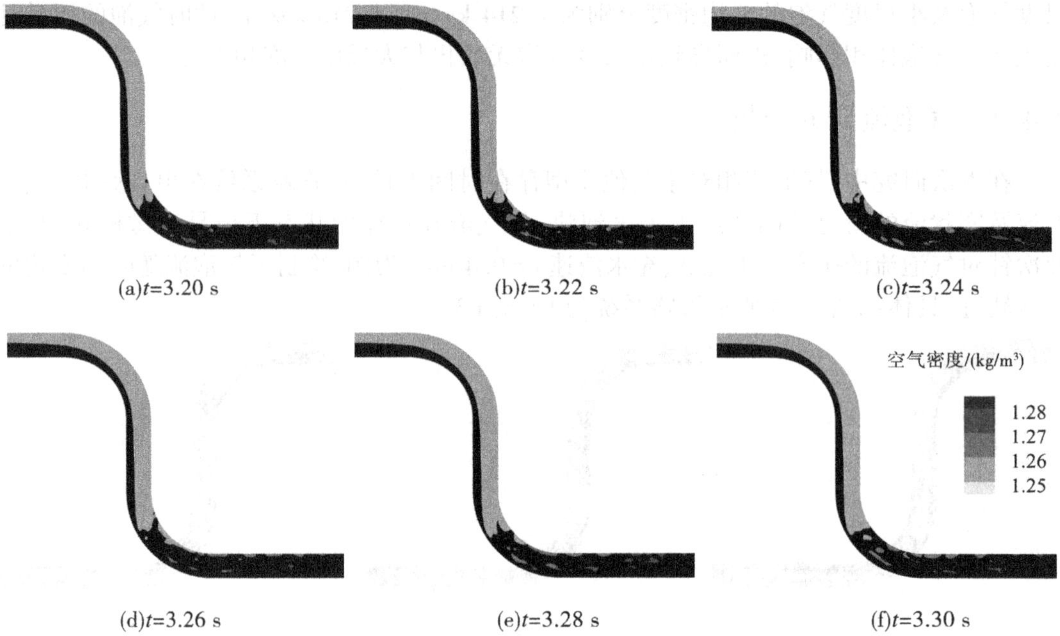

图 7-16　气泡流气泡密度

(1)由直管 L1 及直管 L3 组成的管路系统在整体上的气体密度随着管路液相流体的运动呈增大的趋势，此时直管 L3 中所包含的气体密度大于直管 L1 的。以图 7-16(b)为例，靠近直管 L3 进口处第一个下游气泡平均密度为 1.270 kg/m^3，此时气泡在压缩的条件下呈橄榄球状，该气泡随后在 3.24 s 时的平均密度增大至 1.275 kg/m^3，而直管 L1 中的气相平均密度在此时间段内均小于 1.26 kg/m^3，表明此次研究的管路系统气泡在此时间段内均为压缩状态。

(2)小尺度气泡在弯管 B2 及直管 L3 的湍涡作用下大部分回流至上游管路系统，在此过程中，气泡的密度及形态也在时刻发生改变。在水气交界面处的气泡密度为 1.258 kg/m^3；当气泡沿弯管 B2 外侧及直管 L3 底部向下游运动时，气泡的平均密度逐渐增大，最大可达到 1.281 kg/m^3，并且在此过程中微小尺度的气泡进一步得到压缩，当气泡体积足够小、外部压力足够大时，气泡将进一步坍塌溃灭；随后气泡群在涡流的作用下运动至直管 L3 顶部管壁积聚融合，融合后的气泡在运动过程中，其平均密度逐渐减小，最终返回至上游有压气室内。

7.5　弯管 B2 空腔研究分析

前文主要对直管内的气泡流、塞状流、段塞流以及弹状流进行了研究分析，然而管路系统在充水过程中还存在着弯管 B2 空腔气室的现象。为探究该种空腔的水力特性及其具体的流型，本节以工况 A、充水流速 $v=0.8$ m/s 为例进行了研究分析。

7.5.1　空腔形态及流型分析

为了解弯管 B2 在充水过程形成的空腔期间的形态转变，图 7-17 绘制了该空腔在充水期间的形成及转变，在 2D 图中见图 7-17(a)～(f)，而在 3D 图中见图 7-17(g)～(l)，此次研究的管路系统为 L2 至 L3。

结合前文可知，本次研究的管路系统气相密度分布沿程增大，弯管 B2 进口处在 342 s 时形成了较大的湍涡结构，直管 L3 中气体部分回流至弯管 B2 内侧出口处并形成了较大的气泡；随后在气体密度的作用下运动至弯管 B2 中，且气泡在弯管 B2 内部涡流的作用下迅速运动至上游直管 L2 左侧；上游直管 L2 的水柱伴随着管路系统含气量的降低而逐渐升高，积聚在直管 L3 顶部管壁处的气体进一步运动至弯管 B2 中进而形成了较大的空腔，当空腔体积较大时，液相流体对气泡表面的拖曳力小于浮力，致使气泡向上游管路系统运动，随后直管 L3 中气体继续进入弯管 B2；在此循环过程中，仅部分小尺度气泡可以通过液相流体的拖曳力排出管路系统，直至弯管 B2 中不再出现空腔后，当管路系统仅弯管 B1 存在少量气体时，液相流体挟带小尺度气泡即可完全消除弯管 B1 中的少量气体。

直管及倾斜直管内流型常采用目测、气液表面折算流速等方法确定。在前文中，由于弹状流、段塞流、塞状流及气泡流在直管中存在着较为显著的差异，因此采用目测法进行判定，而在此次空腔气体的研究中，由于弯管 B2 对空腔气体的形态具有较为显著的影响，故此次舍弃目测法而选用气液表面折算流速法进行判定。在 Cazarez-candia 等的研究中，主要对管内气泡流、分层流、波浪流、环状流、间歇流(弹状流、段塞流及塞状流)进行了区域划分。气相表面折算流速 v_{sg} 及液相表面折算流速 v_{sl} 的计算公式如下：

$$v_{sg}=\frac{q_g}{A} \tag{7-2}$$

$$v_{sl}=\frac{q_l}{A} \tag{7-3}$$

式中：q_g、q_l 分别为气相、液相的体积流速，m^3/s；A 为管路横截面面积，m^2。

为确切地判定弯管 B2 的流型种类，研究基于前文中较为典型的弹状流、段塞流、塞状流流型对间歇流进行补充，而后将此次空腔的气液表面折算流速进行比对进而判定空腔流型，并且最终判定当弯管 B2 中存在较大的空腔气室时，该种水气瞬变流流型为段塞流，具体如图 7-18 所示。

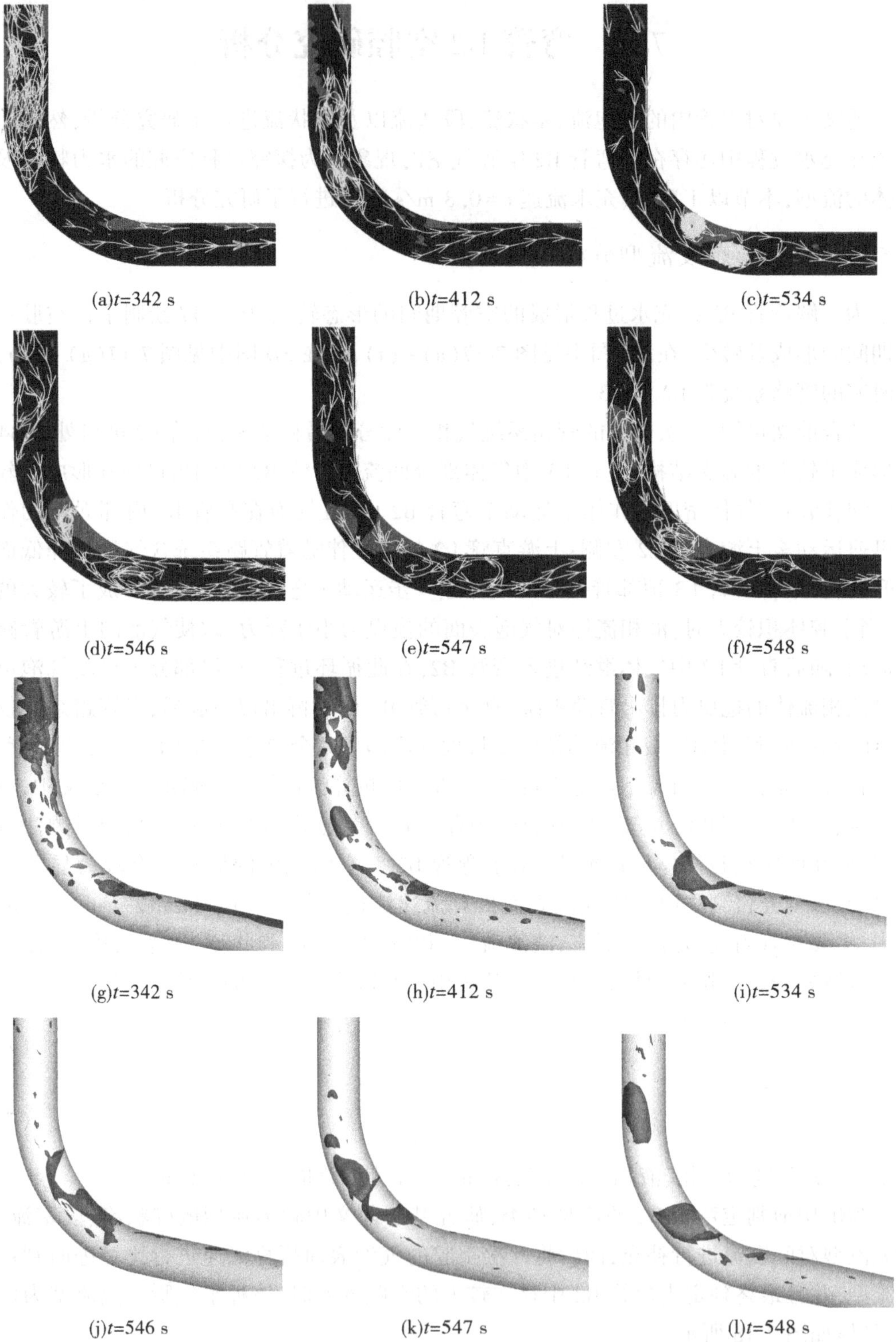

(a)t=342 s　(b)t=412 s　(c)t=534 s

(d)t=546 s　(e)t=547 s　(f)t=548 s

(g)t=342 s　(h)t=412 s　(i)t=534 s

(j)t=546 s　(k)t=547 s　(l)t=548 s

图 7-17　弯管 B2 空腔形态

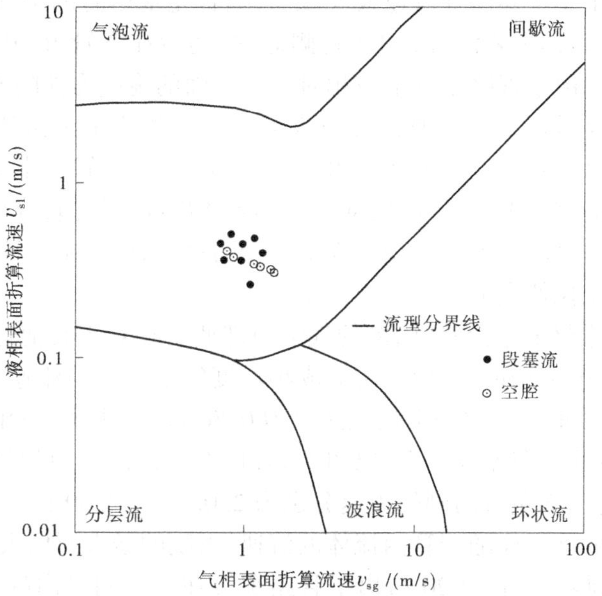

图 7-18 流型区间划分

7.5.2 空腔水力特性分析

本小节针对弯管空腔对管路系统耦合作用，结合管路系统流速、动压的分布，进一步分析气泡运动规律。图 7-19 给出了在此时间段内气泡内外的速度云图，其中黑线为气泡轮廓。

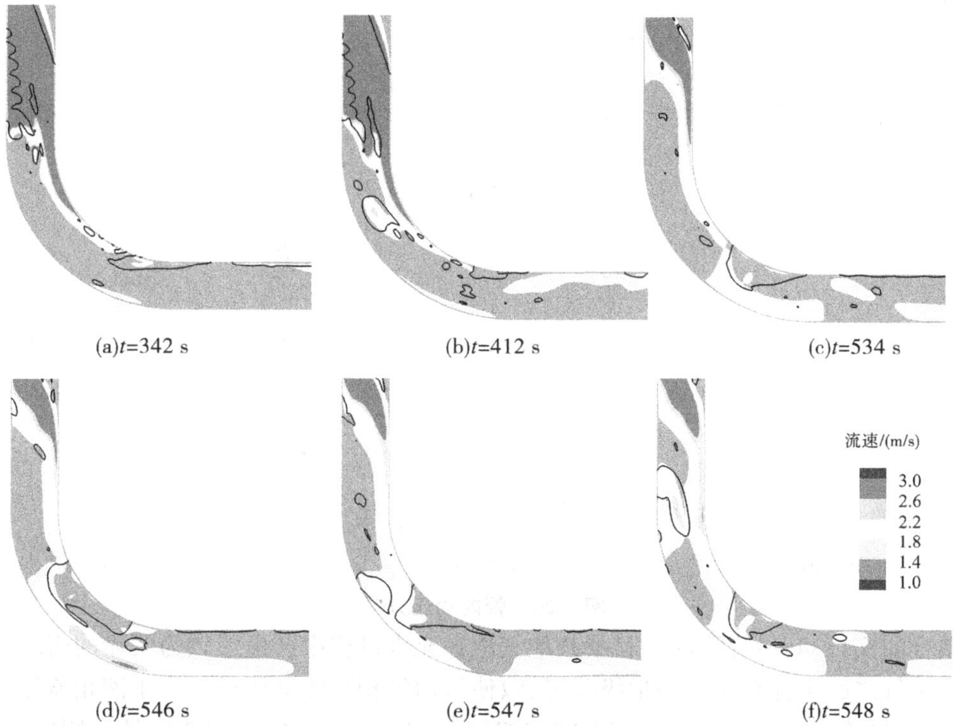

图 7-19 管内流速分布

管路系统在充水交接界面处流速较大，之后随着充水历时的增加，直管 L2 中的水柱逐渐升高，管内液相流体主要沿直管 L2 右侧运动，随后在弯管 B2 内侧空腔前由弯管内侧向弯管外侧运动。由于管路系统中液相对气相表面的拖曳力伴随着液相流速的增大而增大，弯管 B2 内侧空腔的头部及侧部在较大的拖曳力作用下无法依靠浮力向上游管路系统流动。当弯管 B2 的空腔由直管 L3 供给的气体充足时，靠近流速较大的空腔区域在空腔尾部湍涡结构的作用下，由空腔尾部向头部剥离出部分气泡，分离出的气泡随后进入直管 L2 左侧处，且在气泡向上的运动过程中，气泡右侧贴近于流速较大的区域，致使气泡右侧向下游管路系统拉伸变形。

在此时间段内滞留于弯管 B2 内侧的气泡内部速度相对于其他运动的小尺度气泡较小，譬如弯管 B2 管中心处在 $t=412$ s 所形成小尺度气泡的平均流速为 2.16 m/s，而弯管 B2 内侧在 $t=534$ s 所形成空腔的平均流速仅为 0.56 m/s。此外，气泡在向上游的运动过程中，气泡内部的流速分布差异较大，以图 7-19(f) 例，直管 L2 中的气泡由于气泡外两侧流速差异较大，气泡内部左右两侧的流速分别为 2.02 m/s、2.80 m/s。

由于管路系统的动压伴随着管内流体的流速、密度的增大而增大，并且动压可体现出管路压强的变化波动状态，图 7-20 给出了管路系统在此时间段内的动压云图，图中黑线为气泡轮廓。

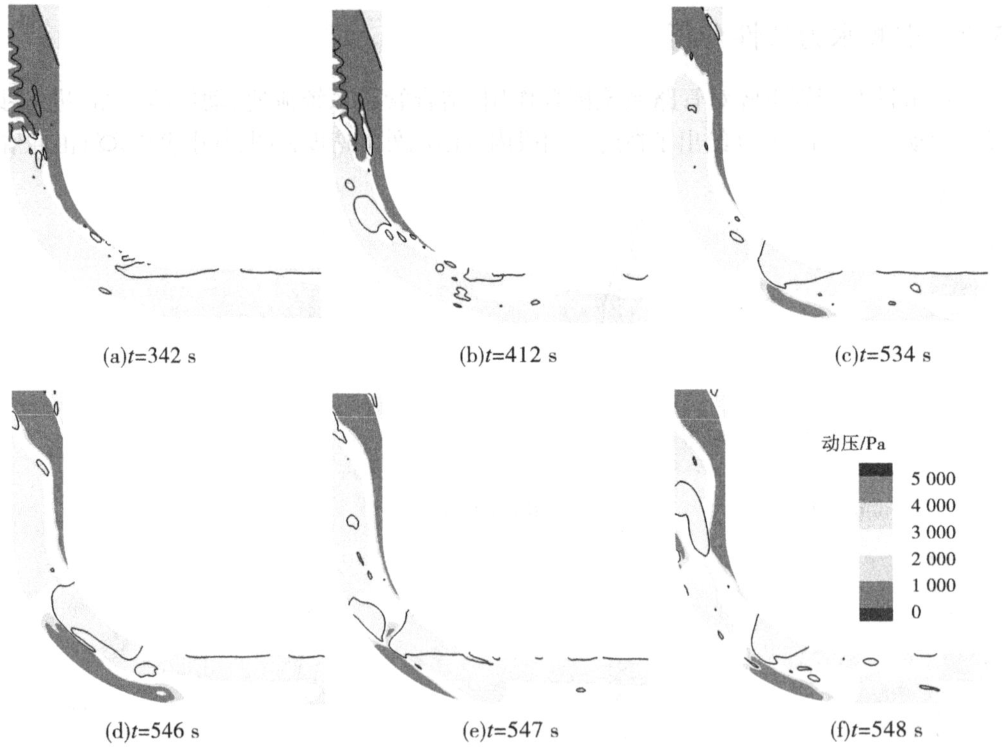

图 7-20　管内动压分布

结合前文可知，尽管管内空腔及其他气泡在充水过程中产生了较为明显的密度变化，但管内水气之间仍存在较大的量级差异，致使管内气相流体动压整体小于液相流体动压。由于弯管 B2 在此过程中形成了较大的空腔气室，进一步导致弯管 B2 内外两侧压强差异明显,譬如管路系统在 $t=546$ s 时,弯管 B2 内外两侧中心处的动压分别为 0.63 Pa、4 830.83 Pa。

弯管管路系统在此充水过程中,管内局部区域水气动压相近。以图 7-20(e)为例,弯管 B2 内侧的空腔在分离部分气体后,腔内气体的动压与直管 L2 左侧的液相动压相近,平均动压分别为 2.83 Pa、143.06 Pa。这是由于直管 L2 左侧液相流速较小,且管内某相动压与该相密度呈一次幂指数关系,而与该相流速呈二次幂指数关系,进而致使该种现象的出现。

7.5.3 空腔对弯管内湍涡结构影响分析

20 世纪 60 年代,美国学者 Kline 通过研究平板边界处气泡的运动揭示了三维马蹄湍涡结构的拉伸、变形、破碎、喷射、扫掠等复杂的猝发现象。本次研究的弯管管路系统在充水过程中同样存在着十分复杂的湍流运动,尽管图 7-17 给出了弯管 B2 在存在空腔条件下的纵向湍涡结构变化,但无法更为精确地解释弯管管路系统的气泡运动,并且由高岳等的研究工作可知,管路系统的段塞流伴随着充水历时的增加逐渐转为满管有压流状态。该种管流条件对于单一弯管而言,水流沿着直管进入弯管后,在弯管的作用下产生离心力,冲击弯管外侧形成对称水流,并沿着弯管管壁流动,最终在弯管内侧中心汇合并继续冲击弯管外侧,从而在管路断面处形成对称的湍涡结构,即迪恩涡。因此,有必要针对该种弯管对流体的导流作用,进一步对本次研究的水气现象开展横向湍涡结构的研究分析。

后文采用湍流动能作为衡量湍流发展或衰退的指标,并基于本次充水过程中较为典型的水气现象针对弯管内部横向湍涡结构选取了 5 个断面用以研究分析(342 s 时表征管流回溯至水气界面;548 s 表征管流回溯至水气界面上方,且在直管 L2 内已形成较为明显的水柱;1 000 s 时表征管路系统已完全排除气泡,管路系统整体为满管有压流状态),且该断面将弯管均匀分割形成四等分,即相邻断面之间的弯管偏转角度为 22.5°,具体如图 7-21 及表 7-1 所示。其中在各个横断面处采用带箭头的线绘制了湍涡结构,并采用黑线表征该断面处的水气分布状态,表 7-1 所采用的图例与图 7-21 一致。

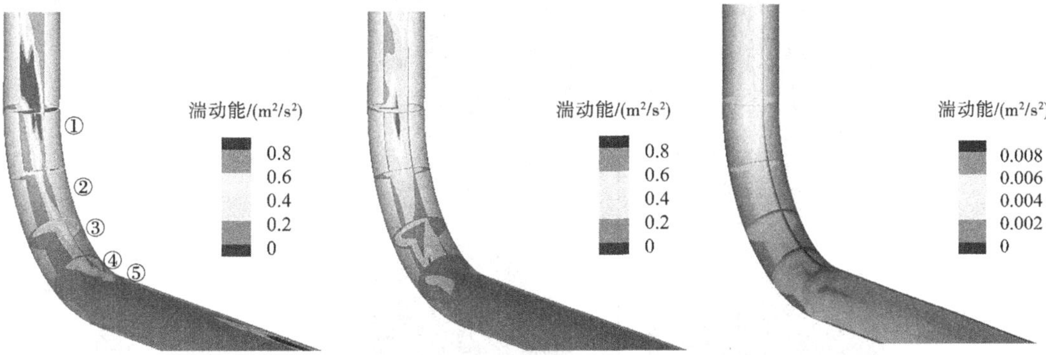

(a)t=342 s (b)t=548 s (c)t=1 000 s

图 7-21 管内湍动能分布

表 7-1　管内断面湍涡结构

断面编号	时间节点 t		
	342 s	548 s	1 000 s
①	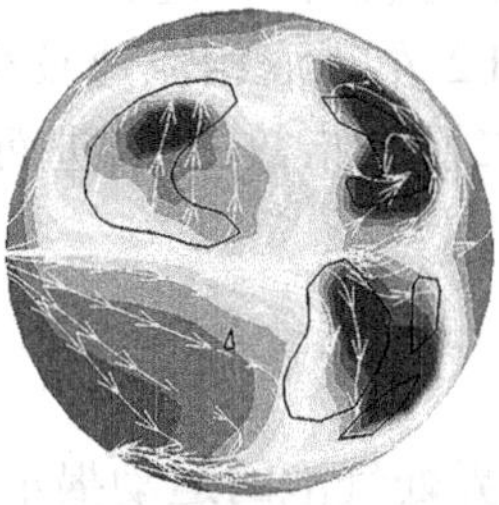	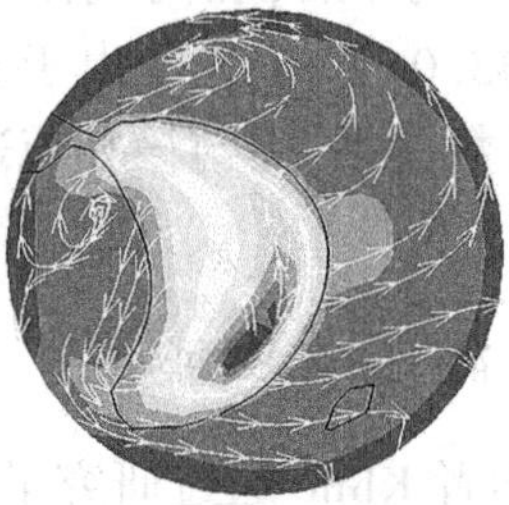	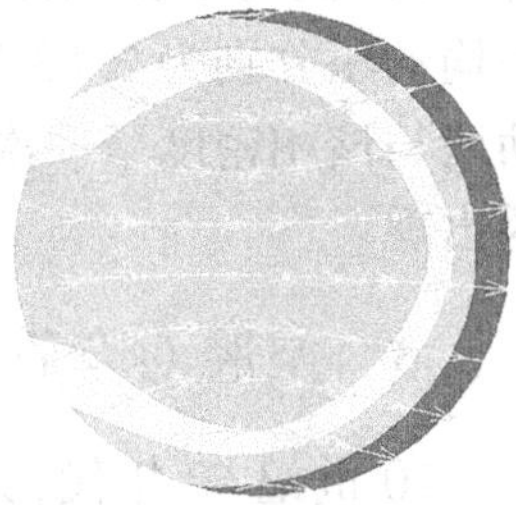
②			
③	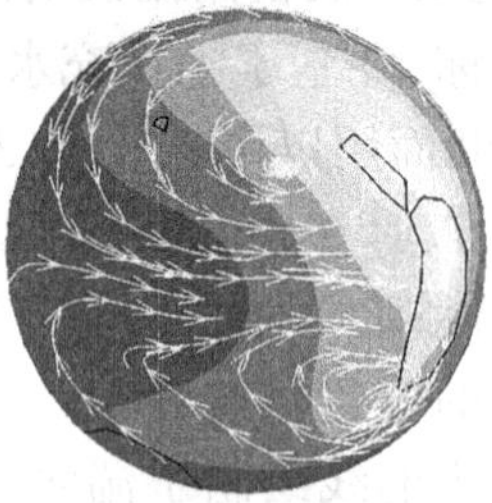	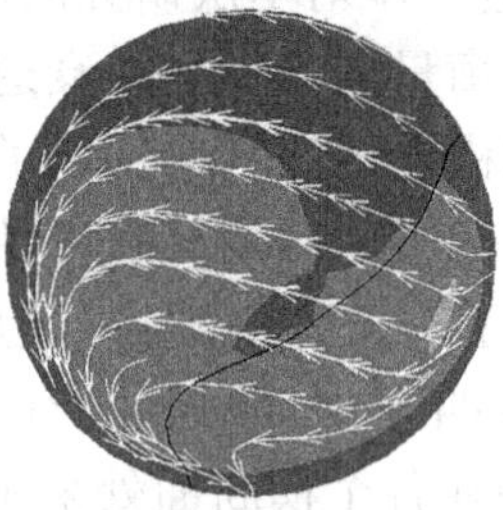	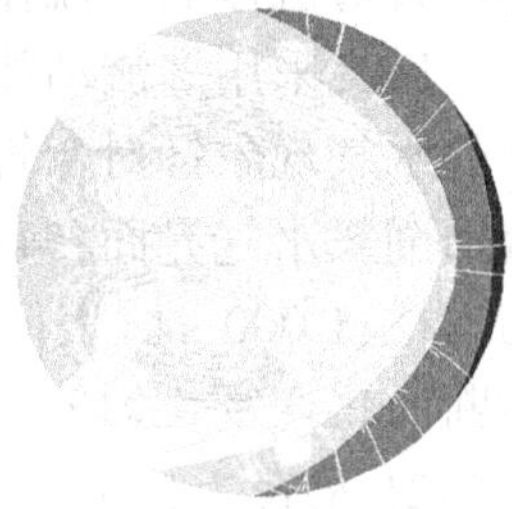
④	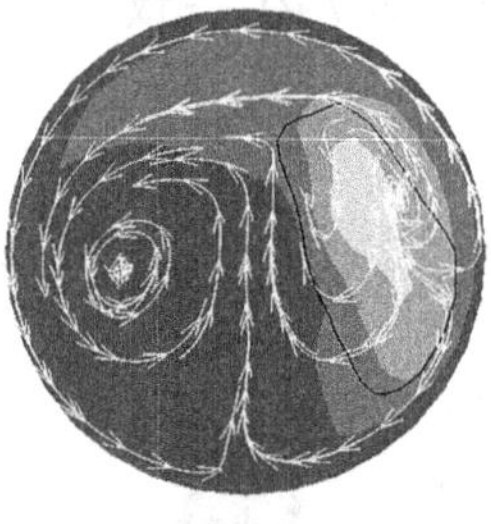		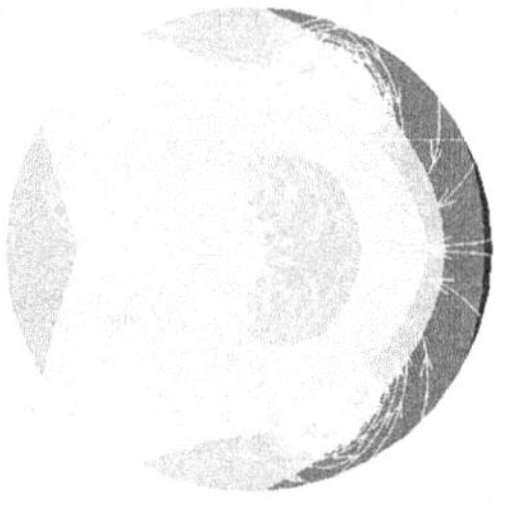
⑤			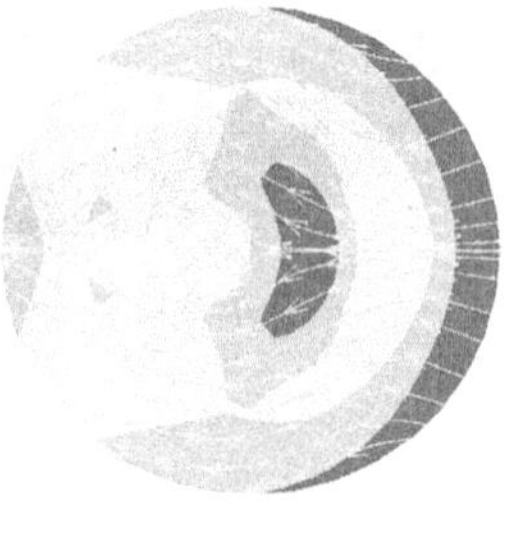

从整体上看,弯管管路系统的湍动能伴随着充水历时的增加而减小,表征管路湍流随着管内气体的排除而逐步衰减,管内各项水力条件趋近于稳定。本次研究的管路系统湍动能由最大的 0.873 m^2/s^2(t=342 s)减小至 0.008 m^2/s^2(t=1 000 s),管内湍动能较大的区域在此次充水过程中迁移变化规律主要与气体相关:当充水历时 t=342 s 时,管内湍动能较大的区域位于直管 L2 左侧处的气体尾部;当充水历时 t=548 s 时,直管 L2 已形成一定高度的水柱,水柱上方的水气界面不再发生较为剧烈的水气掺杂现象,此时管内湍动能较大的区域主要集中于大尺度气泡中,譬如在弯管 B2 进口处即将形成的塞状流尾部处湍动能为 0.785 m^2/s^2;当充水历时 t=1 000 s 时,此时的管路系统含气量为 0,管流在弯管离心力的作用下,管内湍动能较大的区域主要集中于弯管内侧,且弯管内外两侧的湍动能差异相对于非满管半有压流的管路系统较小。

由于此次研究的穿河管线均是由 4 个弯管及若干直管组成的管路系统,且单一弯管在满管有压流条件下极易形成对称的湍涡结构,而湍涡结构在传递管路能量的过程中,先是由大尺度涡从湍流中获取能量,然后通过失稳和黏性耗散的过程串级分裂,进而形成不同尺度的小尺度涡流,小尺度涡流在能量串级的过程中主要通过涡与涡或涡与壁面之间耗散管路能量。因此,后文结合管路系统在满管有压流状态下的湍流特性进一步对非满管半有压流管路进行分析。

在本次研究中,管路系统在满管有压流的状态下(t=1 000 s)先是在弯管 B1 处形成了迪恩涡,管流在首次通过的单一弯管内,迪恩涡在管路横断面中心处由弯管内侧指向弯管外侧。然而管流在首次通过弯管 B1 后形成的迪恩涡在直管 L2 中并未完全耗散,即迪恩涡至少需通过 20D 长度的直管管路才能完全耗散。因此,尚未完全耗散的迪恩涡在弯管 B2 进口处形成了由弯管外侧流向弯管内侧的流线(在弯管 B1 中即是由弯管内侧流向弯管外侧)。该种进口条件在弯管离心力的作用下形成了流向与迪恩涡相反的对称涡流,但该种湍涡结构的范围较小,尚未辐射弯管内侧及弯管横断面两翼处。该种现象与弯管进口处条件相关,即弯管横断面两翼处的流线从湍动能较小的区域流向较大的区域时,两翼处的管流在剪切应力及弯管给予的离心力作用下形成了与迪恩涡流向相同的小尺度涡流结构,随后通过不断吸取管路能量进一步扩大,最终在 45°及 67.5°横断面处出现了两种尺度的四个湍涡结构。由于初始形成的对称涡流与两翼处的涡流流向相反,且两翼处的涡通量较大,对称涡流被两翼处的涡流抵消耗散,最终在弯管出口处形成与迪恩涡流向相同且对称的湍涡结构。

结合管路系统在满管有压流条件下的水力特性以及前文中弯管内纵向湍涡结构,管路系统在非满管有压流条件(t=342 s、548 s)下,管内横断面的湍涡结构主要伴随着气泡的运动而呈现出不同的变化。受弯管 B1 迪恩涡的影响,弯管进口处流线的运动轨迹整体上均为从弯管外侧运动至弯管内侧,管内流线形成湍涡结构的难易程度伴随着管内气泡尺度的增大而降低。

管路系统在充水 342 s 时,弯管管内气泡尺度相对较小,结合弯管纵向湍涡结构的分布可知,弯管管内湍涡结构主要分布在水气界面处,致使管内流线分布仍主要受弯管离心力影响。因此,22.5°截面处在水气界面湍涡及弯管离心力的作用下,弯管内侧形成较大尺度的湍涡结构,由弯管外侧进口处向弯管两翼处流向的管流进一步演化形成两个较小尺度的湍涡结构。随后,由于弯管外侧在 22.5°界面处形成了流向一致的两个湍涡结构,管流在离心力作用下不仅将弯管外侧处的两个湍涡结构合并为一,并且将两个大小尺度的湍涡结构进行迁移变化。最终,在管内大尺度气泡的干扰下,管内两个大尺度湍涡结构的位置再次迁移变化,弯管内侧在 67.5°截面处所形成的湍涡结构向另一个湍涡结构供给能量,当管内气泡尺度相对较小时,弯管出口处的湍涡结构不再发生明显的迁移变化,且弯管内侧的湍涡结构主要集中于气体附近。

管路系统在充水 548 s 时,弯管内气泡尺度相对较大,且弯管内侧形成了较为明显的空腔,结合弯管纵向湍涡结构的分布可知,弯管内湍涡结构主要分布在气泡尾部与空腔头部,致使管内流线变化受弯管离心力作用较小,管内流线复杂多变。由于弯管进口在气泡产生位置处已形成了大尺度的湍涡结构,且气泡附近伴有两个小尺度的湍涡结构,当气泡运动至大尺度的湍涡结构处时管内大尺度的湍涡结构迁移至弯管内侧 22.5°截面处,另一小尺度湍涡结构在气泡及弯管离心力的共同作用下迁移至弯管外侧。当管路液相流体运动至弯管内侧空腔区域时,上述湍涡结构带动管内气体发生翻卷,进而致使管内空腔头部产生了较大的湍涡结构,并且湍涡结构分布不均,致使管内空腔水气界面呈不对称结构,从而致使管内液相流体在途经管内空腔时形成单方向的汇流。管流在基本通过空腔段后主要受离心力作用并在小气泡附近形成了两个流向相反的小尺度涡流,最终在弯管出口处通过涡与涡之间的耗散形成了单涡结构。

8　单一有压弯管的水力控制

8.1　导流片对弧度弯管输水性能影响的数值模拟

迪恩涡及螺旋流作为管路中常见的湍涡结构，虽然具有相似的传热传质等功能，但迪恩涡易引发管路系统振荡，对有压输水管路系统安全产生巨大威胁。通过前人的物理模型试验建立了管径 $D=50$ mm、曲率半径为 2.8D 的弯管管路系统，并根据试验数据验证了数学模型。基于模型管段设计了 27 种导流片组合用以形成螺旋流，模拟了管内多尺度涡流结构，重点分析了涡流在弯管段及出口直管段的流速、压强和湍动能分布。

8.1.1　模型建立

8.1.1.1　模拟区域

本文根据 Enayet 等的物理模型试验，确定模拟区域及管路尺寸参数。模拟弯管管径 D 选用 50 mm，弯管的曲率半径为 2.8D，弯管进出口处直管长分别为 4.8D 和 9.6D。由于迪恩涡是弯管内部固有流态，管内无法直接形成螺旋流，为此，在进口直管内设置环形阵列的导流片用以形成螺旋流。导流片中心距离弯管进口 1.5D，导流片长度 $L=50$ mm，模拟区域如图 8-1 所示。图中：θ^* 为弯管各断面对应的偏转角度；R 为弯管断面的点到弯管曲率中心的距离，导流片以个数 $N=4$ 个、高度 $H=15$ mm、偏转角度 $\theta^*=60°$ 为例。

8.1.1.2　网格剖分

研究区域采用 ICEM CFD 软件划分结构型网格，为了精确模拟管内涡流运动，网格的立方体尺度应大于含能尺度，且网格计算尺度应小于耗散涡尺度。在大部分壁面湍流的算例中，除垂直于壁面方向的近壁分辨率外，沿流向及扩散向的分辨率均大于湍流的耗散尺度。为保证数值模拟结果的准确性，模型通过网格的无关性验证最终确定网格整体划分尺度为 2.5 mm，局部加密最小网格尺度为 0.1 mm。同时，由于导流片厚度较薄，在本次模拟中将导流片视为无厚度的薄片。研究区域的网格剖分见图 8-2，网格整体数量约为 65 万，网格质量均大于 0.5。

8.1.1.3　参数设置

模型开边界分别选用速度进口及压力出口，出口相对压强为 0，闭边界选用固壁无滑移条件，壁面粗糙高度根据钢制管件糙率 0.012 mm 取值 1.0 mm。模型求解器为 Coupled，该求解方式可快速地耦合求解加密网格区域的能量及动量方程。所有残差收敛标准均采用 10^{-4}，即认为计算值相对误差小于 3%时，计算收敛，停止计算。

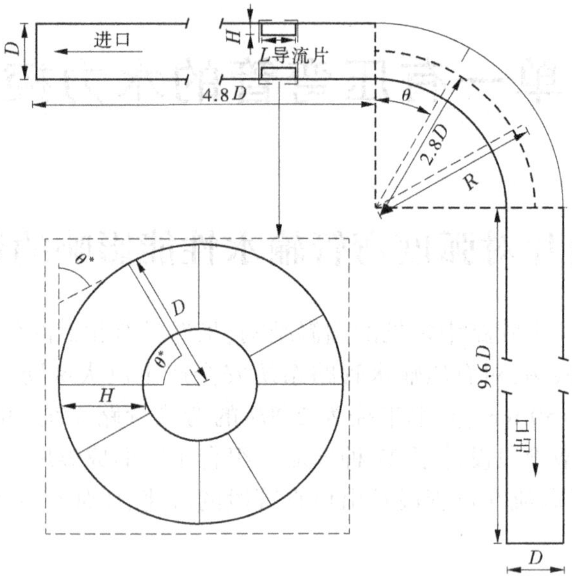

图 8-1　模拟区域及导流片大样

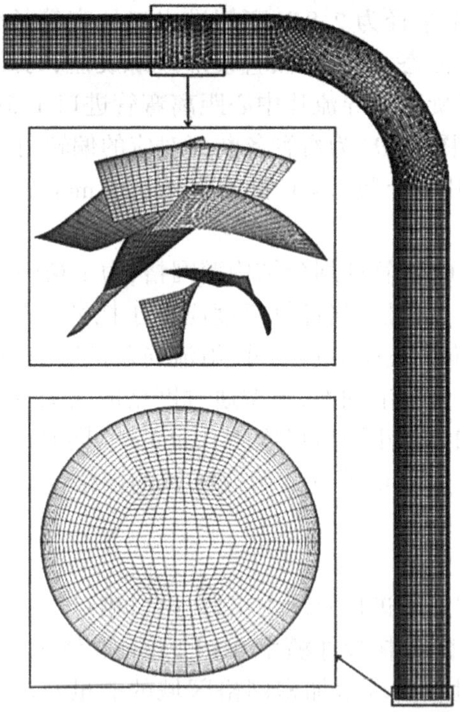

图 8-2　研究区域网格剖分

8.1.2 模型验证及模拟方案

8.1.2.1 模型验证

模型进口处流速(v)采用 Enayet 等的物理模型 0.010 2 m/s、0.023 m/s 及 0.92 m/s 三种，以便确保弯管在不同进口流速下两种涡流数值模拟结果的真实性及适用性。图 8-3 给出了数值计算结果与实测数据的对比。图中 $R^* = R - 2.3D$，则 $R^*/D = 0$、$R^*/D = 1$ 分别表示弯管的内侧和外侧，U 为断面上某一点的纵向流速，U_{Ave} 为该断面的平均流速。

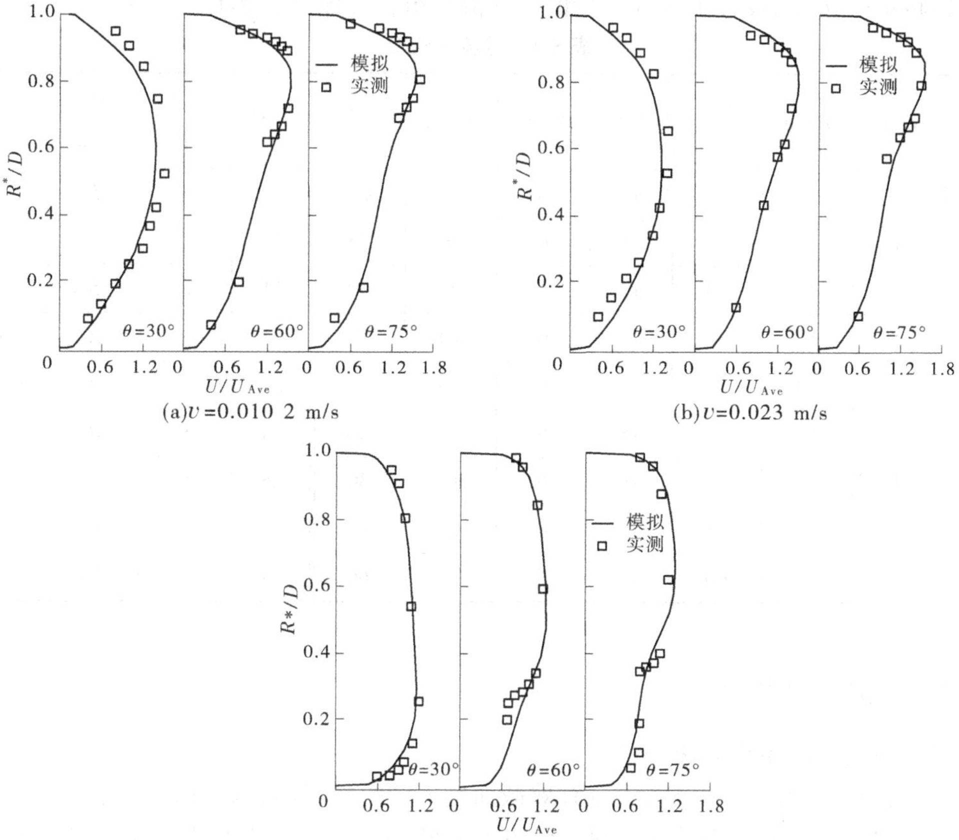

(a) v=0.010 2 m/s (b) v=0.023 m/s (c) v=0.92 m/s

图 8-3 横断面上纵向速度分布

由图 8-3 可知，管流在小雷诺数的条件下，管壁处雷诺剪切应力由于黏性项差异导致平均剪切应力控制方程的输出结果相对较小，且平均剪切应力控制方程的计算结果误差随着管流雷诺数的增大而减小，从而导致模拟结果在 30°截面管壁处误差偏大。当 v = 0.010 2 m/s 时，数值模拟结果误差在弯管内外侧分别为 $0 < R^*/D < 0.13$、$0.84 < R^*/D < 1$ 均小于 10%；当 v = 0.023 m/s 时，数值模拟结果误差仅弯管外侧 $0.89 < R^*/D < 1$ 小于 10%。管流在大雷诺数的条件下，涡量场中涡管微段表现为“细长”，相邻间距较大，涡流强度较高，涡线拉伸剧烈，涡流变形速率张量的计算结果偏差随着流速降低而减小，从而导致模型进口流速 v = 0.92 m/s 时，60°截面弯管内侧的误差偏大，模拟结果误差仅在弯管

内侧 0.20<$R*/D$<0.27 小于 10%，此后模拟值与实测值基本吻合。总体来看，该模型能够较好地模拟弯管内多尺度涡流的湍流特性。

8.1.2.2 模拟方案

本文共设计了 140 种工况，通过数值模拟系统地分析了两种涡流对弯管输水能力的影响。模型进口流速区间根据《建筑给水排水设计标准》(GB 50015—2019)对应管径 50 mm 的最大设计流速 1.50 m/s 进行区间取值，模型进口流速 v 选用 0.50 m/s、0.75 m/s、1.00 m/s、1.25 m/s 及 1.50 m/s。此外，为了形成不同强度的螺旋流，对导流片个数 N、高度 H、偏转角度 θ^* 均设置了 3 种变量值。导流片组合具体见表 8-1。

表 8-1 导流片组合

工况	N/个	H/mm	θ^*/(°)	工况	N/个	H/mm	θ^*/(°)	工况	N/个	H/mm	θ^*/(°)
1	4	5	30	10	6	5	30	19	8	5	30
2	4	5	45	11	6	5	45	20	8	5	45
3	4	5	60	12	6	5	60	21	8	5	60
4	4	10	30	13	6	10	30	22	8	10	30
5	4	10	45	14	6	10	45	23	8	10	45
6	4	10	60	15	6	10	60	24	8	10	60
7	4	15	30	16	6	15	30	25	8	15	30
8	4	15	45	17	6	15	45	26	8	15	45
9	4	15	60	18	6	15	60	27	8	15	60

8.1.3 模拟结果及分析

8.1.3.1 管内断面平均流速分析

由于弯管内存在湍涡结构，管流有效截面呈三维曲面，且湍涡结构进入下游直管后需经过一定长度才能消除，因此通过对比管流不同断面平均流速大小来确定两种涡流的输水效率。图 8-4 给出了模型中典型断面平均流速(U_{Ave})在 140 种工况下的分布，图 8-4 中将导流片组合按照导流片高度 5 cm、10 cm、15 cm 分为 3 组，将管内未架设导流片的组合视为空白组，后文中的空白组均代表弯管内迪恩涡的工况。

由图 8-4 可知，不同导流片组合形成的螺旋流可提升或降低弯管的输水效率，管流在各横断面中，弯管输水效率随着导流片高度 H 和进口流速 v 的增大而增大，相同导流片高度的输水效率随着管流流速的增大而分化明显。当 v=1.5 m/s 时，空白组和导流片组合 27 在弯管进口断面处的平均流速分别为 1.246 m/s 和 1.511 m/s，此时螺旋流对弯管的输水效率提升至最大值 10.62%；当 v=0.5 m/s 时，空白组和导流片组合 19 在模型出口处的平均流速分别为 0.452 m/s 和 0.401 m/s，此时螺旋流对弯管的输水效率削弱至最大值 11.79%。

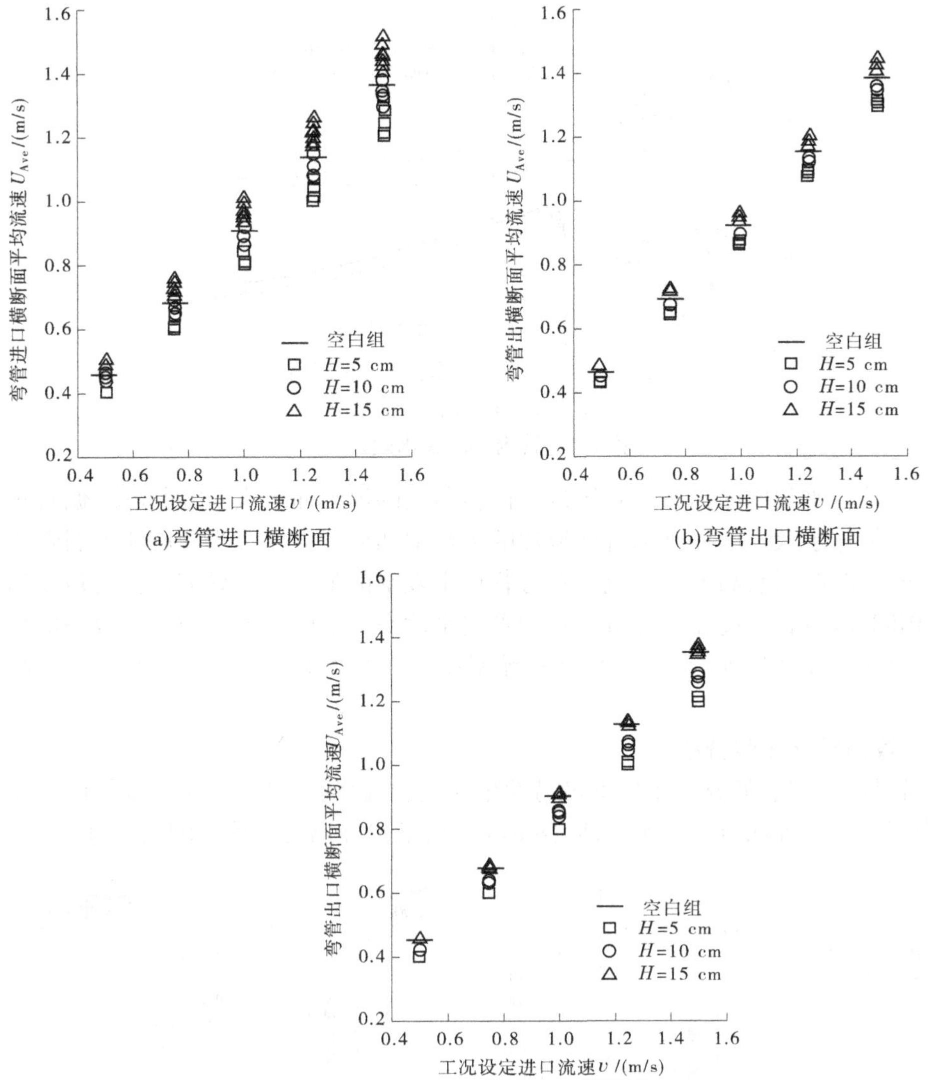

(a)弯管进口横断面　(b)弯管出口横断面

(c)模型出口横断面

图 8-4　不同工况下模型典型断面平均流速分布

为研究螺旋流削弱、提升弯管输水效率的成因，图 8-5 给出了 $v=1.5$ m/s 的条件下，导流片组合工况 1、3、7、9、19、27 的断面平均流速沿程分布。分析可知：当螺旋流提升管流的输水效率时，导流片组合 7、9、27 作用下的管流输水效率沿管流方向逐渐降低，导流片组合 27 在弯管进口断面附近达到了 1.511 m/s；当螺旋流削弱管流的输水效率时，导流片组合 1、3、19 作用下的管流输水效率呈先增大、后降低的变化趋势，导流片组合 1 在弯管出口后 20 mm 的断面平均流速达到最大值 1.337 m/s，对弯管输水效率的削弱达到最小值 2.95%。

结合图 8-4 和图 8-5 可知：①当螺旋流强化管流提高输水效率时，相同个数、高度的

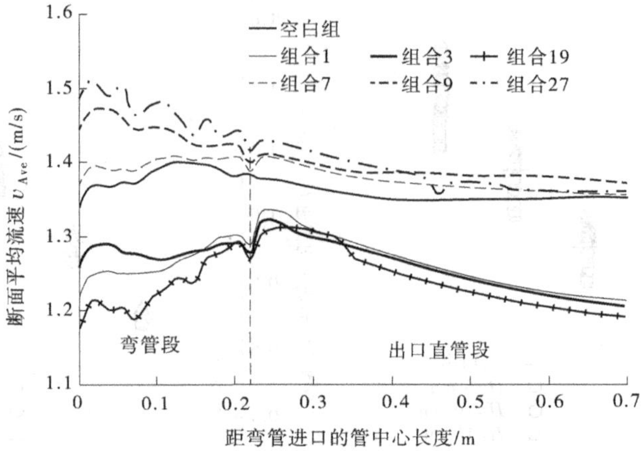

图 8-5　管内涡流输水效率

导流片对弯管输水效率的提升随着导流片偏转角度的增大而增大；相同高度、偏转角度的导流片对弯管输水效率的提升随着导流片的个数增加而增大。②当螺旋流削弱管流降低输水效率时，相同个数、高度的导流片对弯管输水效率的削弱随着导流片偏转角度的减小而增强；相同偏转角度、高度的导流片对弯管输水效率的削弱随着导流片个数的增加而增强。③当导流片高度达到 15 mm 时，该种导流片组合下产生的螺旋流对弯管的输水效率具有提升作用。

8.1.3.2　管内动水压强分析

由于管件在动载、低温等条件下极易发生断裂，管路的设计压力常依据管内工作压力确定。为了研究两种涡流的输水性能，图 8-6 给出了两种涡流在管内的动压分布。

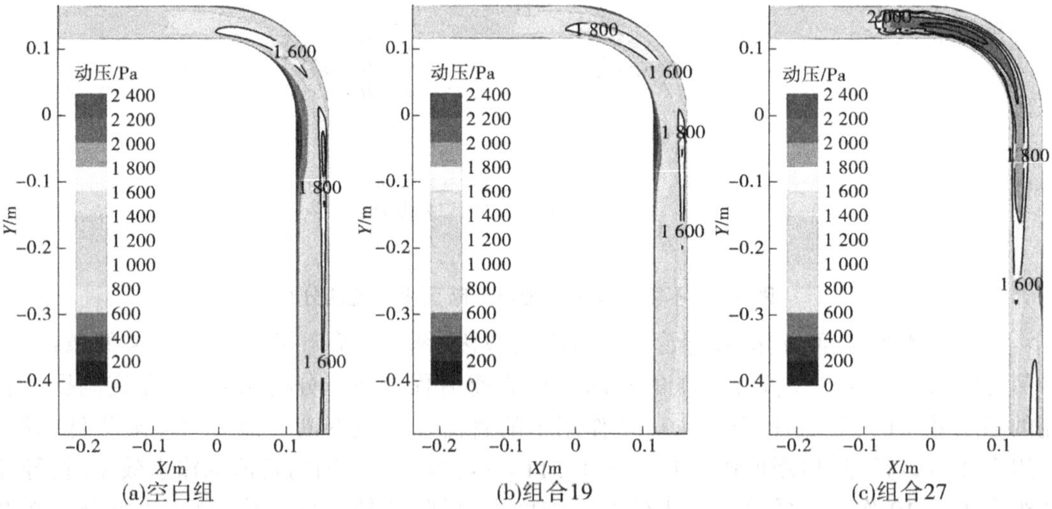

图 8-6　不同涡流动压分布

当管流以迪恩涡导流传输时，管内动压分布具有明显的横向梯度，平均动压为 956 Pa、最大动压为 1 619 Pa，管流中高压区域主要集中在弯管内侧及出口直管左侧，弯管出口处管路两侧压差较大，并且管流在迪恩涡影响下，出口直管内动压梯度分布持续至模型出口；当管路以螺旋流导流传输时，导流片组合 19 的动压分布与迪恩涡主导下的管流动压分布基本相同，整体动压峰值相对较小，导流片组合 27 在弯管内动压分布相对均匀，管路整体平均动压为 1 168 Pa，最高动压为 2 270 Pa，高压区域主要集中在进口直管末尾段、弯管及出口直管进口段。

管流动压的分布不均对管路系统存在着潜在风险，主要风险因素包括管内峰值动压大小及其集中区域。为此，通过量纲分析定义管内某一点处致使管道发生事故的风险率 Hr(Hazard rate)为

$$Hr = \frac{2d}{D} \times \frac{P'}{P_{\text{Ave}}} \times 100\% \tag{8-1}$$

式中：d 为该点距管中心距离；P'为该点的动压；P_{Ave} 为管内平均动压。

若管内某点处的事故风险率 $Hr>100\%$，则表明该点处的风险率较高，该点所处的区域为高危风险区域。管内风险率分布如图 8-7 所示。

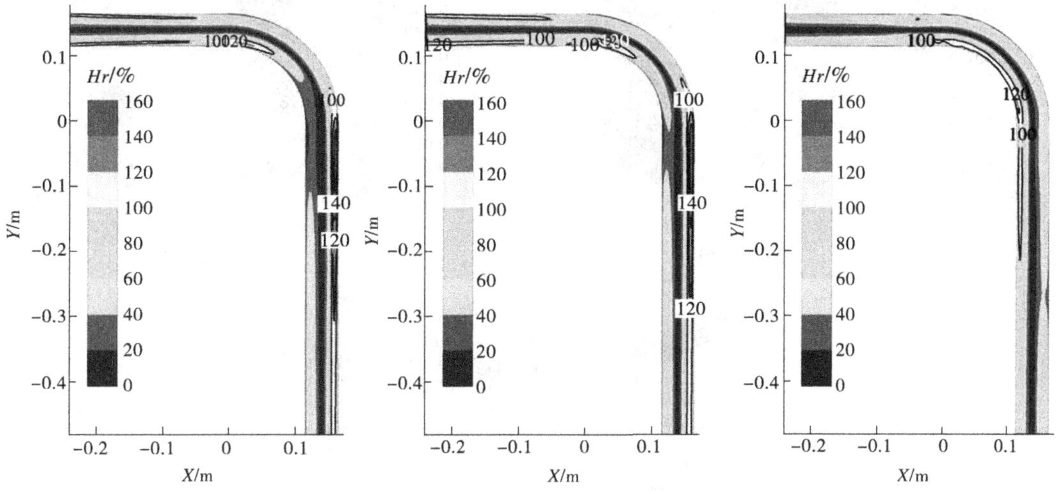

图 8-7 管内风险率分布

结合图 8-6 和图 8-7 可知：①空白组的整体最大事故风险率为 149. 64%，出口直管左侧为主要风险区域，平均事故风险率为 114. 82%，且该风险区域持续至模型出口；②管路系统在导流片组合 19 导流下的整体最大事故风险率为 158. 50%，出口直管左侧仍为主要风险区域，平均事故风险率为 115. 94%；③管路系统在导流片组合 27 导流下的整体最大事故风险率为 125. 23%，相对前两种工况较小，主要风险区域集中在弯管内侧，平均事故风险率为 107. 37%。

8. 1. 3. 3 湍涡结构分析

由前文可知，导流片组合 19 和导流片组合 27 分别削弱、提升了弯管的输水效率及管路的安全稳定性。为研究该种现象产生的原因，图 8-8 给出了当 $v = 1.5$ m/s 时管内湍动能及断面流线分布，其中断面 1、断面 4 分别位于弯管进、出口，断面 2、断面 3 及断面 5、断

面 6 分别将弯管和出口直管均分三等分。当管内某一横断面流线涡核发生偏移时，管内流线涡核预示着下一个断面处的湍动能增大。结合 Kolmogorov 的各项同异性假定可知，当管内某断面处湍动能相对上一个断面流线涡核处的湍动能增加时，管内大尺度涡流耗散作用相对较弱，涡流之间相互诱导、卷吸，湍涡结构衰弱相对缓慢，涡流在边界条件的作用下发生拉伸变形，表征为各向异性；当管内某断面处的流线涡核不再发生偏移时，管内涡流进入缓慢耗散期，小尺度涡流结构在统计上与时均运动、大尺度涡流无关，表征为各向同性，湍流的涡能在这一层级的涡流逐渐耗散。

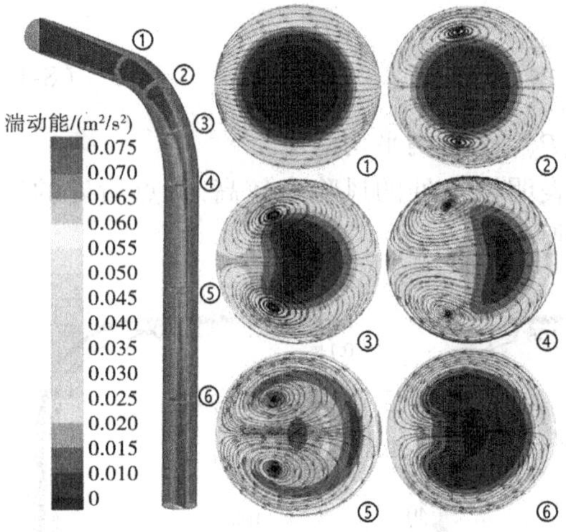

(a)空白组

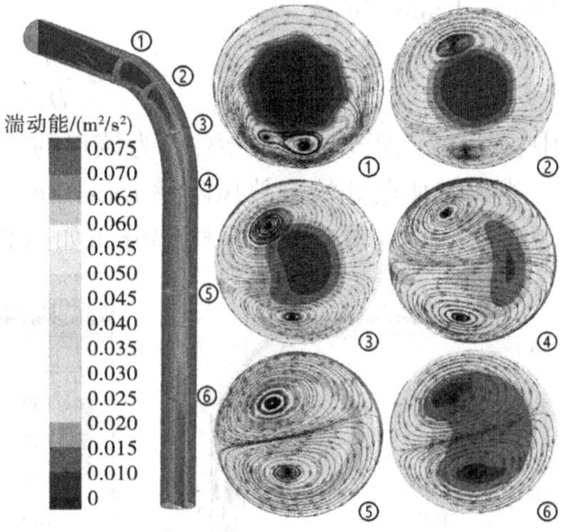

(b)组合19

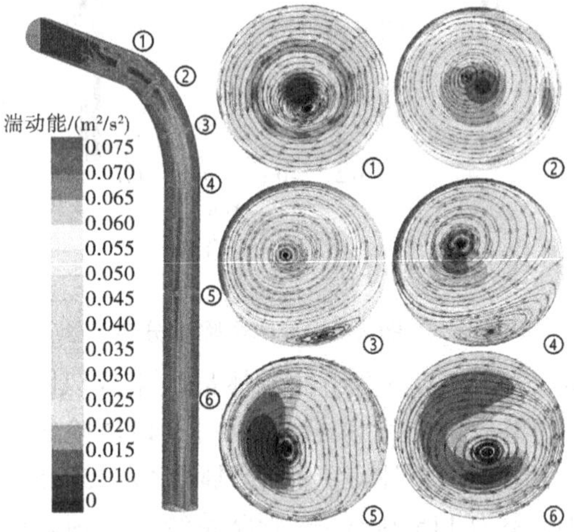

(c)组合27

图 8-8　湍动能及流线分布

流体脉动对管壁壁面的激励特性具体表现为管壁结构上的振动响应，且管路系统的振动频率常与管内涡流脱落频率有着较高的重合度。而湍流强度 I 表征脉动流速的均方根与平均流速的比值，在 Standard k-ε 湍流模型中，湍流强度 I 与湍动能 k 及断面平均流

速 U_{Ave} 存在如下关系：

$$k = \frac{3}{2}(U_{Ave}I)^2 \tag{8-2}$$

结合图 8-5 和图 8-8 可知，当管内未架设导流片时，管内各断面的平均流速在弯管 60°截面达到最大，而管内湍动能在弯管出口截面上达到最大值 0.035 m^2/s^2，出口直管左侧湍动能在断面 4～断面 5 增大，断面 5～断面 6 减小，则出口直管左侧在断面 5 附近的湍流强度较大，最大湍流强度为 0.214 1，属于高湍流强度，表明管路输水发生事故的风险率较高。

当弯管进口以低强度的螺旋流进入弯管时，管内湍动能、流速变化趋势与管内未架设导流片的工况相一致，管内湍动能也基本相同。然而，管内壁处的湍动能在断面 3～断面 5 相对较大，管内断面平均流速相对较小，平均流速最大值所处的断面相对滞后。由此可得低强度的螺旋流致使管内湍流强度相对较大，从而扩大了管内事故高危风险区域。

当弯管进口以高强度的螺旋流进入弯管时，管内各横断面平均流速变化趋势呈持续减小，并且在弯管出口截面上达到最大值 0.044 m^2/s^2，则弯管出口断面附近的湍流强度较大。由于出口断面较大的湍动能集中在弯管内侧，则弯管内侧的湍流强度局部较大，最大湍流强度为 0.237 7，对管路系统的安全运行存在着潜在的风险。

8.2　导流片对弧度弯管振动影响的物理模型试验

弯管管内湍涡结构的产生及转捩问题，具体表现为管流在弯管管壁作用下产生对称涡流，即迪恩涡。该种湍涡结构常常导致弯管管路系统的流态恶化，管路系统也因此产生振动现象，并且管流所携带的能量受到较大损失。迪恩涡的形成与弯管进口处管流流速方向有关，这是因为当弯管进口处的流速方向与该断面处垂直时，管流冲击弯管管壁时就形成了迪恩涡。因此，当弯管进口处的流速方向发生改变时，即弯管进口处为不同强度的螺旋流，假设螺旋流的螺旋度较低，该种螺旋流易被“迪恩化”，即弯管管内存在着两个湍涡结构，并且两种湍流结构尺度不一样大，假设螺旋流的螺旋度较高，该种螺旋流能在弯管内保持着大尺度湍涡结构，并且在弯管下游一定距离内的管路系统中保持着螺旋流。

8.2.1　试验装置及测量仪器

8.2.1.1　**试验装置**

本次建立的物理模型试验装置如图 8-9 所示。试验装置整体采用内径（D）为 100 mm、管壁厚度为 5 mm 的透明玻璃圆管，研究弯管为曲率半径为 3D 的弧度弯管。试验装置共分为供水模块和试验模块。

供水模块由泵机加压供水，前后分别经过阀门和电磁流量计进入试验模块，泵机通过一根软管与刚性圆管相连接，软管长 40 cm，并且通过在阀门前浇筑混凝土用以支撑进口管路，防止泵机的振动传递至试验管路系统。管路流量通过阀门及电磁流量计进行调节，为保证电磁流量计读数的稳定性，阀门距离电磁流量计为 10D，电磁流量计距离弯管为 11D。

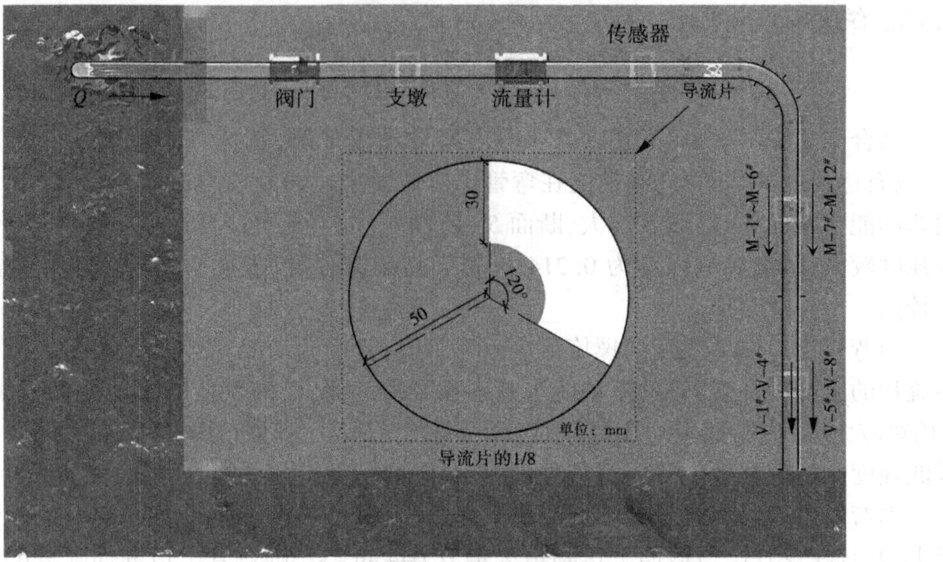

图 8-9　物理模型试验装置

试验模块由弯管、两根进出直管、螺旋流发生装置、12 个测压管及 8 个拾振加速器组成，弯管曲率半径为 3D，弯管前后分别留有 1D 的进出直管用于连接其他直管部分，进口直管及出口直管的长度分别为 12D 和 21D，其中螺旋流发生装置全长 1D，该装置末端距离弯管进口处 1D，装置内部布设了若干环形阵列的导流片。

8.2.1.2　**测量仪器**

测压管整体处于同一水平面上，测压管有 M-1#～M-6# 及 M-7#～M-12#，其中测压管 M-1# 和 M-7# 布置在流量计出口处，距离弯管进口 12D，测压管 M-2#～M-4# 以及 M-8#～M-10# 分别布置在弯管偏转角度(θ^*)22.5°、45°及 67.5°两侧，测压管 M-5#、M-6# 以及 M-11#、M-12# 分别布置在距离弯管出口 11D 及 21D 两侧。

管路模型振动通过 DASP V11 及其拾振加速器获取。拾振加速器 V-1#～V-4# 及 V-5#、V-6# 分别布置在管道顶部和管道外侧。拾振加速器 V-1# 和 V-5# 距离螺旋流发生装置进口处 1D，拾振加速器 V-2# 和 V-6#、V-3# 和 V-7# 分别布置在弯管进出口处，拾振加速器 V-4# 和 V-8# 布置在距离弯管出口 6D 处的出口直管。

8.2.2　试验工况及步骤

8.2.2.1　**试验工况**

本次研究中针对导流片的高度(H)、偏转角度(θ)及导流片个数(N)分别取 3 个变量，导流片的高度(H)取值分别为 10 mm、20 mm 和 30 mm，导流的偏转角度(θ)取值分别为 60°、90°和 120°，导流片个数(N)取值分别为 4、6 和 8。研究根据正交试验设计了 9 种导流片工况，重点研究了管路在进口流速(v)1.5～1.8 m/s 条件下的能量损失及振动特性，物理模型试验的工况如表 8-2 所示。

表 8-2　模型工况

工况	导流片高度 H/mm	偏转角度 θ/(°)	导流片个数 N/个
N-1	10	60	8
N-2	20	90	8
N-3	30	120	8
N-4	30	60	6
N-5	10	90	6
N-6	20	120	6
N-7	20	60	4
N-8	30	90	4
N-9	10	120	4
N-10	0	0	0

8.2.2.2　试验步骤

在开展模型试验前,需核对弯管管路系统的各个测压管的水柱是否存在含气等现象,随后开启泵机,通过调节阀门以获取目标流速。待流量计不再发生较大的波动后,打开 DASP V11 监测管路在 30 s 内的振动状态。

8.2.3　试验结果及分析

8.2.3.1　管路能量损失

管路系统的能量损失以测压管 M-5#、M-11#均值(h)为标准,管路系统在进口流速 v=1.5~1.8 m/s 状态下的能量损失变化趋势如图 8-10 所示。

根据测压管 M-5#、M-11#断面处压强水头变化趋势可知,导流片组合 N-1、N-3、N-4 可降低弯管管路系统能量损耗,特别是导流片组合 N-3 在进口流速 v=1.5 m/s 条件下,管路系统的能量相对初始状态提高了 27.63 %。导流片组合 N-2、N-5、N-9 在进口流速较低的条件下,该种导流片组合消耗的管流能量相对于未架设导流片 N-10 较大,并且该种导流片组合消耗的管流能量随着进口流速的增大而降低,最终该种导流片组合消耗的管流能量相对未架设导流片 N-10 较小,导流片组合 N-2、N-5、N-9 所对应的临界流速分别为 1.63 m/s、1.59 m/s、1.56 m/s。在进口流速 v=1.5~1.8 m/s 条件下,导流片组合 N-6、N-7、N-8 所消耗的管流能量恒大于未架设导流片组合 N-10,并且导流片组合 N-7 在进口流 v=1.5 m/s 条件下相对 N-10 所损耗的能量达到最大值 34.27%。此外,结合极差分析可知,导流片高度对弯管管路系统能量损失的影响最大,其次为导流片个数。

为进一步研究导流片组合 N-1、N-3、N-4 对弯管管路系统整体压降影响,图 8-11 给出了弯管管路系统在进口流速 v=1.5 m/s 条件下,弯管上下游内外两侧的压降变化。

由于导流片对管流存在着阻流,上游管路系统压降普遍升高,譬如弯管管路系统在导流片组合 N-3 影响下,上游直管进口处内外两侧的压强水头分别为 29.88 cm、28.68 cm。

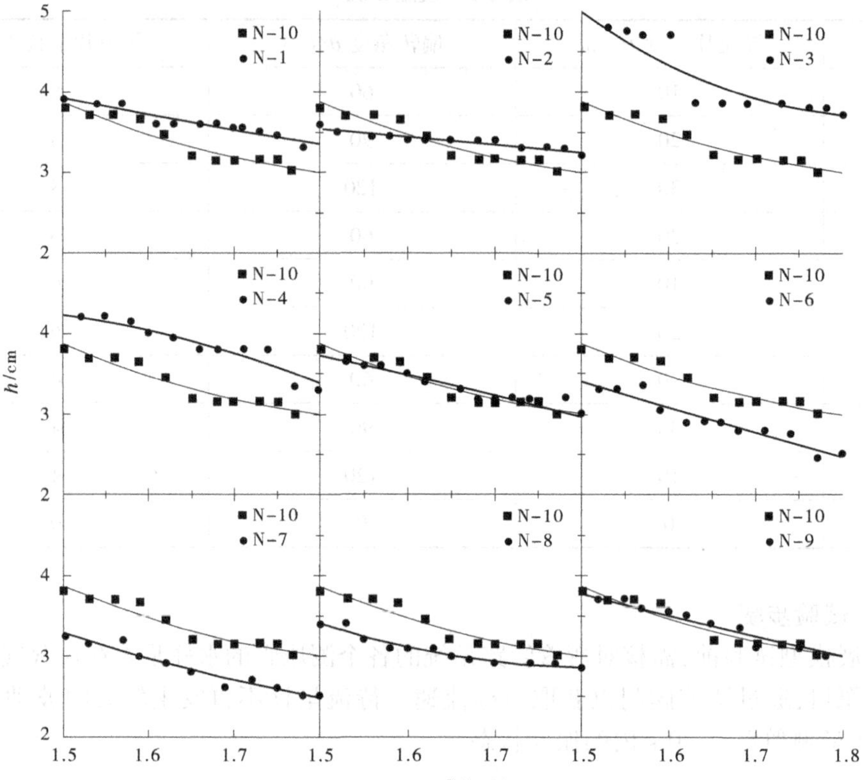

图 8-10　下游管路断面处压强水头变化

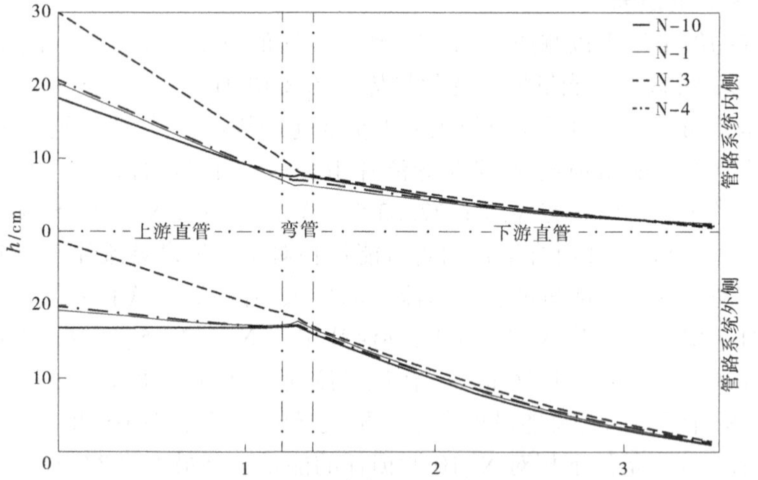

图 8-11　管路压降沿程变化

尽管导流片组合 N-1、N-3、N-4 在测压管 M-5#、M-11#断面处均能降低管流能量损失，但模型管路内侧的局部区域压降在导流片组合 N-1、N-4 作用下小于未架设导流片组合

N-10,譬如工况 N-1、N-10 的压降水头高度在弯管偏转角度 45°内侧分别为 6.8 cm、7.5 cm。

8.2.3.2　**管路振动频率**

湍涡能量串级具体表现为大尺度涡流吸收能量、中尺度涡传递能量、小尺度涡耗散能量,并且小尺度涡的耗散脱落频率与管路振动频率基本相等。在本次物理模型试验中,为研究螺旋涡流(单涡)、迪恩涡(双涡)脱落对管路系统的振动响应,研究基于工况 N-3、N-10 进一步分析弯管管路系统的振动频率(f),具体如图 8-12 所示。

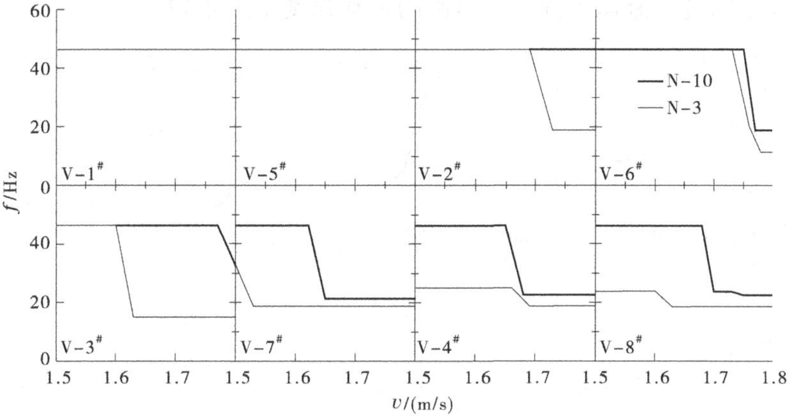

图 8-12　不同进口流速下的振动频率

弯管管路系统在进口流速 v=1.5~1.8 m/s 条件下存在固有振动频率 f_0=46.25 Hz,当管路系统存在着不同湍涡结构时,管路系统的振动频率随着进口流速的增加出现瞬时降低,并且弯管管路系统振动频率在单涡的作用进一步得到显著降低。管路振动频率规律具体表现如下:

(1)在距离弯管进口 3D 的上游直管断面处,管流并未形成较为明显的涡流,仅有近壁面处存在小尺度涡流耗散管流能量,因此工况 N-3、工况 N-10 在 S1、S2 的振动频率均为固有振动频率 f_0=46.25 Hz。

(2)在弯管进口断面处,管流在导流片的作用下形成较强螺旋度的单涡结构,该种湍涡结构使拾振加速器 V-2#、V-6#振动频率分别在进口流速 1.73 m/s、1.76 m/s 条件下打破了固有振动频率,此时拾振加速器 V-2#、V-6#振动频率分别为 18.75 Hz、20 Hz。管路系统在未架设导流片状态下,管流流向在弯管进口处断面从弯管外侧流向弯管内侧,从而致使水平方向上的拾振加速器 V-6#振动频率在进口流速 v=1.77 m/s 条件下为 18.75 Hz,垂直方向上的拾振加速器 V-2#在进口流速 v=1.5~1.8 m/s 条件下恒定为 46.25 Hz。

(3)在弯管出口断面处,螺旋流的螺旋强度经弯管的作用进一步得到加强,较高螺旋度的单涡结构致使该断面处的振动频率进一步降低,譬如水平方向上的拾振加速器 V-7#的振动频率在进口流速 v=1.5 m/s 条件下仅为 37.5 Hz。管路系统在未架设导流片状态下,迪恩涡对弯管管路系统水平方向上的振动频率波动影响远大于垂直方向的,譬如拾振加速器 V-3#的振动频率在进口流速 v=1.83 m/s 条件下为 23.75 Hz,而拾振加速器 V-7#

的振动频率在进口流速 $v=1.65$ m/s 条件下为 21.25 Hz。

(4)距离弯管出口 6D 的下游直管断面处，尽管螺旋流及迪恩涡均能在下游直管保持较长距离的湍涡结构，但两者的振动频率仍有差异，譬如在较大的进口流速条件下，拾振加速器 V-8#的振动频率在螺旋涡流、迪恩涡作用下分别为 18.75 Hz、22.5 Hz。

8.2.3.3 管路振动强度

为进一步研究不同湍涡结构对弯管管路系统的振动强度，并且在本次研究中，单个拾振加速器所监测的振动强度即为单位质量流体所受的加速度 a，工况 N-3、N-10 的各个拾振加速器在不同进口流速条件下所监测的振动强度见图 8-13。

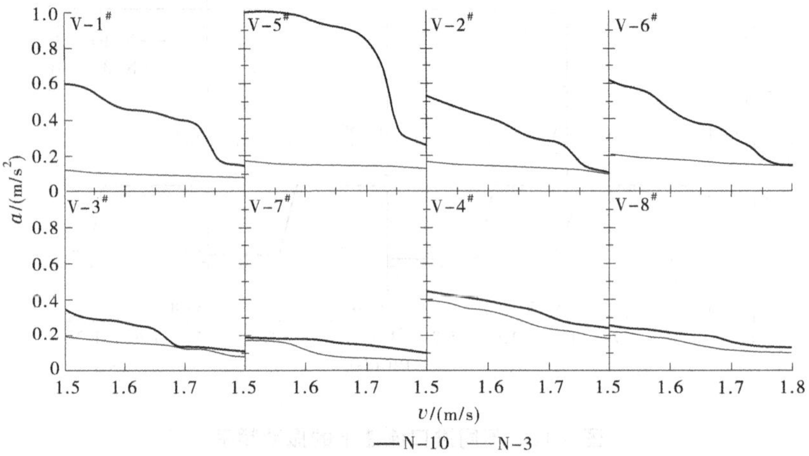

图 8-13 不同进口流速下的振动强度

弯管管路系统的振动强度伴随着进口流速的增大而降低，并且弯管管路系统在迪恩涡主导的条件下，管路振动强度在同种流速下大于由螺旋流主导的管流流动。管路振动强度规律具体表现为：

(1)弯管管路的振动强度在弯管进口及其上游直管具体表现为垂直方向的振动强度大于水平方向上的振动强度，譬如工况 N-10 在进口流速 $v=1.7$ m/s 条件下，拾振加速器 V-1#、V-5#的振动加速度分别为 0.401 m/s^2、0.858 m/s^2。而在弯管出口及其下游直管处，管路系统垂直方向上的振动强度小于水平方向上的振动强度，譬如工况 N-3 在进口流速 $v=1.53$ m/s 条件下，拾振加速器 V-3#、V-7#的振动加速度分别为 0.177 m/s^2、0.166 m/s^2。

(2)弯管管路模型在迪恩涡主导下，管内各断面随着起点距的增加，其水平、垂直方向上振动强度降低速率的差异逐渐降低，而在螺旋流主导下，各个断面的水平、垂直方向上振动强度的降低速率几近相同，譬如工况 N-3 在弯管进口断面处，拾振加速器 V-2#、V-6#在进口流速 $v=1.5\sim1.8$ m/s 条件下的振动强度极差值分别为 0.085 m/s^2、0.075 m/s^2。

8.2.3.4 量纲分析

有压弯管管内的不同湍涡结构在能量串级过程中，由于单涡、双涡脱落不同频率、不同能量的小尺度涡流反馈至管壁，进而致使管壁发生不同频率、不同强度的振动，由此可知管路振动的成因与管流总压力、惯性力、黏滞力、非定常惯性力相关。因此，研究基于欧拉数 Eu、斯特劳哈尔数 St、雷诺数 Re 进一步研究管路各参数的联系，其中 Eu、St、Re 如下所示：

$$\begin{cases} Eu = \dfrac{F_{总压力}}{F_{惯性力}} = \dfrac{P}{\rho v^2} \\ St = \dfrac{F_{非定常惯性力}}{F_{惯性力}} = \dfrac{lf}{v} \\ Re = \dfrac{F_{惯性力}}{F_{黏滞力}} = \dfrac{vD}{\upsilon} \end{cases} \tag{8-3}$$

式中:P 为管路压强, $P=\rho gh$;l 为特征长度,在本次研究中取为 D; υ 为运动黏滞系数; ρ 为水的密度; f 为频率;v 为流速。

当弯管管路系统有管流通过时,管流紊动在管路系统进一步体现出压降与振动之间的耦合效应,由此即可将雷诺数 Re 作为拟合曲线的 X 轴。由于欧拉数 Eu、斯特劳哈尔数 St 以及雷诺数 Re 均包含惯性力,为防止惯性力重复对拟合曲线的干扰,此次研究通过求解欧拉数 Eu、斯特劳哈尔数 St 的比值进而消除多余的惯性力。此外,上述无量纲数并未考虑振动加速度 a,并且斯特劳哈尔数 St 在一些研究中视为当地惯性力与迁移惯性力之比,因此研究基于欧拉数 Eu、斯特劳哈尔数 St 的比值,结合振动加速度 a、当地加速度 g,提出无量纲数 Er。将该无量纲数 Er 作为拟合曲线的 Y 轴,无量纲 Er 如下所示:

$$Er = \frac{Eu}{St} \cdot \frac{g}{a} \tag{8-4}$$

由于管路振动存在固有振动频率 f_0,并且管路系统进口处达到某一特定流速状态下才会打破固有振动频率。因此,此次选用 Boltzmann 函数对弯管进出口断面处的 Re、Er 进行拟合,并捕捉无量纲数 Er 在特定雷诺数条件下的切换过程,各条拟合曲线的相关性均在 0.96 以上,各条曲线最多需要 13 次迭代即可达到收敛(收敛条件为 Chi-sqr 函数容差值小于 10^{-9}),具体如图 8-14 所示。

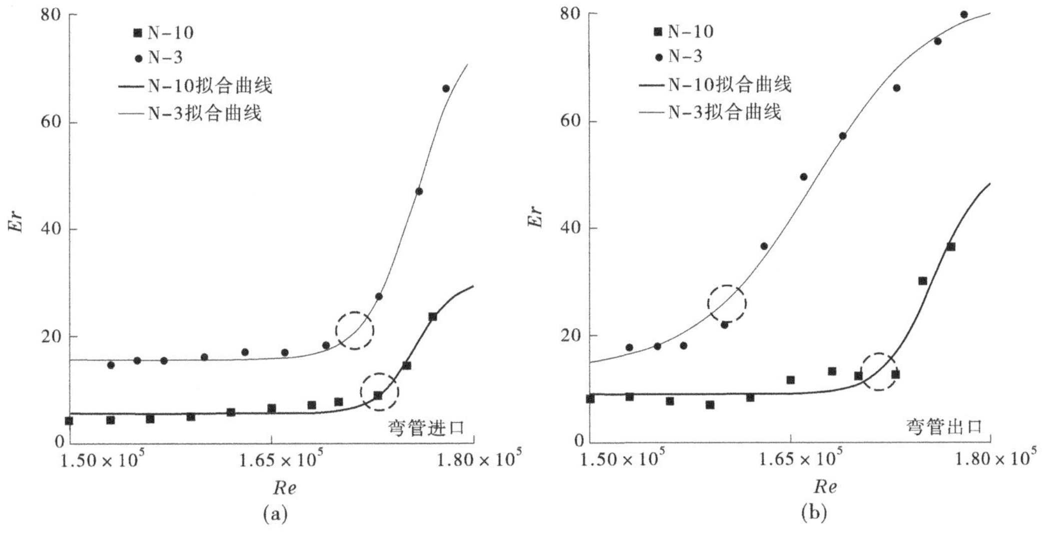

图 8-14 Re 与 Er 的 Boltzmann 拟合

结合式(8-4)可知,管路系统在同一压强水头条件下,无量纲数 *Er* 随着管路系统的振动频率、振动强度增大而减小。在同一雷诺数条件下,工况 N-3 的无量纲 *Er* 大于工况 N-10,并且工况 N-3 的临界雷诺数在弯管进出口断面小于工况 N-10 的,譬如在弯管进口断面,工况 N-10、N-3 分别在雷诺数为 173 717、171 282 时达到转变条件。

9 结论与建议

9.1 结 论

9.1.1 长距离有压输水管路系统的水锤模拟

(1)项目基于 Bentley Hammer 对长距离输水管线开展了平差计算,校核了后陈楼—七里桥双管输水管线以及局部检修状态下的不对称输水管线、七里桥—商丘以及七里桥—夏邑单管输水管线在正常运行状态下的设计压强,计算结果表明各类输水管线在近期(0.014)、远期(0.018)两种糙率下仍能满足当地的用水需求,进一步证实了输水管线设计的合理性。

(2)项目基于线性关阀、非线性关阀两种关阀方式、泵机的关阀时间 90 s、180 s、360 s、相邻泵机关阀的间隔时间 30 s、60 s、120 s 开展了一系列的模拟计算,通过对比各类输水管线在最大泵机关阀时间、最大相邻泵机关阀的间隔时间、非线性关阀条件下有无空气阀等调保措施的沿线压强,以及校核各类输水管线的极限承载压强(1.5 倍设计压强),得出了空气阀等调保措施的必要性。

(3)为保障各类输水管线能够正常停机,本项目给出的关阀策略如下:后陈楼—七里桥输水管线在双管供水、局部检修供水条件下应保证泵机的关阀时间不小于 90 s 且相邻泵机关阀的间隔时间不小于 30 s;七里桥—商丘输水管线在单管供水条件下应保证泵机的关阀时间不小于 90 s 且相邻泵机关阀的间隔时间不小于 30 s;七里桥—夏邑输水管线在泵站加压、重力流供水条件下应保证泵机的关阀时间不小于 360 s 且相邻泵机关阀的间隔时间不小于 120 s。

(4)考虑到各类输水管线的加压泵站在压水管路中采用了止回阀,项目针对泵站突然断电导致泵机在同一时刻停止运作的情景开展了输水管路压强波动的模拟研究,模拟计算结果表明输水管线的沿线最大压强仍小于输水管线设计压强的 1.5 倍,符合设计规划的相关要求。

9.1.2 穿河管线充水研究

(1)管路系统在快速充水条件下,管路充水总时长伴随着充水流速的增大而减小,三段式弯管管路系统相对于弧度式弯管管路系统需较长时间才能达到满管有压流状态。由于管路系统在充水过程中形成了大量的水气流型,研究发现管内塞状流及段塞流的持续时间随充水流速的增大而减小,管路系统在不同充水条件对塞状流及段塞流的持续时间的影响程度为:在正常充水条件下,管内塞状流及段塞流在模型工况中的影响因素从大到小排序为弯管种类、弯管角度、充水方式,而在快速充水条件下恰巧相反。

(2)弹状流气泡轮廓面积在运动过程中呈现出“先增大,再减小,再增大,再减小”的变化趋势,该种轮廓面积变化趋势与数值模拟结果中的密度变化基本吻合;45°连续性三段式弯管管路系统在首次充水条件下4.5~7.0 s首次出现了段塞流流型,该流型气泡的平均轮廓面积在充水流速v=0.3 m/s、0.4 m/s、0.5 m/s条件下分别为61.07 cm^2、44.88 cm^2、40.36 cm^2,表明该种流型气泡的平均轮廓面积随着充水流速的增加而减小;90°连续性三段式弯管管路系统在首次充水条件下3.0~6.0 s首次出现了塞状流流型,该种流型气泡的峰值轮廓面积在充水流速v=0.8 m/s、0.9 m/s、1.0 m/s条件下分别为106.13 cm^2、240.01 cm^2、383.96 cm^2,表明该种气泡的峰值轮廓面积随着充水流速的增加而增大。

(3)当充水流速为正常充水流速时,模型管路的测压计P1、P2在达到峰值压强后,其压强衰减速率随着充水历时的增加而逐渐减小,而充水流速为快速充水流速时,该现象恰巧相反;管路系统在二次供水、快速充水条件下,管路系统P3~P6的压强波动相对于首次供水条件下的管路系统更为剧烈,管内水锤强度相对较高;管内压强瞬时波动幅度在充水过程中呈“先剧烈、再平缓”的变化趋势,三段式弯管的瞬时欧拉数峰值相对于弧度式弯管的滞后;不同种弯管偏转角度几乎在同一时刻达到瞬时欧拉数峰值,但在弯管B1、B4中,45°弯管内瞬时欧拉数峰值大于90°弯管内瞬时欧拉数峰值,而在弯管B2、B3中与之相反。

(4)管路系统在首次、二次充水初期管路流型差异明显,由于管路气体通过空气柱及气泡排出,二次充水初期形成的气泡尺度相对于首次充水的气泡尺度较大,致使管路系统排出气体的百分比在二次充水条件下相对首次充水较高;弧度弯管斜角范围相对三段式弯管宽泛,导致弧度弯管更有利于管内气体的均匀排放,并且弧度弯管管路系统的容水体积相对于三段式弯管管路系统较大,致使两者的管路含气量在充水过程中的某一时刻相同,以工况A、C,充水流速v=0.8 m/s为例,两种管路系统含气量在充水88.7 s时相同,均为0.002 17 m^3;不同弯管角度对管路系统含气量的影响与弯管种类的原理基本一致,45°管路系统含气量的削减速率在充水中期小于90°弯管管路系统的,在充水后期大于90°弯管管路系统的,以工况A、E,充水流速v=0.8 m/s为例,在充水后期450~500 s内,45°及90°弯管管路系统的含气量分别减少0.000 13 m^3和0.000 04 m^3。

(5)弹状流气泡在运动过程中逐渐膨胀,管内形成较大空腔极易导致水柱分离,气泡尾部在湍涡的作用下分裂成若干小尺度气泡,且气泡与管壁处的涡流随着气泡运动逐渐拉伸变形;段塞流气泡在形成初期,弯管内湍涡结构虽然发生相应的变形,但不随气泡向下游管路运动,管内尺度近似相同的段塞流气泡主要通过气泡之间的密度差异而融合,且融合后的气泡密度小于融合前任意气泡;塞状流气泡在形成及运动期间,弯管内的湍涡结构不仅发生拉伸变形,还衍生出小尺度涡流随气泡运动,致使塞状流气泡在运动期间极易分裂,具体表现为塞状流尾部分裂出小尺度气泡,尽管小尺度气泡密度大于分裂后的塞状流气泡的,但此时气泡的运动速率主要受气泡体积影响。

9.1.3　单一弯管的水力控制

(1)管路系统进口流速v=1.5 m/s时,弯管内迪恩涡不仅削弱了管路系统的输水效率,还导致下游管路长达 9. 6*D* 以上的流态恶化,且湍流强度在出口直管局部达到 21. 41%,对管路系统的输水安全稳定性产生巨大威胁。

(2)管路系统进口流速 v = 1. 5 m/s 时,在导流片工况 27 的作用下,弯管进口处的湍动能总体提升 34. 42%,管内涡流个数从单一的螺旋流分化形成两个不同尺度涡流,最终在管壁的作用下形成单一的大尺度涡流,不仅使弯管的输水效率提升 10. 62%,还提高了管路系统的输水安全性能。

9.2 建 议

9.2.1 长距离有压输水管路系统的水锤模拟

(1)相对于输水管线的线性关阀方式,非线性关阀更易减小沿线的最大压强及最不利节点处的最大空气容积。在实际工程应用中,采用更大的泵机关阀时间、相邻泵机关阀的间隔时间以及非线性关阀措施更为妥当。

(2)输水管线在涉及短距离内高差起伏较大的穿河管线时,建议采用调压井等调保措施以削弱由于工作人员操作不当引发的水锤,特别是后陈楼调蓄水库—七里桥调蓄水库输水管线在局部检修条件下形成的不对称输水,输水管线的最不利节点在第一段至第五段局部输水情况下多次出现在穿河管线中。

(3)各类输水管线在正常关阀停机和事故停机情景下产生的最不利节点主要集中于管线前段,特别是七里桥调蓄水库—夏邑调蓄水库输水管线的前端与泵站的压水管路形成了类似于“V”形管路,建议采用调压井等调保措施以减轻由于关阀、停泵产生的水锤影响。

9.2.2 穿河管线充水研究

(1)穿河管线在充水过程前期应采用小于满管充水流速的充水流速,进而防止由于充水引发的大尺度气泡以及较大的压强波动,而在充水中后期应采用大于满管充水流速的充水流速,进而快速排出管内残留气体,达到满管有压流的目标。

(2)七里桥调蓄水库—商丘新城调蓄水库输水管线穿越汴河故道时采用的是 90°弯管,该种弯管管路系统在存在滞留水体的条件下极易形成弹状流,弹状流在随后的流型演变过程中极易导致水柱发生断裂。因此,在涉及该条输水管线的二次充水工况时,应校核管路系统的排气设施,并采用小于满管流速的充水流速以防止该种现象的产生。

(3)后陈楼调蓄水库—七里桥调蓄水库输水管线穿越河道时采用的是近似偏转角度为 45°的弯管,该种弯管管路系统在存在滞留水体的条件下仅能产生段塞流、塞状流等中尺度气泡流型,该种穿河管线的充水策略相对 90°弯管管路系统更为宽松。

9.2.3 单一弯管的水力控制

采用螺旋流通入弯管可有效地降低单一水平弯管管路系统的振动频率和振动强度,极大地提高输水管线的安全性。目前,该种供水理念处于实验室研究阶段,以期今后能够在实际工程中应用。

参考文献

[1] Afshar M H, Rohani M. Water hammer simulation by implicit method of characteristic[J]. International Journal of Pressure vessels and piping, 2008, 85(12): 851-859.

[2] Alhwij M S, Nakhleh W. Optimal parameters of protection devices for controlling hydraulic transient using genetic algorithms[J]. AQUA—Water Infrastructure, Ecosystems and Society, 2024: jws2024323.

[3] Ali, S. Z., & Dey, S. (2016). Entry flow in curved pipes: turbulent boundary layer approach[J]. Journal of Hydraulic Research, 54(1), 90-101.

[4] Al-naser M, Elshafei M, Al-sarkhi A. Artificial neural network application for multiphase flow patterns detection: A new approach[J]. Journal of Petroleum Science and Engineering, 2016, 145: 548-564.

[5] American Water Works Association (Ed.). (2008). Concrete Pressure Pipe: M9 (Vol. 9). American Water Works Association.

[6] Ammar H T, Al-Zahrani M A. Water hammer analysis for Khobar - Dammam water transmission ring line [J]. Arabian Journal for Science and Engineering,2015,40:2183-2199.

[7] Ansari A M, Sylvester N D, Sarica C, et al. A comprehensive mechanistic model for upward two-phase flow in wellbores[J]. SPE Production & Facilities, 1994,9(2):143-151.

[8] Apollonio C, Balacco G, Fontana N, et al. Hydraulic transients caused by air expulsion during rapid filling of undulating pipelines[J]. Water, 2016,8(1):25.

[9] Aref' ev N V. Methods for analysis of transition regimes in water-carrying runs at hydroelectric power plants based on self-organizing mathematical models[J]. Power Technology and Engineering, 2015,49(1):11-16.

[10] Arregui F G, Garcis S J, Kruisbrink C H, et al. Air valves dynamic behavior[C]//International conference pumps, electromechanical devices and systems applied to urban water management. Swets & Zeitlinger, Lisse, Holland, 2003:623-632.

[11] AWWA. Concrete pressure pipe [S]. USA: AWWA, 1995.

[12] BARNEA D. A unified model for predicting flow-pattern transitions for the whole range of pipe inclinations[J]. International Journal of Multiphase Flow,1987,13(1):1-12.

[13] Bergant A, Kruisbrink A, Arregui de la Cruz F. Dynamic behaviour of air valves in a large-scale pipeline apparatus[J]. Strojniški vestnik¿ Journal of Mechanical Engineering, 2012, 58(4): 225-237.

[14] Bergant A, Tijsseling A S, Vítkovský J P, et al. Parameters affecting water-hammer wave attenuation, shape and timing—Part 2: Case studies[J]. Journal of Hydraulic Research, 2008, 46(3):382-391.

[15] Bo Q, Cheng W, Sun T. Flow capacity and ice cap stability of river channel in the Daqing River Basin of the South-to-North water diversion project during the ice period[J]. Alexandria Engineering Journal, 2022,61(5):3657-3663.

[16] Bostan M, Akhtari A A, Bonakdari H, et al. Optimal design for shock damper with genetic algorithm to control water hammer effects in complex water distribution systems[J]. Water Resources Management, 2019,33:1665-1681.

[17] Budinski L. Application of the LBM with adaptive grid on water hammer simulation[J]. Journal of Hydroinformatics, 2016,18(4):687-701.

[18] Cargnelutti M F, Belfroid S P C, Schiferli W, et al. Multiphase fluid structure interaction in bends and T-joints[C]. Proceedings of the Asme Pressure Vessels and Piping Conference,2010,49231:75-82.

[19] Carlos M, Arregui F J, Cabrera E, et al. Understanding air release through air valves[J]. Journal of Hydraulic Engineering, 2011,137(4):461-469.

[20] Cazarez-candia O, Benítez-centeno O C. Comprehensive experimental study of liquid-slug length and Taylor-bubble velocity in slug flow[J]. Flow Measurement and Instrumentation, 2020, 72(C) :101697-101697.

[21] Cetin M. An experimental investigation on air pocket entrapments caused by shear-flow instabilities in rapid-filling pipes[D]. Auburn University,2019.

[22] Chadwick A, Morfett J, Borthwick M. Hydraulics in civil and environmental engineering[M]. Crc Press,2021.

[23] Chang Y, Yu X, Zhang J, et al. Negative pressure protection with one-way surge tanks in bidirectional water delivery systems[J]. Water Supply, 2024,24(4):1089-1101.

[24] Chen T, Ren Z, Xu C, et al. Optimal boundary control for water hammer suppression in fluid transmission pipelines[J]. Computers & Mathematics with Applications,2015,69(4),275-290.

[25] Coronado-hernάndez O E, Fuertes-miquel V S, Angulo-hernάndez F N. Emptying operation of water supply networks[J]. Water, 2017, 10(1): 22.

[26] Coronado-hernάndez O E, Fuertes-miquel V S, Iglesias REY P L, et al. Rigid water column model for simulating the emptying process in a pipeline using pressurized air[J]. Journal of Hydraulic Engineering, 2018,144(4):1-7.

[27] De Martino G, Fontana N, Giugni M. Transient flow caused by air expulsion through an orifice[J]. Journal of Hydraulic Engineering, 2008,134(9):1395-1399.

[28] Dean W R. The streamline motion of fluid in a curved pipe[J]. Philosophical Magazine Letters,1928,5: 673-693.

[29] Dong X, Wang Y, Chen X, et al. Determination of epsilon for Omega vortex identification method[J]. Journal of Hydrodynamics, 2018,30:541-548.

[30] Dos S E N, De P R R L, Pipa D R, et al. Three-dimensional bubble shape estimation in two-phase gas-liquid slug flow[J]. IEEE Sensors Journal, 2017,18(3):1122-1130.

[31] Duns H J, Ros N C J. Vertical flow of gas and liquid mixtures in wells[C]. The 6th World Petroleum Congress, Frankfurt am Main, Germany,1963.

[32] Eldayih Y, Cetin M, Vasconcelos J G. Air-pocket entrapment caused by shear flow instabilities in rapid-filling pipes[J]. Journal of Hydraulic Engineering, 2020,146(4): 04020016.

[33] Eldayih Y. Gravity current and air pocket entrapments caused by shear-flow instabilities in rapid-filling pipes[D]. Auburn University, 2018.

[34] Enayet M M, Gibson M M, Taylor A M K P, et al. Laser-doppler measurements of laminar and turbulent flow in a pipe bend[J]. International Journal of Heat & Fluid Flow,1982,3(4):213-219.

[35] Faúndez M, Alcayaga H, Walters J, et al. Sustainability of water transfer projects: A systematic review [J]. Science of the Total Environment, 2023, 860:160500.

[36] Felipe G, Subhash N. Friction pressure correlations for turbulent flow of drag reducing polymer solutions in straight and coiled tubing[J]. Journal of Petroleum Science and Engineering, 2008,65(3):147-161.

[37] Ferreira J P, Ferras D, Covas D I C, et al. Improved SWMM modeling for rapid pipe filling incorporating air behavior in intermittent water supply systems [J]. Journal of Hydraulic Engineering, 2023, 149

(4):04023004.

[38] Fu Y, Chen B. Locating Blockage and Leak in Piping Systems Based on Valve Stroking[J]. Journal of Pipeline Systems Engineering and Practice, 2024,15(1):04023049.

[39] Fuertes-miquel V S, Coronado-hernández O E, Iglesias-rey P L, et al. Transient phenomena during the emptying process of a single pipe with water-air interaction[J]. Journal of Hydraulic Research, 2019,57(3):318-326.

[40] Fuertes-Miquel V S, Coronado-Hernández O E, Mora-Meliá D, et al. Hydraulic modeling during filling and emptying processes in pressurized pipelines: A literature review[J]. Urban Water Journal, 2019, 16(4):299-311.

[41] Fuertes-Miquel V S, López-Jiménez P A, Martínez-Solano F J, et al. Numerical modelling of pipelines with air pockets and air valves[J]. Canadian Journal of Civil Engineering, 2016, 43(12): 1052-1061.

[42] Fujun W, Ling W. Advances in water filling transients in large pipeline transfer systems[J]. Journal of Hydroelectric Engineering, 2017,36(11):1-12.

[43] Geng J, Li D, Du G. Simulation of cavitation induced by water hammer[J]. Journal of Hydrodynamics, Ser. B, 2017,29(6):972-978.

[44] Ghidaoui M S. On the fundamental equations of water hammer[J]. Urban Water Journal, 2004, 1(2), 71-83.

[45] Hao A, Zhang Y, Zhang E, et al. Groundwater resources and related environmental issues in China[J]. Hydrogeology Journal, 2018,26(5):1325-1337.

[46] Hatcher T M, Vasconcelos J G. Peak pressure surges and pressure damping following sudden air pocket compression[J]. Journal of Hydraulic Engineering,2017,143(4):04016094.

[47] Hewitt G F. Measurement of two phase flow parameters[J]. Nasa Sti/recon Technical Report A, 1978, 79:47262.

[48] Hou Q, Tijsseling A S, Laanearu J, et al. Experimental investigation on rapid filling of a large-scale pipeline[J]. Journal of Hydraulic Engineering, 2014,140(11):04014053.

[49] Huang B, Zhu D Z. Linearized solution for rapid filling of horizontal pipe with entrapped air[J]. Journal of Engineering Mechanics, 2020,146(11):06020006.

[50] Huang B, Zhu D Z. Rigid-column model for rapid filling in a partially filled horizontal pipe[J]. Journal of Hydraulic Engineering, 2021,147(2):06020018.

[51] Hufnagel L, Canton J, Örlü R, et al. The three-dimensional structure of swirl-switching in bent pipe flow[J]. Journal of Fluid Mechanics, 2018,835:86-101.

[52] Hwang Y H. Development of a characteristic particle method for water hammer simulation[J]. Journal of Hydraulic Engineering, 2013, 139(11):1175-1192.

[53] Joukowski N E. Memoirs of the imperial academy society of St. Petersburg[J]. Proc. Am. Water Works Assoc, 1898, 24:341-424.

[54] Kandil M, Kamal A M, El-Sayed T A. Effect of pipematerials on water hammer[J]. International Journal of Pressure Vessels and Piping, 2020,179:103996.

[55] Kang Y, Cheng Y, Zhang X. Hydraulic characteristics of a siphon-shaped overflow tower in a long water conveyance system: CFD simulation and analysis[J]. Journal of Hydrodynamics, Ser. B, 2016, 28(4):564-575.

[56] Khoo B C, Chew Y T, Teo C J. Near-wall hot-wire measurements[J]. Experiments in Fluids, 2001,31(5):494-505.

[57] Ko M S, Lee B A, Won W Y, et al. An improved electrical-conductance sensor for void-fraction measurement in a horizontal pipe[J]. Nuclear Engineering and Technology, 2015, 47(7): 804-813.

[58] Kokal S L, Stanislav J F. An experimental study of two-phase flow in slightly inclined pipes-II: liquid holdup and pressure drop[J]. Chemical Engineering Science, 1989, 44(3): 681-693.

[59] Kühnen J, Braunshier P, Schwegel M, et al. Subcritical versus supercritical transition to turbulence in curved pipes[J]. Journal of Fluid Mechanics, 2015:770.

[60] Liang J J, Liu H X, He Q, et al. Establishment and analysis of water hammer prevention system in high-lift and long-distance water delivery system[J]. Fresenius Environmental Bulletin, 2012, 21(12): 3659-3665.

[61] Liao Y, Lian Z, Feng J, et al. Effects of multiple factors on water hammer induced by a large flow directional valve[J]. Strojniski Vestnik/Journal of Mechanical Engineering, 2018, 64(5): 329-338.

[62] Lingireddy S, Wood D J, Zloczower N. Pressure surges in pipeline systems resulting from air releases [J]. Journal American Water Works Association, 2004, 96(7):88-94.

[63] Liou C P, Hunt W A. Filling of pipelines with undulating elevation profiles [J]. Journal of Hydraulic Engineering, 1996, 122(10):534-539.

[64] Liu C Q, Wang Y Q, Yang Y, et al. New omega vortex identification method[J]. Science China Physics, Mechanics & Astronomy, 2016, 59: 1-9.

[65] Liu E, Wen D, Peng S, et al. A study of the numerical simulation of water hammer with column separation and cavity collapse in pipelines [J]. Advances in Mechanical Engineering, 2017, 9(9):1687814017718124.

[66] Liu J, Zhang J, Yu X. Analytical and numerical investigation on the dynamic characteristics of entrapped air in a rapid filling pipe[J]. Journal of Water Supply: Research and Technology—AQUA, 2018, 67(2):137-146.

[67] Liu S, Zhang X, Guo X, et al. Experimental and numerical simulations of river-crossing pipelines for different water fill patterns[J]. Journal of Hydraulic Research, 2024, 62(2):208-222.

[68] Liu S, Zhang X, Xu Z, et al. Experimental study on the buffering effects of urban trees group in dike-break floods[J]. Scientific Reports, 2023, 13(1):17096.

[69] Liu Y, Pan B, Zhu X, et al. Patterns of microbial communities and their relationships with water quality in a large-scale water transfer system[J]. Journal of Environmental Management, 2022, 319: 115678.

[70] Lizarraga-garcia E, Buongiorno J, Bucci M. An analytical film drainage model and breakup criterion for Taylor bubbles in slug flow in inclined round pipes[J]. International Journal of Multiphase Flow, 2016, 84: 46-53.

[71] Lorenz H, Jacopo C, Ramis O, et al. The three-dimensional structure of swirl-switching in bent pipe flow [J]. Journal of Fluid Mechanics, 2018, 835: 86-101.

[72] Lyu J, Zhang J, Wang X, et al. A combined water hammer protective method for optimizing the volume of the air vessel in water supply systems. AQUA—Water Infrastructure, Ecosystems and Society, 2021, 70(8):1217-1230.

[73] Ma B, Srinil N. Planar dynamics of inclined curved flexible riser carrying slug liquid-gas flows[J]. Journal of Fluids and Structures, 2020, 94: 102911.

[74] Maddahian R, Shaygan F, Bucur D M. Developing a 1D-3D model to investigate the effect of entrapped air on pressure surge during the rapid filling of a pipe[C]. IOP Conference Series: Earth and Environmental Science. IOP Publishing, 2021, 774(1):012069.

[75] Malekpour A, Karney B W. Profile-induced column separation and rejoining during rapid pipeline filling [J]. Journal of Hydraulic Engineering, 2014,140(11):04014054.

[76] Malekpour A, Karney B W. Rapid filling analysis of pipelines with undulating profiles by the method of characteristics [J]. ISRN Applied Mathematics, 2011: 1-16.

[77] Malekpour A, Karney B W. Column separation and rejoinder during rapid pipeline filling induced by a partial flow blockage[J]. Journal of Hydraulic Research, 2014, 52(5):693-704.

[78] Malekpour A. Analysis of rapid pipeline filling including column separation & entrapped air effects[M]. Canada:University of Toronto, 2014.

[79] Martins N M C, Delgado J N, Ramos H M, et al. Maximum transient pressures in a rapidly filling pipeline with entrapped air using a CFD model[J]. Journal of Hydraulic Research, 2017, 55(4): 506-519.

[80] Menter F R. Two-equation eddy-viscosity turbulence models for engineering applications[J]. AIAA journal, 1994, 32(8): 1598-1605.

[81] Minamit K, Shoham O. Transient two-phase flow behavior in pipelines-experiment and modeling[J]. International Journal of Multiphase Flow, 1994,20(4):739-752.

[82] Moghaddas S M J, Samani H M V, Haghighi A. Transient protection optimization of pipelines using air-chamber and air-inlet valves[J]. KSCE Journal of Civil Engineering, 2017, 21: 1991-1997.

[83] Mukherjee T, Das G, Ray S. Sensor-based flow pattern detection-gas-liquid-liquid upflow through a vertical pipe[J]. AIChE Journal, 2014, 60(9): 3362-3375.

[84] Noorani A, Schlatter P. Swirl-switching phenomenon in turbulent flow through toroidal pipes[J]. International Journal of Heat and Fluid Flow, 2016, 61: 108-116.

[85] Oshinowo T, Charles M E. Vertical two-phase flow part I. Flow pattern correlations[J]. The Canadian Journal of Chemical Engineering, 1974, 52(1): 25-35.

[86] Pal S, Hanmaiahgari P R, Lambert M F. Efficient approach toward the application of the Godunov method to hydraulic transients[J]. Journal of Hydroinformatics, 2020, 22(5): 1370-1390.

[87] Pan T, Zhou L, Ou C, et al. Smoothed particle hydrodynamics with unsteady friction model for water hammer pipe flow[J]. Journal of Hydraulic Engineering, 2022, 148(2): 04021057.

[88] Patrick A. Air entrainment and acoustic wave celerities following a rapidly moving pipe filling bore[D]. Auburn University, 2015.

[89] Pozos-Estrada O. Investigation of the combined effect of air pockets and air bubbles on fluid transients [J]. Journal of Hydroinformatics, 2018, 20(2): 376-392.

[90] Ramezani L, Karney B, Malekpour A. The challenge of air valves: A selective critical literature review [J]. Journal of Water Resources Planning and Management, 2015, 141(10): 04015017.

[91] Ramos H M, Fuertes-Miquel V S, Tasca E, et al. Concerning dynamic effects in pipe systems with two-phase flows: Pressure surges, cavitation, and ventilation[J]. Water, 2022, 14(15): 2376.

[92] Riverin J L, De Langre E, Pettigrew M J. Fluctuating forces caused by internal two-phase flow on bends and tees[J]. Journal of sound and vibration, 2006, 298(4-5): 1088-1098.

[93] Riverin J L, Pettigrew M J. Vibration excitation forces due to two-phase flow in piping elements[J]. Journal of Pressure Vessel Technology, 2007, 129(1): 7-13.

[94] Romero G, Fuertes-Miquel V S, Coronado-Hernάndez Ó E, et al. Analysis of hydraulic transients during pipeline filling processes with air valves in large-scale installations[J]. Urban Water Journal, 2020, 17(6): 568-575.

[95] Sarkodie K, Fergusson-rees A, Diaz P. A review of the application of non-intrusive infrared sensing for

gas-liquid flow characterization[J]. The Journal of Computational Multiphase Flows, 2018, 10(1): 43-56.

[96] Schulz H E, Vasconcelos J G, Patrick A C. Air entrainment in pipe-filling bores and pressurization interfaces[J]. Journal of Hydraulic Engineering, 2020, 146(2):04019053.

[97] Shang Q, Wang S, Pan X, et al. Two-phase expanding mechanism and pressure response characteristic of boiling liquid expanding vapor explosion under rapid depressurization[J]. Process Safety and Environmental Protection, 2021, 148: 959-967.

[98] Shoham O. Flow pattern transition and characterization in gas-liquid two phase flow in inclined pipes [D]. Israel:Tel-Aviv University,1982.

[99] Sorensen D K. Energy savings in water and wastewater transmission systems through the use of air valves [C]. In Proceedings of the Pipelines 2017: Condition Assessment, Surveying, and Geomatics, Phoenix, AZ, USA,2017.

[100] Takaya S, Fujisaki T, Tanaka M. Numerical analysis of flow-induced vibration of large diameter pipe-with short elbow[C]. ASME: Pressure Vessels and Piping Conference, 2017: 57977, V004T04A006.

[101] Tasca E, Besharat M, Ramos H M, et al. Exploring the Sensitivity of the Transient Response following Power Failure to Air Valve and Pipeline Characteristics[J]. Water, 2023, 15(19): 3476.

[102] Tijsseling A S, Hou Q, Bozkuş Z, et al. Improved one-dimensional models for rapid emptying and filling of pipelines[J]. Journal of Pressure Vessel Technology, 2016, 138(3): 031301.

[103] Tijsseling A S. An overview of fluid-structure interaction experiments in single-elbow pipe systems[J]. Journal of Zhejiang University-SCIENCE A, 2019, 20(4): 233-242.

[104] Toumi A, Sekiou F. Optimal valve closing law for improved water hammer control: a case from a water supply pipeline in Guelma, Algeria[J]. AQUA—Water Infrastructure, Ecosystems and Society, 2024: jws2024265.

[105] Travaš V, Basara S. A Mixed MOC/FDM Numerical Formulation for Hydraulic Transients[J]. Technical Gazette, 2015, 22(5): 1141-1147.

[106] Vasconcelos J G, Wright S J. Anticipating transient problems during the rapid filling of deep stormwater storage tunnel systems[J]. Journal of Hydraulic Engineering, 2017, 143(3): 06016025.

[107] Walls G B. One-dimensional two-phase flow [M]. New York: McGraw-Hill, 1969.

[108] Wang C, Yang J D. Water hammer simulation using explicit - implicit coupling methods[J]. Journal of Hydraulic Engineering, 2015, 141(4): 04014086.

[109] Wang J, Vasconcelos J G. Investigation of manhole cover displacement during rapid filling of stormwater systems[J]. Journal of Hydraulic Engineering, 2020, 146(4): 04020022.

[110] Wang L, Wang F, Karney B, et al. Numerical investigation of rapid filling in bypass pipelines[J]. Journal of Hydraulic Research, 2017, 55(5): 647-656.

[111] Wang L, Yang Y, Li Y, et al. Resonance analyses of a pipeline-riser system conveying gas-liquid two-phase flow with flow-pattern evolution[J]. International Journal of Pressure Vessels and Piping, 2018, 161: 22-32.

[112] Wang X, Zhang J, Chen S, et al. Valve closure based on pump runaway characteristics in long distance pressurized systems [J]. AQUA—Water Infrastructure, Ecosystems and Society, 2021, 70(4): 493-506.

[113] Wang X, Zhang J, Yu X, et al. Effect of multi-valve closure on superposed pressure in a tree-type long distance gravitational water supply system[J]. Journal of Water Supply: Research and Technology—

AQUA, 2019, 68(6): 420-430.

[114] Wang Y, Wang T, Ran Y, et al. The Water Hammer Characteristics of Long-Distance Water Pipelines under Different Water Supply Modes[J]. Water, 2024, 16(14): 2008.

[115] Wang Y, Zhang J, Xu T, et al. Air valve arrangement criteria for preventing secondary pipe bursts in long-distance gravitational water supply systems[J]. AQUA—Water Infrastructure, Ecosystems and Society, 2023, 72(8):1566-1581.

[116] Wylie E B, Streeter V L, Suo L. Fluid transients in systems[M]. Englewood Cliffs, NJ: Prentice Hall, 1993.

[117] Zampereti L O, Quintino A M, Rodriguez O M H. Data-driven machine learning applied to liquid-liquid flow pattern prediction[M]. Springer International Publishing,2022.

[118] Zhang H Q, Wang Q, Brill J P. A unified mechanistic model for slug liquid holdup and transition between slug and dispersed bubble flows[J]. International Journal of Multiphase Flow, 2003, 29(1): 97-107.

[119] Zhang Y, Zhao R, Wang H, et al. A Gateway to Rapid Prediction of Water Quality: A Case Study in China's South-to-North Water Diversion Project[J]. Water, 2021,13(17):2407.

[120] Zhao L, Yang Y, Lu Y, et al. Study on Performance of the Exhaust Valve in Water Supply and Drainage Engineering[C]. 2015 International Symposium on Energy Science and Chemical Engineering. Atlantis Press, 2015: 51-54.

[121] Zhou F, Hicks F, Steffler P. Analysis of effects of air pocket on hydraulic failure of urban drainage infrastructure[J]. Canadian Journal of Civil Engineering, 2004, 31(1): 86-94.

[122] Zhou L, Cao Y, Karney B, et al. Unsteady friction in transient vertical-pipe flow with trapped air[J]. Journal of Hydraulic Research, 2020, 59(5:820-834.

[123] Zhou L, Cao Y, Karney B, et al. Expulsion of entrapped air in a rapidly filling horizontal pipe[J]. Journal of Hydraulic Engineering, 2020, 146(7):04020047.

[124] Zhou L, Feng R L, Pan T, et al. Coupled Second-Order GTS-MOC Scheme for Transient Pipe Flows with an Entrapped Air Pocket[J]. Journal of Hydraulic Engineering, 2023, 149(9):04023030.

[125] Zhou L, Liu D, Karney B, et al. Influence of entrapped air pockets on hydraulic transients in water pipelines[J]. Journal of Hydraulic Engineering, 2011, 137(12):1686-1692.

[126] Zhou L, Lu Y, Karney B, et al. Energy dissipation in a rapid filling vertical pipe with trapped air[J]. Journal of Hydraulic Research, 2022:1-13.

[127] Zhou L, Wang H, Karney B, et al. Dynamic behavior of entrapped air pocket in a water filling pipeline [J]. Journal of Hydraulic Engineering, 2018, 144(8): 04018045.

[128] 白鑫. 垂直弯管中段塞流的响应特性实验研究[D]. 西安:西安石油大学, 2016.

[129] 蔡付林, 樊子凯, 周建旭, 等. 长距离多支线有压输水系统起动水锤防护[J]. 水利水电科技进展, 2024,44(4):1-6.

[130] 曹沙沙. 水平变径管中气水两相段塞流特性数值模拟[D]. 西安:西安石油大学, 2020.

[131] 曹学文, 樊茵, 李星標, 等. 段塞流下携砂水平弯管的冲蚀试验[J]. 腐蚀与防护,2019,40(4): 245-253.

[132] 常鑫. 倾斜管气水两相段塞流响应特性实验研究[D]. 西安:西安石油大学, 2018.

[133] 陈兵, 刘琦, 姜威, 等. 90°弯管流动预测评估及流动特性研究[J]. 船海工程, 2018,47(6):166-171.

[134] 戴熙武, 孙洪亮,杨飞,等. 弯管内三维流场水力特性数值模拟[J]. 中国农村水利水电,2021(9):

179-183.
[135] 段锦章, 李菊红. 有压管道中气囊震荡的影响及排气性能分析[J]. 给水排水, 2022, 58(S1): 1031-1035.
[136] 范家瑞. 有压输水管道充放水过程数值模拟与试验研究[D]. 郑州:华北水利水电大学, 2020.
[137] 冯璐璐, 徐让书, 冯建宇. 螺旋弯管内流动与传热特性的数值模拟[J]. 排灌机械 8 工程学报, 2020, 38(7):697-701.
[138] 郭永鑫, 吴昊潼, 杨开林, 等. 管道充水过程气液两相流动力学特性分析[J]. 南水北调与水利科技, 2013,11(5):65-69.
[139] 郭永鑫, 杨开林, 郭新蕾, 等. 大型管道输水系统充水过程滞留气泡对输水能力的影响[J]. 水利学报, 2013, 44(3):262-267.
[140] 郭永鑫, 杨开林, 郭新蕾, 等. 长输水管道充水的气液两相流数值模拟[J]. 水利水电技术, 2016, 47(9): 61-64,69.
[141] 侯昨臣, 刘云. 不同黏度液体的垂直气液两相管流流型判别[J]. 中国科技论文, 2022, 17(5): 558-561,580.
[142] 惠凯. 水平变径管中气水两相段塞流响应特性实验研究[D]. 西安:西安石油大学, 2017.
[143] 冀健红, 高传昌, 刘新阳. 长距离多泵联合运行输水系统停泵水锤防护措施[J]. 南水北调与水利科技, 2014, 12(6):112-115.
[144] 孔珑. 工程流体力学[M]. 北京:中国电力出版社,2014.
[145] 李小周, 惠治国, 张言禾, 等. 泵站供水工程停泵水锤分析及防护方案[J]. 给水排水, 2022, 58(S1): 969-974.
[146] 李小周, 朱满林, 解建仓, 等. 不同型式空气阀的水锤防护效果研究[J]. 西安理工大学学报, 2015, 31(3):316-321.
[147] 李晓坤. 垂直弯管中段塞流特性试验研究[D]. 西安:西安石油大学,2015.
[148] 李永业, 高远, 贾晓萌, 等. 导叶片式旋流器下游断面螺旋流流速特性[J]. 排灌机械工程学报, 2020, 38(8):807-813.
[149] 练继建, 穆祥鹏, 赵新. 输水工程水力特性与控制[M]. 北京:中国水利水电出版社, 2012.
[150] 梁法春, 陈婧, 冉云麒, 等. 基于迁移学习的水平管气液两相流型智能识别[J]. 实验室研究与探索, 2021, 40(7):1-5.
[151] 梁兴, 王敏涛. 空气阀流量特性对水锤防护效果的影响分析[J]. 水科学与工程技术, 2008, (3): 74-76.
[152] 刘建文, 湛含辉, 单忠键, 等. 迪恩涡强化传质的理论与优化设计试验研究[J]. 给水排水,2004(2):74-77.
[153] 刘磊, 周芳德. 用探针法在线测量管道气液两相流平均截面含气率[J]. 计量技术, 1996(4):17-18.
[154] 刘永辉, 罗程程, 刘通, 等. 水平气井井筒气液两相流型预测[J]. 西南石油大学学报(自然科学版), 2019,41(3):107-112.
[155] 马旭东. 弯管中段塞流的响应特性试验研究[D]. 西安:西安石油大学,2014.
[156] 孟兆芳, 蒋劲, 李燕辉, 等. 基于格子玻尔兹曼的管道重力流充水和排空三维瞬变过程模拟[J]. 中国农村水利水电, 2017(1):130-134.
[157] 莫铁祥, 李国栋. 输配水系统明满瞬变流全窄缝数值模型[J]. 水力发电学报, 2022, 41(9): 21-30.
[158] 聂相田, 赵天明, 庄濮瑞, 等. 长距离引水工程运行安全风险关联分析及风险传递研究[J]. 华

北水利水电大学学报(自然科学版), 2022, 43(2):45-53.
[159] 潘慧, 李海广, 吴晅. 小通道气液两相流流型辨识与 LSTM 短期预测研究[J]. 真空科学与技术学报, 2020,40(6):591-597.
[160] 彭明, 邓道明, 李晓平, 等. 混合立管系统严重段塞流流动特性的实验研究[J]. 天然气工业, 2011, 31(11): 83-87,128.
[161] 普薇如. 南水北调 PCCP 管道分段水压及加大流量联合调试[J]. 人民黄河, 2022,44(S1): 116-117,120.
[162] 戚兰英, 石维新, 张大成. 南水北调中线工程 PCCP 及暗涵输水系统空气阀型式研究[J]. 水利水电技术,2009, 40(11):40-44.
[163] 钱龙霞, 王红瑞, 王颖, 等. 基于 M-copula 的水资源短缺风险经济损失预测模型及其应用[J]. 应用基础与工程科学学报, 2022,30(4):907-917.
[164] 乔守旭, 钟文义, 谭思超, 等. 基于 PCA-GA-SVM 的竖直下降两相流流型预测[J]. 核动力工程, 2022, 43(3):85-93.
[165] 邱子涵. 倾斜管气水两相段塞特性的数值模拟研究[D]. 西安:西安石油大学, 2020.
[166] 尚鹏然, 刘桂荣, 王军, 等. 基于层次分析法的 PCCP 混凝土管芯生产质量控制[J]. 华北水利水电大学学报(自然科学版), 2022,43(5):31-38.
[167] 沈海静. 弯管中段塞流的特性试验研究[D]. 西安:西安石油大学, 2014.
[168] 沈子木. 弯管内油气两相流流动特性的数值模拟研究[D]. 西安:西安石油大学, 2021.
[169] 孙善秀, 叶超, 范稀木, 等. 复杂管路内压力跳变的螺旋流解释[J]. 导弹与航天运载技术, 2019(2):31-34,74.
[170] 汪顺生, 郭新源. 基于 Bentley Hammer 的气囊式空气罐的水锤防护研究[J]. 振动与冲击, 2022, 41(6):177-182,244.
[171] 王福军,王玲. 大型管道输水系统充水过程瞬变流研究进展[J]. 水力发电学报,2017,36(11): 1-12.
[172] 王海燕, 王春升, 李玉星, 等. 气液两相流流型的判别方法[J]. 油气储运, 2019, 38(7): 772-777.
[173] 王开朗, 张健, 姚天语, 等. 长距离加压重力流输水工程水锤防护研究[J]. 水电能源科学, 2023,41(5):76-80.
[174] 王玲. 管道快速充水瞬变流的数值研究[D]. 北京:中国农业大学, 2017.
[175] 王志强, 李广诚. 中国长距离调水工程地质问题综述[J]. 工程地质学报, 2020,28(2):412-420.
[176] 吴换营. 调节堰井在南水北调中线天津干线中的应用[J]. 人民黄河, 2017,39(8):104-105,116.
[177] 徐放, 李志鹏, 王东福, 等. 水锤防护空气阀研究综述[J]. 流体机械, 2018, 46(6):33-38.
[178] 薛君昭, 邓道明, 陈曦, 等. 深海 S 形立管系统严重段塞流流动特性[J]. 化工进展,2015,34(S1):27-34.
[179] 闫晓彤, 杨春霞, 郑源. 含重力流支线的泵站加压供水系统水锤防护[J]. 南水北调与水利科技(中英文), 2023, 21(2):371-378.
[180] 严继松, 廖国玲. 有压管道充水过程水力特性三维数值模拟[J]. 水利水电技术, 2015, 46(3): 110-114.
[181] 杨凤栋, 庞景兰, 陈玉芬. 南水北调中线河北省配套输水管道工程有关技术问题的探讨[J]. 水利水电技术, 2005(5):44-45.
[182] 杨君. 弯管中段塞流的数值模拟[D]. 西安:西安石油大学, 2014.
[183] 杨开林, 石维新. 南水北调北京段输水系统水力瞬变的控制[J]. 水利学报, 2005(10):

1176-1182.
[184] 杨开林，郭永鑫，付辉，等. 管道充水水力瞬变模型相似律[J]. 水利学报，2012，43(10)：1188-1193，1201.
[185] 杨小妮，马娟娟，李永业，等. 不同径高比动导叶旋流器的管流特性[J]. 中国农村水利水电，2019(12)：10-15.
[186] 杨晓蕾，沈来新，俞锋，等. 重力流输水管道关阀水锤模拟研究[J]. 水利水电技术，2017，48(5)：95-96，127.
[187] 湛含辉，朱辉，李灿，等. 弯管压降随迪恩涡的变化规律及数值模拟[J]. 机械设计与制造，2010(4)：193-195.
[188] 张春晋，孙西欢，李永业，等. 螺旋流起旋器内部流场水力特性数值模拟与验证[J]. 农业工程学报，2018，34(1)：53-62.
[189] 张宏祯，李燕辉，蒋劲，等. 充水速度对空气阀驼峰管段水力特性的影响[J]. 中国农村水利水电，2019(11)：172-176，187.
[190] 张小莹，边少康，冯梦雪，等. 有机玻璃管道直接水锤压力特性试验研究[J]. 排灌机械工程学报，2024，42(1)：37-42.
[191] 张晓雷，刘书瑜，郭利霞，等. 导流片对弧度弯管输水性能影响的数值模拟[J]. 中国农村水利水电，2023，(6)：161-167.
[192] 张羽，李卓普，严军，等. 圆管螺旋流输送物料舱物理试验研究[J]. 华北水利水电大学学报(自然科学版)，2021，42(1)：68-73，94.
[193] 周云龙，赵盘，杨宁. 振动状态下水平管内气液两相流流型转变的实验研究[J]. 热能动力工程，2017，32(6)：17-22，130.
[194] 朱竑祯，王纬波，殷学文，等. 充液弯管连续/离散模型振动的动刚度解法[J]. 计算力学学报，2019，36(4)：528-535.